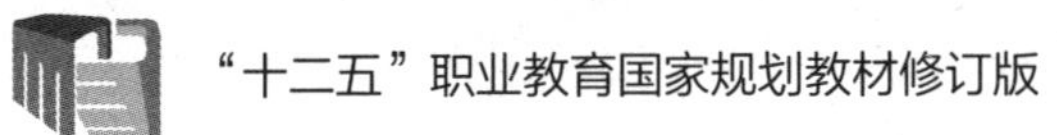

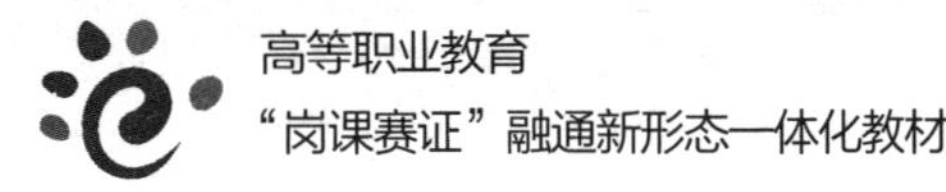

XUEQIAN ERTONG MEISHU JIAOYU

学前儿童美术教育

（第五版）

主编　许晓春

中国教育出版传媒集团
高等教育出版社·北京

内容提要

本书是“十二五”职业教育国家规划教材修订版，高等职业教育“岗课赛证”融通新形态一体化教材。

本书分五个单元，包括学前儿童美术教育概述、学前儿童美术教育活动的原理与设计、学前儿童美术课程与其他课程的统整、学前儿童美术教育活动的实施、学前儿童美术教学评价。

本书以能力培养为核心，注重案例分析，加强技能训练；密切结合高职学生的学习特点，关注学生的兴趣和经验；给学生充分的创造性思维空间和实践空间，突出培养学生岗位职业能力及可持续发展能力。

教师如需获取本书授课用 PPT 等配套资源，可登录“高等教育出版社产品信息检索系统”(http://xuanshu.hep.com.cn/)免费下载。

本书可作为高等职业教育专科、本科学前教育专业教材，也可供学前教育工作者及儿童家长参考。

图书在版编目（CIP）数据

学前儿童美术教育 / 许晓春主编．-- 5 版．-- 北京：高等教育出版社，2025. 8. -- ISBN 978-7-04-063449-5

Ⅰ. G613. 6

中国国家版本馆 CIP 数据核字第 2024HF0744 号

策划编辑 赵清梅　　责任编辑 赵清梅　　封面设计 王　鹏　　版式设计 李彩丽
责任校对 刘娟娟　　责任印制 刁　毅

出版发行	高等教育出版社	网　　址	http://www.hep.edu.cn
社　　址	北京市西城区德外大街 4 号		http://www.hep.com.cn
邮政编码	100120	网上订购	http://www.hepmall.com.cn
印　　刷	鸿博汇达（天津）包装印刷科技有限公司		http://www.hepmall.com
开　　本	787mm×1092mm　1/16		http://www.hepmall.cn
印　　张	12.25	版　　次	2011 年 5 月第 1 版
字　　数	300 千字		2025 年 8 月第 5 版
购书热线	010－58581118	印　　次	2025 年 8 月第 1 次印刷
咨询电话	400－810－0598	定　　价	34.80 元

本书如有缺页、倒页、脱页等质量问题，请到所购图书销售部门联系调换

物 料 号　63449-00

第五版前言

《中华人民共和国学前教育法》指出，学前教育是国民教育体系的重要组成部分，是重要的社会公益事业。党的二十大报告指出，要在幼有所育、学有所教上持续发力。办好学前教育、实现幼有所育是党和政府为老百姓办实事的重大民生工程，关乎亿万儿童健康成长，关系社会和谐稳定，关系党和国家事业未来。

《中共中央 国务院关于全面深化新时代教师队伍建设改革的意见》提出，要“全面提高幼儿园教师质量，建设一支高素质善保教的教师队伍”“培养热爱学前教育事业，幼儿为本、才艺兼备、擅长保教的高水平幼儿园教师”“优化幼儿园教师培养课程体系，突出保教融合，科学开设儿童发展、保育活动、教育活动类课程，强化实践性课程，培养学前教育师范生综合能力”。

党的二十大报告中提出，我们要“办好人民满意的教育”“全面贯彻党的教育方针，落实立德树人根本任务，培养德智体美劳全面发展的社会主义建设者和接班人”“加快建设高质量教育体系，发展素质教育，促进教育公平”。

为适应学前教育事业的快速发展，培养高素质善保教的幼儿教师，本次教材修订以习近平新时代中国特色社会主义思想和党的二十大精神为指引，突出情感、态度、价值观和能力的培养；在保留第四版教材整体特色的基础上，以国家学前教育和职业教育相关政策为指导，以学前教育理论为依据，以教育教学改革成果为基础，以岗、课、赛、证融通作为教材建设的切入点，使教材内容的设置既能满足教学需求，又能对接典型职业岗位能力，还能与幼儿园教师资格考试内容相匹配；既能确保学前儿童美术教育学科体系的逻辑性，又能确保国家相关政策文件落到实处。具体修订工作如下。

一是增加思政育人元素，贯穿“立德树人”要求。本次修订着力深挖思政元素并找准教育切入点，使专业教育与思政教育同向同行。如在学习目标中，增加了“素质目标”，不仅关心学生知识和技能的获得，更注重素质提升，突出人才培养。新版教材还对一些插图进行了调整，新调整的插图不仅与对应的知识点紧密结合，还符合当前大众的审美观念，更成为课程思政的重要载体。

二是推进普特融合教育。《“十四五”特殊教育发展提升行动计划》中指出，要“加强普通教育和特殊教育融合。探索适应残疾儿童和普通儿童共同成长的融合教育模式”。新增加的“学前特殊儿童美术教育活动的实施”，能更好地解决在普校随班就读环境中开展美术教育活动所面临的问题。新增加的“学前特殊儿童美术活动评价”，能够为教师在融合教育情境下开展学前儿童美术活动评价提供有力依据。

三是融通“岗课赛证”。本次修订更加突出高素质善保教幼儿教师培养，紧扣岗位能力需求，引入典型活动案例，更新幼儿园教师资格考试内容，增加“赛场直击”板块，将岗、证、赛对幼儿教师的知识与能力要求融入教材。

四是适应课改、教改，更新内容。本次修订，对五个单元的拓展阅读进行了系统调整，尽可能将最近几年在学前美术教育领域的最新研究成果呈现给学习者，启迪其对美的感知能力，拓展其艺术表现的维度。适应学前儿童美术教育课改、教改要求，对部分内容进行调整，更为突出教材结构的逻辑性，做到内容全面、要求明确、指导具体、便于操作。使学生在学习过程中能理论联系实际，融“教、学、做”于一体。教材中各部分内容相互联系、有机结合，既保证了知识学习的系统性，又利于技能训练的可操作性。

本书由齐齐哈尔高等师范专科学校许晓春担任主编，并负责全书的统稿和单元二、四、五的修订，以及教材插图的调整；齐齐哈尔高等师范专科学校李兴娜负责教材拓展阅读的修订和“赛场直击”部分的撰写；甘南县幼儿教育中心许映蝉负责案例修订。

本书在修订过程中，参考并借鉴了国内外许多专家、学者及同行的研究成果、观点和资料，多家幼儿园和幼儿教育机构为本书的修订提供了案例，并给予指导，在此一并致以衷心的感谢！

编　者

2024 年 11 月

第一版前言

学前教育是国民教育体系的重要组成部分，是国家教育制度的起始阶段，关系到儿童的身心健康和终身发展。教育部颁布的《幼儿园教育指导纲要（试行）》（本书简称《纲要》）明确指出，幼儿园教育是全面的、启蒙性的教育，要根据教育目标，选择和组织对幼儿最有价值又最贴近实际生活的部分构成教育内容，使幼儿得到良好的发展。

《纲要》颁布实施十多年以来，我国的学前教育已发展到一个崭新的阶段。2010年《国家中长期教育改革和发展规划纲要（2010—2020年）》（本书简称《规划纲要》）明确提出了"优先发展、育人为本、改革创新、促进公平、提高质量"的工作方针；提出了"坚持以人为本、全面实施素质教育；坚持德育为先、坚持能力为重、坚持全面发展"的战略主题。《规划纲要》在发展任务中要求"基本普及学前教育""积极发展学前教育"。高职高专学前教育专业肩负着为学前教育机构培养合格教师的重任。为了适应快速发展的学前教育事业，满足社会对学前教育的需求和期盼，高职高专学前教育专业需不断深化教学改革，提高教学质量，其中课程改革、教材建设是重要保证。

高职高专学前教育专业的培养目标是培养高素质、强技能的应用型人才，其中五大领域教学法课程是实现专业培养目标的核心课程，也是保证学生能够较快适应岗位要求，实现"零距离"上岗的关键课程。学生的专业知识和职业技能必须经过悉心培养和严格训练才能掌握，因此五大领域课程的教学质量直接关系到人才培养的水平，其教材的建设是学前教育专业教学改革的重要环节。

本套五大领域教学法课程教材是在长期课题研究和教学实践的基础上编写的，以学前教育理论为依据，以教育教学改革成果为基础，以学前教育实际工作要求为目标，注重人才培养目标和学前教育专业特点的有机结合。全套教材在编写过程中吸收了国内外学前教育领域的先进理念和创新方法，体现出理论性、针对性和应用性的统一。书中的理论知识以阐述基本问题为主，以够用、实用为度；专业技能根据实际需要，尽量做到内容全面，要求明确，指导具体，便于操作，以便学生在学习过程中理论联系实际，融"教、学、做"于一体。全套教材在内容和体例的编排上力求有一定的变革和创新，改变了传统的章节结构，以"单元"的模式编写，每个单元设有"学习目标""基础理论""案例评析""实践活动""拓展阅读"等几部分，各部分内容相互联系、有机结合，既保证了知识学习的系统性，又有利于技能训练的操作性。

《学前儿童美术教育》基于对美术和美术教育的最新认识，结合学前儿童美术教育的实际编写，既注重了理论的前沿性，又注重了实用性和可操作性。全书编写体例力求新颖，图文并茂，希望能够引起学习者的兴趣，以避免心理疲劳。本书按照36学时编写，各单元既相互独立，又相互联系，保证了知识体系的完整，利于课程改革的深化，也利于各学校依据本校的特点而适当取舍。

本书由齐齐哈尔高等师范专科学校许晓春主编，并负责单元一、单元二、单元五的编写；齐齐哈尔高等师范专科学校赵晶负责单元三的编写；黑龙江省幼儿师范高等专科学校程沿彤负责单元四的编写；许晓春负责课程标准编写及全书的统稿。广州大学美术学院副院长陈其和教授负责审稿。

本书在编写过程中，参考并借鉴了国内外许多专家、学者及同行的研究成果、观点和资料；多家幼儿园和幼儿教育机构为本书的编写提供了案例，并给予指导，在此一并表示衷心的感谢！

编　者

2010年10月

目录

单元一 学前儿童美术教育概述

学习目标

知识目标：

1. 了解美术的本质、起源。
2. 掌握学前儿童美术能力发展的阶段特征。
3. 理解学前儿童美术教育的价值和意义。
4. 熟悉学前儿童美术教育的相关理论。

能力目标：

1. 能运用相关理论对学前儿童美术教育活动案例进行理性分析。
2. 能根据学前儿童美术能力发展的阶段特征对学前儿童美术作品进行分析。
3. 能结合实际分析学前儿童美术教育的价值和意义。

素质目标：

1. 树立正确的教育观、儿童观、教师观，对从事学前儿童美术教育充满热爱之情。

2. 愿意提升自身的审美素养，愿意传承中华优秀传统文化，具有创新意识、合作意识、反思意识、钻研意识。

3. 愿意在学前儿童美术教育活动中提升美术素养、陶冶情操、温润幼儿心灵，关爱幼儿。

4. 涵养教育情怀，做学前儿童美术教育活动的支持者、合作者、引导者。

一 美术与学前儿童美术

(一) 美术

1. 美术的本质

美术，也称造型艺术或视觉艺术，它是运用一定的物质材料（如纸、布、木板、黏土、大理石、塑料等），通过造型的手段，创造出具有一定审美价值的视觉形象的艺术。“美术”这一名词始见于 17 世纪的欧洲，也有人认为正式出现于 18 世纪中叶，近代日本以汉字意译，五四运动前后传入中国，开始普遍应用，当时也称作“造型艺术”。

美术的本质

美术的范围非常广泛，从广义上可以分为观赏性艺术和实用性艺术两种类型。观赏性艺术主要包括绘画和雕塑两大类。绘画视其使用的物质材料和工具的不同，又可分成中国画、油画、水彩画、水粉画、版画、素描等画种。雕塑主要包括圆雕和浮雕两种形式，材料则采用石、木、泥、石膏、青铜等。

实用性艺术包括工艺美术和建筑两大类。目前，国内外对工艺美术这个概念的理解虽有不同，但一般认为工艺美术包括了传统手工艺品、现代工业美术和现代商业美术三大部分。传统手工艺品包括雕刻、漆器、金属工艺品等；现代工业美术也称工业设计，它包括一切满足人们物质和精神生活需要、实用而美观的生活用品，如花布、陶瓷、玻璃器皿、家具、地毯、家用电器，以及现代化的交通工具等；现代商业美术主要是指商品标志、包装装潢和商业广告等。建筑之所以也属于美术的范畴，是由建筑本身包含的科学和艺术的二重性所决定的。任何一座建筑物总是具有某种空间形体的物质结构，这就必然涉及造型是否美观的问题，从这个意义上讲，建筑和雕塑一样是一种非常具体的造型艺术。

彩图
岩画野牛

2. 美术的起源

有关美术的起源，有五种主要的学说。

(1) 美术起源于“模仿”

这是最古老的一种说法，主要代表人物是 2 000 多年前古希腊哲学家德谟克里特和亚里士多德。他们认为，模仿是人的本能，不管是何种样式和种类的艺术都是“模仿”。西班牙的阿尔塔米拉洞窟中的岩画野牛就是原始人“模仿”的遗迹。

美术的起源

(2) 美术起源于“游戏”

这一学说的主要代表人物是 18 世纪德国哲学家席勒和 19 世纪英国哲学家斯宾塞，因此，也称为“席勒—斯宾塞理论”。该理论认为，美术活动或审美活动起源于人类所具有的游戏本能。它表现在两个方面，一方面是人类具有过剩的精力，另一方面是人将这种过剩的精力运用到没有实际效用、没有功利目的的活动中，体现为一种自由的“游戏”。

需要注意的是，美术起源于“游戏”的说法，仅仅是从生物学或心理学的角度出发的解释，未能揭示出美术产生的最终原因。尤其是这种说法把“游戏”看作人和动物共有的本能，更是错误的论断，因为美术与审美是人类社会所专有的活动。事实上，动物的“游戏”可以归结为过剩精力的发泄，而人的“游戏”则是为了精神需要的满足，二者之间有着严格的区别。人的“游戏”是以使用工具的活动为基础的，并且具有了超越动物性的情感和想象等社会内容，成为一种具有符号性的文化活动。正是由于人的社会实践活动，才使得人和动物界真正区分开来。而美术起源于“游戏”的说法脱离了人类的社会实践，所以不能揭开美术诞生的真正奥秘。

(3) 美术起源于“表现”

19 世纪后期以来，美术起源于“表现”的说法在西方文艺界具有较大的影响，在现代西方各种美学思潮中十分流行。西方现代主义文艺思潮的主要理论基础，就是强调艺术应当“表现自我”，这显示出这种说法的巨大影响力。系统地以理论方式提出这种说法的首推意大利美学家克罗齐，其美学思想核心是“直觉即表现”说。英国史学家科林伍德对克罗齐的表现说作了进一步的详尽发挥，认为艺术不是再现和模仿，更不是单纯的游戏，只有表现情感的艺术才是“真正的艺术”，艺术就是艺术家的主观想象和情感的表现。把美术的起源归结为“表现”，也脱离了人类的社会实践，脱离了原始社会生产力低下的实际情况，仍然是把现象当作本质，把结果当作原因，同样不能科学地阐明美术的起源问题。

(4) 美术起源于“巫术”

此种学说的代表人物是英国著名人类学家爱德华·泰勒。他在《原始文化》一书中，最早提出艺术起源于“巫术”的理论主张。他认为，原始人思维的方式同现代人有很大的不同，对原始人来说，周围的世界异常陌生和神秘，令人敬畏。原始人思维的最主要特点是万物有灵，山川草木、鸟兽虫鱼，在原始人看来都是有灵的，并且都可以与人交感。英国著名人类学家弗雷泽认为原始部落的一切风俗、仪式和信仰，都起源于交感巫术。人类最早是想用巫术去控制神秘的自然界，这显然是办不到的。于是，人类又创立了宗教来求得神的恩惠。当宗教在现实中也被证明无效时，人类才逐渐创立了各门科学，以此来揭示自然界的奥秘。艺术的产生最初确实是与巫术有密切联系的，但艺术起源于“巫术”的理论并不准确，因为原始时代的巫术活动是直接和当时人类的生产劳动密切联系在一起的。原始的艺术活动虽然具有明显的巫术动机或巫术目的，但归根结底还是离不开人类的实践活动，尤其是物质生产活动。在原始社会生产力和人类早期认识水平低下的情况下，人们无法把握自身，更无法支配自然界，于是原始人便寄托于巫术，使得巫术与原始社会的日常生活与生产劳动都有了密切的联系。因此，无论是艺术的起源，还是巫术的起源，最终还是应当归结于人类的社会实践活动。

(5) 美术起源于“劳动”

在我国文艺理论界占据主导地位的理论，是认为艺术起源于生产劳动。19 世纪末以来，在欧洲大陆许多民族学家与艺术史家中，艺术起源于“劳动”的理论就广为流传。希尔恩在《艺术的起源》中曾经论述过艺术与劳动的关系；俄国普列汉诺夫在《没有地址的信》中，通过对原始音乐、歌舞、绘画的分析，以大量人种学、民族学、人类学和民俗学的文献证明，系统地论述了艺术的起源及其发展问题，并且得出了艺术起源于劳动的观点。

总之，美术的起源是一个复杂的过程。美术的产生经历了一个由实用到审美，以巫术为中介、以劳动为前提的漫长的历史发展过程，其中也渗透着人类模仿的需要、表现的冲动和游戏的本能。美术的产生是多元的，其中，巫术说与劳动说更为重要。从根本上讲，美术的起源最终应归结为人类的实践活动。事实上，巫术在原始社会中同样是人类的一种实践活动。归根结底，美术的产生和发展来自人类的社会实践活动，美术是人类文化发展历史进程中的必然产物，美术的起源应当是原始社会中一个相当漫长的历史过程。

3. 美术语言

美术的语言

美术语言是一种特殊的语言，主要由形体、明暗、色彩、空间、材质、肌理等视觉语汇组成。从广义上讲，它又可分为构成因素的美术语言和构成原理的美术语言两大类。美术作品的艺术语言不同于文学语言。在文学作品中，每个词都有自己的独立意义，比如，“美丽”“漂亮”，而美术语言必须经过艺术家的有机组合才能成为艺术语言。比如，一个圈、一条不规则的曲线或直线是毫无意义的，但是如果通过一定的造型方法的改变，就可以变得完全不同。如林风眠的《仕女图》，以富有变化的线条作为艺术语汇，形成一种独特的艺术语言。在这幅绘画中，富有弹性的线条和形象紧密地组合在一起，构成俊美的仕女形象。使用的表现手法和绘画样式更加单纯、简洁，以较少的用笔，表达出更加丰富的内涵，弹性而富有变化的线条产生一种节奏感和生命活力，传达一种跃然纸上的欢乐之情(图 1-1)。但如果孤立地观察其中的任何一根线条，它都是毫无意义的。另外，由于画家的性格、情感不同，他们选择的艺术语言也会有所不同。19 世纪国外出现了许多美术流派，如立体派、野兽派、超现实主义流派等。由于社会人文条件的不同，美术的语言也会有所差别，如中国与西方国家的绘画特点就有明显的差别。

图 1-1　林风眠《仕女图》

彩图 1-1

(1) 对侧重构成因素的美术语言的认识

优秀的幼儿美术作品往往包含着丰富的构成因素，如点、线、形状、色彩、结构、明暗、空间、材质、肌理等。这些是作品中呈现其基本形象的美术语言。教师应让幼儿理解这些美术语言，并鼓励幼儿在作品中发挥自己的个性，大胆运用这些构成因素进行表现，允许幼儿的表现具有差异性。对于同一种构成因素的语言，不同的幼儿、不同的表现材料和工具，最终表现出来的效果也会不同。

(2) 对侧重构成原理的美术语言的认识

构成就是画面的节奏感,如多样、统一、比例、对称、平衡、节奏、对比、和谐等。一件完整的作品也反映出一定的美术构成原理。在欣赏优秀作品时,可以引导幼儿找一找作品中用到的构成因素,以及在这些因素中体现的构成原理。

(二) 学前儿童美术

学前儿童美术

学前儿童美术是指对 0—6 岁幼儿开展的一切美术活动,包括幼儿对美术语言的思考、领悟,幼儿对美术材料的操作游戏,幼儿的美术创作与作品等。

美的感觉是幼儿对视觉艺术领悟与认识的开端。审美经验早在幼儿使用蜡笔和颜料之前就有了。当他们表达对色彩、形状、声音、气味及材料的偏爱时,他们实际上就是在进行审美选择。从孩子降生到这个世界,睁开眼睛看到第一缕光线,吸吮乳汁时接触妈妈温柔的目光,到能够触摸、摆弄他们的玩具,观察它们的颜色与形状,再到有一天他们说:"我最喜欢天蓝(红)色!"所有这一切,都是点点滴滴的视觉积累与审美学习。在不断接受环境影响,进行思考与选择的同时,幼儿的审美思维也逐渐得到发展。环境的影响既包括自觉的客观环境影响,也包括主观的教育环境影响。一处景物、一本书、一幅画、对美术工具材料的接触、父母及教师的审美态度、生活环境的美化层次等,都能构成幼儿对人类视觉艺术的认识,从而形成幼儿自身独特的审美态度与选择,成就幼儿个性化学习与表达的基础。所以,视觉经验既是幼儿美术的前提,也是幼儿美术的组成部分。

幼儿对美术材料的尝试与操作是他们最初的美术造型活动。这种造型活动最开始仅仅是一种游戏。当孩子能握住笔时,他们并非把它当作成人心目中的笔来使用。在他们看来,笔和手铃、积木等玩具一样,仅是玩法不同,都能从中获得游戏的快乐与满足。从最初的玩过渡到有意识的绘画活动,再到画出成人能理解与认可的图画,常常要经历几年的时间。这种相对较长时间的演变过程,是和幼儿自身能力发展相辅相成的,有赖于他们肌体的成长、心理的丰富,特别是小肌肉群的发育和手眼协调能力的增强。除了笔以外,黏土、剪刀、纸张、颜料等材料都是幼儿喜欢尝试与操作的材料,对它们的探究不仅满足了幼儿的好奇心,也使他们对艺术语言与材料有了相当的认识与经验,从而成为其美术创作的技巧储备。

幼儿的美术创作过程实际上是幼儿借美术语言来表达自己对周围世界的认识、理解和思考的过程。这是幼儿美术中最重要的部分。他们的作品,正是他们成长中所受影响经由自身吸收、整合之后,运用美术语言和材料所进行的表达、表现。如果说"幼儿有一百种语言",那么美术语言正是其中的一种。它的形象性、视觉性使它比抽象的文字符号更早为幼儿所理解与喜爱,更容易作为记录与交流的方式。在操作与游戏的过程中,他们逐渐能运用线条、形状、色彩和不同的材料描绘及塑造所见所感,虽然粗陋稚拙,但却如同幼儿语言一般天真可爱,充满有趣的内容与幻想。有时是对熟悉、喜爱的人物、事物的描绘,有时是对周围环境不满的改造,有时也借助抽象的形式抒发心中难以言述的喜怒哀乐……幼儿运用美术语言所作的表达、表现，促成了他们与外部环境的沟通、交流，同时他们也享受这一过程带来的安慰与回应。

总之，幼儿以自己的审美经验，运用美术材料游戏般地体验、创作与表达，并以视觉形式来传达他们对世界的理解与思考。他们生动、独特的作品丰富了人类的视角，令成人世界感到惊奇与羡慕。

（三）学前儿童的美术作品

幼儿的美术作品是幼儿依据一定的生活经验，并运用一定的美术语言，对美术材料的操作活动所产生的结果（图 1-2 至图 1-7）。

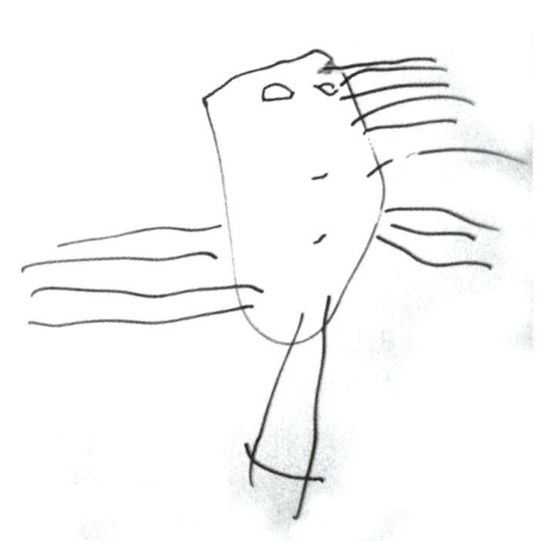
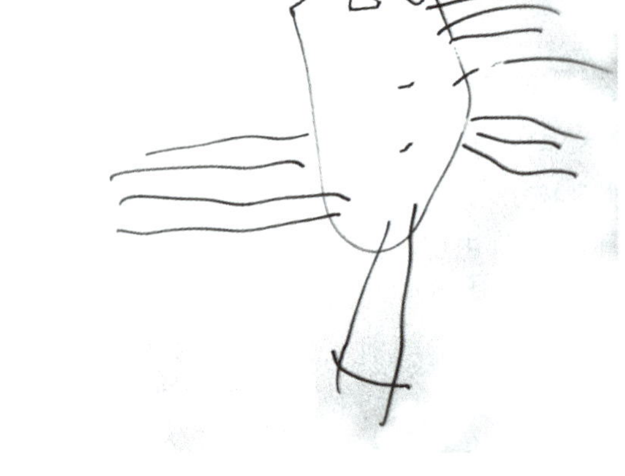

图 1-2　李安琪（2 岁）《妈妈》

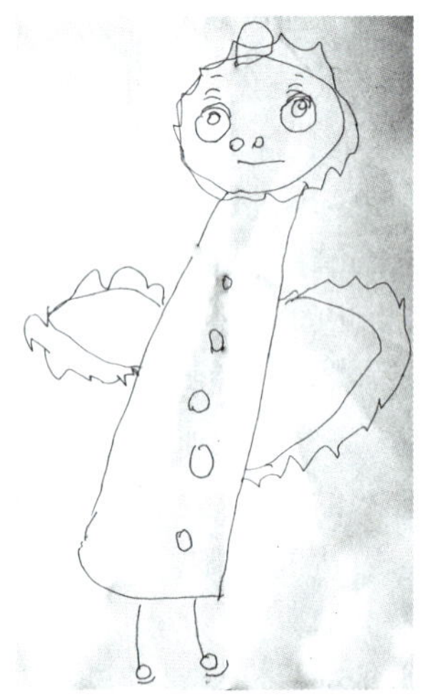

图 1-3　李安琪（3 岁）《妈妈》

彩图 1-4 至
彩图 1-7

图 1-4　余倪（4 岁）《小朋友揪小矮人耳朵》
摘自余春明，从儿童画走向绘画，中国建筑工业出版社，2004

图 1-5　崔琳悦（5 岁）《白鹅》

图 1-6　陈金雨(6 岁)《狮子》

图 1-7　范睿(7 岁)《城市》

二　学前儿童美术能力的发展

学前儿童绘画能力的发展

(一) 学前儿童绘画能力的发展

1. 涂鸦阶段(2 岁左右)

涂鸦阶段一般指 2 岁左右幼儿的绘画阶段。这个时期幼儿的绘画特点是画杂乱线(线条不分化,横线、竖线、斜线、弧线、锯齿线、螺旋线与点掺杂在一起)、单一线(反复同一动作,画出自上而下、自左向右,长短不齐、重叠的倾斜线)、圆形线(顺时针方向反复画圆圈),命名线(幼儿朦胧意识到线条与实物的联系,自言自语地对线条加以说明,给线条起名)。这一时期幼儿对绘画产生朦胧的兴趣和爱好,出现创造力的雏形。

2. 象征阶段(3 岁左右)

象征阶段又称“表意期”,是指 3 岁左右的幼儿用简单、抽象的线条表现自己意愿的绘画阶段。这个时期的幼儿对视觉形象的感受力有所提高,眼动较有规律,能用简单的线条画出象征物体的外部轮廓,不注意形体的完整,而侧重意趣的表现,往往按照自己的愿望,任意夸大所画对象的某一部分,形象比较粗糙,与实物相差较远,还常以娱乐为动机在游戏中作画,并用语言补充画面未能表现出的意图(图 1-8)。

3. 图式阶段(4—5 岁)

图式阶段又称“略图期”,是 4—5 岁的幼儿以程式化的图形表现物象的绘画阶段。这个时期的幼儿视觉感受性又有提高,眼动的轨迹越来越符合物象的外

图 1-8 3 岁的小女孩在认真地画画

部轮廓，手部的小肌肉进一步发育，作画时能表现物象的主要部分和基本特征，不借助语言说明也能看出所画的内容。但还缺乏写实性，形象不完整，喜欢用固定样式和画法表现不同的对象，画得比较概念化。

4. 写实阶段（5—6 岁）

写实阶段是幼儿较为真实地描绘物象的绘画阶段。5—6 岁的幼儿观察力和表现力不断提高，能画出客观物象各部分的基本结构和主要特征，对空间知觉和图形知觉逐渐精确，但又不懂透视的表现原理，作画时表现出写意的倾向，所画形象与真实的物象仍有相当距离。这个阶段也叫主观写意表现阶段。

（二）学前儿童手工能力的发展

学前儿童手工能力的发展

1. 无目的的活动阶段（2—4 岁）

这个时期的幼儿由于手部小肌肉发育不够成熟，认知能力也很有限，所以手工活动并没有明确的目的，只是一种纯粹的玩耍活动。他们不理解手工工具和材料的性质，还不能正确地使用这些手工工具和材料。如在泥塑活动中，幼儿不能有目的地制作出形象。起初，他们只是拍打泥团，时而掰开，时而又揉成一个团，享受泥团的触觉感，以及泥团形态的变化感。到这一阶段的后期，幼儿能用泥团制作出圆球。在剪纸活动中，幼儿还不会正确使用剪刀，纸和剪刀不能配合，剪出的也是奇形怪状的纸片。在粘贴活动中，幼儿还不清楚糨糊的作用，因而也不会使用它。

此阶段的幼儿还没有表现的意图，只是满足于手工操作的过程，享受着自主活动的快感，体验着手工工具和材料的特性。

2. 基本形状阶段（4—5 岁）

这个时期幼儿无目的的动作逐渐转化为有意图的尝试。4—5 岁的幼儿常常在开始制作时就宣称，他将要做个什么，然后才开始着手制作。

在泥塑活动中，幼儿开始进入用手团圆、搓长的阶段。起初搓的是棒状，到本阶段的后期，棒状出现了粗细、长短的变化。在剪纸活动中，幼儿开始时剪得较为顺手，但只限于剪直线，这种情况会持续很长一段时间。

3. 样式化阶段（5—6 岁）

这一时期，由于幼儿手部精细肌肉的发育和手眼协调能力的增强，又学习了一些基本的手工工具和材料的使用方法，所以创作的欲望很强。他们喜欢用各种工具和材料随心所欲地制作。

在泥塑活动中，幼儿能搓出各种弯曲的、盘旋的棒状物，能制作出立方体和圆柱体，还会用棒状物组合的方式制作一些复杂的物体。在剪纸活动中，幼儿能双手配合着剪曲线，并能剪出自己所希望的形状，如剪简单样式的窗花等。

（三）学前儿童美术欣赏能力的发展

1. 直接感知阶段（0—2 岁）

当代发展心理学对婴儿认知研究的新成果表明，婴儿视觉和听觉的发展已相当活跃。幼儿生命的最初几个月，视觉发展非常快，6 个月婴儿的视觉功能在许多方面已接近成人。视觉集中现象在婴儿出生后 2 个月表现得比较明显，对鲜艳明亮的物体，尤其是对人脸容易产生视觉集中，表现出意味深长的偏好。

学前儿童欣赏能力的发展

美国心理学家范茨通过习惯化行为测量发现，出生 2 天的新生儿就能注视像面孔一样的模式刺激物，而不喜欢看没有图形模式的圆盘。婴儿似乎对人的面孔有特别的兴趣，他们注视人的面孔的时间比注视其他模式的时间更长。其他学者进一步研究发现，引起婴儿注视的是图像的明暗交替模式或轮廓。婴儿在图像识别中，对明暗交替的差异特别敏感。研究者采用了多种黑白相间的格子或条纹图像进行测试，发现婴儿偏爱明暗对比鲜明或颜色对比鲜明的图像，而不喜欢空白无条纹、无明度和单色的图像。

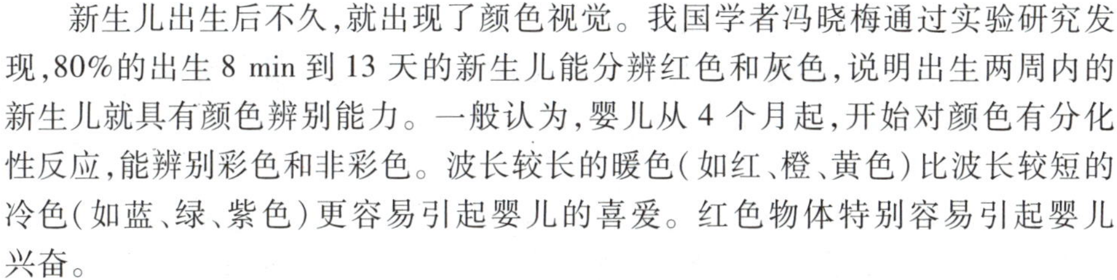

新生儿出生后不久，就出现了颜色视觉。我国学者冯晓梅通过实验研究发现，80%的出生 8 min 到 13 天的新生儿能分辨红色和灰色，说明出生两周内的新生儿就具有颜色辨别能力。一般认为，婴儿从 4 个月起，开始对颜色有分化性反应，能辨别彩色和非彩色。波长较长的暖色（如红、橙、黄色）比波长较短的冷色（如蓝、绿、紫色）更容易引起婴儿的喜爱。红色物体特别容易引起婴儿兴奋。

彩图 1-9 至彩图 1-11

美国教育心理学家加德纳认为，2 岁以内的幼儿，一般感知能力和审美感知能力还没有分化，但是他们的感知能力的发展为其审美偏爱和审美感知奠定了基础。

2. 主观的审美感知阶段（2—6 岁）

随着认知能力的发展，幼儿在其美术欣赏感知和理解方面，表现出下列特点。

（1）强烈地注意色彩

幼儿在感知作品时很在乎画面的色彩，那些色彩鲜艳的作品往往为他们所喜爱，如吴冠中的《鹦鹉》（图 1-9）、凡·高的《星月夜》（图 1-10）、永田萌的作品（图 1-11）等。卡尔金斯曾把幼儿对画的选择与成年人的选择做了比较，得出结论“对于幼儿来说，色彩的美比形式的美及没有色彩的光和影更有吸引力”。我国有学者做过“幼儿对美术作品审美偏爱”的实验研究，其结果也表明“美术作品色彩的丰富和鲜艳程度与幼儿被试偏爱的人数成正比”。

图 1-9　吴冠中《鹦鹉》

图 1-10 凡·高《星月夜》

图 1-11 永田萌作品

(2) 对绘画题材产生自由联想的反应

彩图 1-12 和彩图 1-13

幼儿在感知和理解美术作品的过程中,常常出现对绘画题材的自由联想,且常与自己的生活经验相联系。例如,幼儿在欣赏吴冠中的《水田》(图 1-12)时,有幼儿指着画中的线条说:“这彩线好看,用他们围成迷宫,可以捉迷藏。”欣赏林风眠的《枫林》(图 1-13)时,有幼儿说:“河面上漂着的是橘子,回去洗一洗就可以吃了。”被幼儿误以为橘子的实际上是飘落的秋叶。由此可见,幼儿在感知和理解绘画作品时还不能摆脱认知经验的干扰,他们试图把生活中相似的物品找出来,并对其产生联想,从而获得心理上的满足。

图 1-12 吴冠中《水田》

图 1-13 林风眠《枫林》

(3) 关注画面的局部特征

在感知一幅美术作品时,幼儿往往只注意作品中所表现的局部特征。在玛丽·卡尔金斯的实验中,把细节当作偏爱理由的幼儿占 75%。在瓦伦汀的研究中,9 岁的小姑娘喜欢一幅骑士画是因为“他戴着一顶漂亮的帽子,有一头漂亮的卷发,还有那耳环和可爱的黑夹克”。从上述例子可以看出,幼儿已经感觉到单个对象的美与不美,但未涉及作品的整体感,这确实是幼儿对绘画的典型态度。这种特征可能是由幼儿视觉的分析型特征决定的,即幼儿的视觉往往只注意事物的局部,而注意不到事物的整体。

总之,幼儿美术能力是随着其生理、知觉能力、情感态度、智力和生活经验的发展而发展的。幼儿美术能力在其发展过程中又体现出以下特点。

第一,幼儿美术能力的发展既有连续性又有阶段性。幼儿的绘画、手工制作、美术欣赏能力的发展水平表现为几个不同的阶段。每个阶段都有不同的行为模式和特点,这些行为模式都是建立在前一阶段发展的基础之上的。同时,每个发展阶段到了后期便出现了下一阶段行为特征的萌芽。由此可见,幼儿美术能力的发展是一个由量变到质变的过程。

第二,幼儿美术能力发展的历程基本上是一致的。不管是绘画能力、手工制作能力的发展,还是美术欣赏能力的发展,从发展的第一阶段开始,幼儿的行为特征便表现出相似性,其发展的过程也大致一样。在这个发展过程中,每个阶段不能跨越,亦不能倒置。不同的幼儿只有在各阶段停留时间长短的个体差异,而在美术发展的阶段特征上没有实质性差异。虽然幼儿美术发展阶段的发生年龄因个体、文化和环境的差异而有所不同,但无论差异多大,都不能改变其发展的定向性和先后次序。

第三,幼儿美术能力发展体现出较为明显地从自我中心向客观化发展的趋势。例如,幼儿绘画能力的发展过程,就明显地表现出幼儿从以自我为中心到拥有更开阔视野的发展变化。幼儿手工制作及美术欣赏能力的发展也是如此。

三 学前儿童美术教育

(一) 学前儿童美术教育的有关理论

学前儿童美术教育的有关理论

1. 陈鹤琴的美术教育思想

陈鹤琴是我国当代著名的教育家,他一生致力于儿童教育的实践和研究。其中关于儿童美术教育的研究是相当深入的,并且提出了比较系统的儿童美术教育理论。

陈鹤琴认为,儿童美术教育是促进儿童身心发展的重要的教育活动。“幼稚园的教学是全面性的,包括智育、德育、体育、美育四方面。”儿童美术教育是开展美育的途径之一,在对儿童实施全面发展教育中起着重要的作用。儿童美术教育必须要依据儿童心理特点来开展。

陈鹤琴关于儿童心理的研究在方法上具有两个明显的特点:一是注重对前人的,尤其是外国的儿童心理学理论进行比较系统的分析和总结;二是注重通过自己的观察和实验,研究总结自己关于儿童心理尤其是关于中国儿童心理的理论。

1927年,陈鹤琴在《幼稚生的图画》一文中讨论了怎样引起儿童的绘画动机的问题。他认为,儿童画画是要有一定的动机来支配的,基本分为两种动机:一是由外在的暗示引起的动机,二是儿童自己内在产生的动机。

关于儿童的颜色美感问题,他认为:若我们知道儿童对各种颜色的兴趣,我们就可以利用这种心理来进行适当的儿童教育。

陈鹤琴对儿童绘画发展过程的问题的研究也得出了一些基本的结论:① 儿童绘画发展过程基本上呈现外国研究者所指出的四个阶段,即涂鸦期、象征期、图式期和写实期。但是,陈鹤琴认为在每个阶段之中,还可以更具体地划分为不同的发展环节。② 儿童先会画线,后会画圆,然后才会画点。③ 儿童绘画技能的增进落后于他的感知认识。④ 儿童绘画容易反映他印象最深的客观现实。⑤ 儿童绘画是随着他身心的发展而发展的,儿童的绘画技能与他的生活经验和教育实践密切相关。

关于儿童美术的教学方法,陈鹤琴结合自己的儿童教育实践提出了一系列具有可行性的儿童美术教学方法:① 通过游戏的途径进行美术教育。② 通过户外活动进行美术教育。③ 通过与其他教学活动融合的途径进行美术教育。④ 通过美的环境进行美术教育。

2. 罗恩菲尔德的美术教育思想

罗恩菲尔德是美国美术教育家,代表作是1962年出版的《创造性与心理成长》。罗恩菲尔德的美术教育思想偏向于工具论,他在儿童美术发展心理与教育方面的研究,对20世纪五六十年代西方儿童美术教育(尤其是学前儿童美术教育)有着重要影响。罗恩菲尔德认为:艺术教育对我们的教育系统和社会的主要贡献,在于强调个人和自我创造的潜能,尤其在于艺术能和谐地统整成长过程中的一切,造就出身心健康的人。因此,他非常强调美术教育的价值,重视美术创作的过程,主张通过美术创作促进儿童健全发展。

罗恩菲尔德倡导教师不应干涉儿童美术的学习,不要试图教儿童如何画画,而应按照其发展的阶段及年龄特征,为他们提供自我表现的机会,选择适当的表现主题的材料,引起并维持儿童创作的动机,让他们自由自在地以自己的速度、自己的方式进行自我表现,发展美术能力。罗恩菲尔德认为,这种自我表现的过程远比表现出来的结果显得重要。

在儿童美术的评价方面,罗恩菲尔德提出了自己的主张。他认为,儿童所创作的作品是他们身心两方面发展的结果。所以,他把儿童的感情、智能、身体动作、知觉、社会性、美感、创造性七个方面的发展作为主观评价标准;把发展阶段、技巧和作品的组织三个方面作为客观评价标准。

3. 西泽克的美术教育思想

西泽克,奥地利儿童美术教育家。西泽克的教学方法是以自由联想与童话故事刺激儿童的想象力,给他们提供大量的材料,激发其表现欲望,鼓励儿童用视觉形式表达他们对生活中的事物的感受。他们创作的美术作品想象丰富、用色大胆、富有生气,具有儿童画所特有的魅力。这表明儿童能创造独特魅力的视觉形象来表达自己的情感与认识。

在美术教育课程问题上，西泽克一反过去重视技术训练的功利立场，认为儿童美术教育的第一目的就是发展创造力，因为这对他们的终身发展有益。因此，美术教育要遵循儿童与生俱来的发展规律，顺应他们内在的法则，发展儿童这种创造本能和创造热情。教师的任务就是通晓并研究儿童的这些发展规律，营造创造的氛围，给儿童安全的、充满爱心的心理环境。

4. 艾斯纳的美术教育思想

艾斯纳强调美术教育的主要价值在于对个人经验的独特贡献。他指出："美术是人类文化和实践极其特殊的一面，而且美术能为人类实践做出的最可贵的贡献是直接与其特性相关联的。美术能为人类教育做的贡献恰恰是别的学科所不能做到的。因而，任何一项将艺术首先作为为其他目的服务的工具的教育计划会冲淡美术的意义。美术不应屈尊服务于其他目的。"美术教育不是服务于其他目的的工具，它在基础教育中有着独特的作用，使得美术在学校课程中的地位得到重视和提高。与工具论者相反，艾斯纳提出美术能力不是自然发展的结果，而是学习和教育的结果。"美术学习不是随儿童成长而成熟的自然结果，美术学习可以通过教育指导得到促进。"既然如此，可教的内容有哪些呢？艾斯纳认为美术教学的领域应包括三方面：美术创作、美术批评和美术史。要使这三方面教学卓有成效，则需要有系统化的连续性课程设计，而不是那种感恩节画火鸡的以日历为中心的教学。而且，对教学要尽量予以评价，因为无论是有形的还是无形的评价，对师生的教与学都是大有裨益的。

（二）学前儿童美术教育的取向

美术取向的学前儿童美术教育是旨在延续和发展人类的美术文化而实施的教育的最初环节，这种价值取向将美术本身及其功能视为首要的东西。学前期是实现这种价值的最初阶段，它为这种价值的完全实现打下了基础。而教育取向的学前儿童美术教育则着眼于教育，以美术作为教育的媒介，通过美术教育，追求一般学前教育的价值。具体地说，就是通过学前儿童美术教育，顺应幼儿的自然发展，保证幼儿身心的健康成长，培养幼儿的道德感、审美情趣、认知能力、意志品质及创造精神。学前儿童美术教育立足于真、善、美的和谐统一，要求艺术渗透整个教育过程，使幼儿能按照其本来面目健康成长，最终成为艺术的、完美的人。

（三）学前儿童美术教育的意义

学前儿童美术教育具有美术教育的一般含义，但它又具有不同于一般美术教育的一些特征。学前儿童美术教育可通过美术和教育两方面体现出来。一般来讲，学前儿童美术教育以教育为取向，但又和中、小学校的普通美术教育有所不同，幼儿的美术活动是他们本真的生命活动，是对成长性需要的满足，没有直接的功利性，以活动过程本身为目的、为满足。从这个层面上来说，幼儿的美术也是一种特殊的、纯艺术的领域，它的着眼点是美术本身，即由美术本位出发的、美术取向的美术教育。因此，以教育为手段，对幼儿传授一些基本的、简要的美术知识和技能，在美术文化的意义上进行发展和延续也是必要的。当然，在教育的过程中，教师和家长不能用成人的审美标准和意志去规范和扼杀幼儿与生俱来的创造性和绘画热情，使幼儿的绘画失去幼儿特有的天真、稚拙和淳朴。

1. 学前儿童美术教育有利于幼儿审美能力的发展

“爱美之心，人皆有之”，但人的审美能力不是天生的，而是在后天逐渐培养起来的。幼儿在日常生活中，在成人的正确引导下，聆听下雨时有节奏的滴答声，在景色迷人的公园里游玩，在碧绿清澈的水池里嬉戏，观看五彩缤纷的节日彩灯和焰火，都可以感受和理解大自然中、社会生活中、艺术作品中的美。无论是幼儿园环境的美化、成人的衣着打扮，还是家人的生活起居、社会上人们的言行举止，以及大自然五光十色的景物和多姿多彩的变化都能引起幼儿的注意，激发他们的审美情感，使他们受到美的熏陶。美术教育就是借助大自然和社会生活中一切美的事物，通过艺术手段对幼儿进行审美能力的教育。一些适合于幼儿接受水平的绘画作品、工艺品、雕刻作品、建筑物上的优美的造型，均匀对称的花纹，丰富而协调的色彩，巧妙精美的构图，能激发幼儿的审美情感，培养幼儿的审美能力。

在幼儿日常生活中，我们可以通过引导幼儿欣赏周围存在的美的事物，鉴赏、评论美术作品，来提高幼儿的审美能力。幼儿参加美术实践活动，在他们动手画画、做手工、自制玩具等创造性艺术活动中，又能进一步受到美的熏陶。例如，幼儿园大班的小朋友在公园游玩以后，画了“美丽的大自然”，嫩绿的杨柳随风飘扬，色彩绚丽的鲜花开放，还有小燕子在空中飞翔。幼儿在画面里，倾诉着他们对迷人的自然景色的向往。又如，组织幼儿布置“美的角落”活动，一块美丽的花布，几张精美的糖纸，带花纹的贝壳等，幼儿在亲自动手布置的过程中，会不断地自言自语：“这件东西好看吗？”“我应当怎样把它弄得更漂亮？”就是这样用不断变化着的美术内容和活动方式，引起幼儿对美的惊奇和探究心理，产生对美的追求和表现的欲望。因此，幼儿的审美能力能在美术活动过程中得到充分发展。

学前美术教育的意义

在日常生活中可以培养幼儿的审美能力，有计划地引导幼儿参加美术实践活动，可以更有效地促进幼儿对美的感受力、理解力和表现力的发展。因为在美术教育中，教师引导幼儿欣赏的美是更集中、更典型的美，即艺术的美。幼儿在美术活动中，将自己在日常生活中对美的印象和感受通过各种美术手段具体表现出来，这不仅加深了他们对日常生活中感受到的美的理解，更发展了他们的审美能力。幼儿在不断变化着的美术实践活动中，不断地追求美、探究美、理解美和表现美，从而受到良好的审美教育。

2. 学前儿童美术教育有利于幼儿健康情感和健全人格的形成

情感因素在学前儿童发展中的重要性能够明显地表现出来。他们喜欢想象，往往有惊人之作。幼儿对美术有一种自然的需要，他们喜欢这里画画、那里画画，喜欢做色彩游戏。幼儿心理发展的一大特色是以自我为中心，容易将自己的情绪、情感投射到物体上，用身心感悟着我们的世界。正是幼儿的这种特点，使得美术活动成为他们进行情感沟通和获得心理满足的重要途径。细心的家长不难发现，孩子总是喜欢把墙上的裂缝看作一只大怪兽，把天上的星星看作一盏盏点亮的小灯，把缤纷的落叶看作树妈妈的宝宝们，他们手中的色彩也在随着情绪的变化而变化。家长要为孩子创设宽松的心理环境和充满情感色彩的审美环境，让孩子通过美术活动把自己的情感或想法表达出来，并鼓励他们用作品和别人交流，进而在交流中获得一种来自自我和他人的肯定。在这个过程中，孩子既能交流情感，又能获得新的情感满足。

3. 学前儿童美术教育有助于幼儿创造力的发展

每个幼儿都有创造的潜力。在幼儿美术能力的发展过程中，从涂鸦阶段的乱涂乱画，到逐渐画出个什么东西并给它命名，到象征阶段为事物象征性地再造一个多半是不完整的、轮廓粗略的形象，再到图式阶段用画来表达多种概念或凭自己的主观经验重新组合、加工变形的画面等，都显示出幼儿独特的创造力。当然，这种创造力与成人的创造力是不同的。成人的创造力是指创造出有社会价值的产品或思想等的能力，幼儿的创造力是指创造出对其个人来说全新的、前所未有的事物的能力。具体来说，幼儿在美术活动中的创造力是他们借助过去的经验对物质材料加以重新组合，制作出对其个人来说是新颖的、有价值的美术作品的能力。需要注意的是，幼儿的创造力是基于对幼儿自身的个人价值而言的，不能用成人的标准衡量，对待幼儿的创作，成人要有发现的意识和眼光。

幼儿美术方面的创造性不仅在其作品中反映出来，还从其创作的过程中显示出来。在幼儿的美术作品中，成人有关美术创作的条条框框被打破，出现一些在成人看来既可笑又非常可爱的现象，如不合逻辑的构思、不合比例的造型、主观想象的色彩、随意安排的空间结构等。这些超常规的、独特的表现，蕴含着幼儿天然存在着的大胆想象和神奇创造。幼儿创作美术作品的过程是一个极具个人色彩的过程，由富有个人情感色彩的感知、审美加工和创造性表达组成。家长正是要保护孩子的这种创造性，既要有发现孩子创造力的眼光，又要有给他们以鼓励的言行。

4. 学前儿童美术教育有助于幼儿手、眼、脑的协调

学前儿童美术教育还应当重视幼儿的操作。操作教育是学前儿童美术教育的重要组成部分，幼儿正是在操作中亲身体验某种情感的发展，体验美术活动自身的乐趣，进一步进行审美感知和审美创作的。

幼儿的美术活动包括心理操作和实际操作两个方面。在这个过程中，幼儿的手、眼、脑并用。幼儿用多种感官感知审美对象，用脑去想象、理解、加工审美对象，用语言去交流自己的审美感受，用手去操作美术工具和材料来表现自己的情感和想法。操作教育一定要依据幼儿的身心发展水平和需要进行。

岗位对接

项目一　分析判断学前儿童美术作品

利用网络资源，收集学前儿童绘画或手工作品图片，分析判断作品所处的是学前儿童美术能力发展的哪个时期？理由是什么？

项目二 学前儿童美术教育现状报告

利用网络资源或实际调研，了解我国学前儿童美术教育现状，撰写相关报告。

赛场直击

大班主题活动：奇妙博物馆[①]

1. 主题背景介绍

每个孩子的心中都有一座收藏了各种问号的“博物馆”，没有什么能阻挡他们走进博物馆的脚步，感受博物馆之稀奇……博物馆不是旅游景点，而是我们终身学习的场所：这里收集着人类的记忆，这里珍藏着民族的灵魂，这里抵御着岁月的剥蚀，这里记录着时代的变迁……博物馆让孩子们增长了知识的同时，也开阔了视野。虽然孩子们的感受还很浅显，但此刻孩子们心中已悄然种下了探秘古今的种子，让我们共同期待这颗种子在将来能够开花、结果……

2. 主题素材

小资料：国际博物馆日

国际博物馆日为每年的5月18日，是由国际博物馆协会(ICOM)发起并创立的。

这一天世界各地的博物馆都会举办各种宣传、纪念活动，庆祝自己的节日，让更多的人了解博物馆，更好地发挥博物馆的社会功能。

公元前5世纪，在希腊的特尔费·奥林帕斯神殿里，有一座收藏着各种雕塑和战利品的宝库，它被博物馆界视为博物馆的开端。在其后相当长的时间里，博物馆只是供皇室成员或少数富人观赏奇珍异物的收藏室。到18世纪末，西欧一些国家相继建立博物馆，并向公众开放，博物馆的功能才有了新的发展，人们对博物馆的认识也发生了变化。1880年，英国博物馆学者鲁金斯发表了《博物馆之功能》的论文，强调博物馆应成为一般公众受教育的场所。美国学者顾迪在《将来的博物馆》和《博物馆行政管理的原则》两篇专论中，进一步强调博物馆必须致力于革新教育，开展积极的活动，使之不仅成为专家学者从事研究的场所，而且要成为教育机构的补充设施、校外教学园地。

1946年11月，国际博物馆协会在法国巴黎成立。1971年，国际博物馆协会在法国召开大会，针对当时世界的发展，探讨了博物馆的文化教育功能与人类未来的关系。1974年6月，国际博物馆协会于哥本哈根召开第11届会议，指出博物馆“是一个不追求营利，为社会和社会发展服务的公开的永久机构。它把收集、保存、研究有关人类及其环境见证物当作自己的基本职责，以便展出，公之于众，提供学习、教育、欣赏的机会。”

1977年，国际博物馆协会为促进全球博物馆事业的健康发展，吸引全社会公众对博物馆事

---

① 2022年全国职业院校技能大赛(高职组)“学前教育专业教育技能”赛项赛卷幼儿园教育活动设计

业的了解、参与和关注,向全世界宣告:1977 年 5 月 18 日为第一个国际博物馆日,并每年为国际博物馆日确定活动主题。

2017 年的主题是:“博物馆与有争议的历史:博物馆难以言说的历史”

2018 年的主题是:“超级互联的博物馆:新方法、新公众”

2019 年的主题是:“作为文化中枢的博物馆:传统的未来”

2020 年的主题是:“致力于平等的博物馆:多元和包容”

2021 年的主题是:“博物馆的未来:恢复与重塑”

小资料:博物馆之最

博物馆一般划分为艺术博物馆、历史博物馆、科学博物馆和特殊博物馆四类。

- 最繁忙的博物馆——故宫博物院:故宫博物院是世界上最大、最完整的木质结构的古建筑群。2012 年,单日最高客流量为 18 万人次,全年突破 1500 万人次,成为世界上接待游客量最大的博物馆。
- 最美的博物馆——卢浮宫:卢浮宫是世界上著名的艺术宝库之一,是法国历史上最悠久的王宫,以收藏丰富的古典绘画和雕刻而闻名于世,藏品中有被誉为世界三宝的《维纳斯》雕像、《蒙娜丽莎》油画、《胜利女神》石雕,是法国文艺复兴时期珍贵的建筑物之一。
- 最丰富的博物馆——英国国家博物馆:英国国家博物馆是世界上历史悠久、规模宏伟的综合性博物馆,也是世界上规模极大、极著名的博物馆之一。博物馆收藏了世界各地的许多文物和珍品,藏品之丰富、种类之繁多,为全世界博物馆所罕见。
- 最大的博物馆——中国国家博物馆:中国国家博物馆是世界上建筑面积最大的博物馆,与人民大会堂东西相对称地分布于天安门广场,是一座系统展示中华民族文化历史的综合性博物馆,集收藏、研究、展览于一体。
- 最萌的博物馆——马来西亚猫博物馆:马来西亚猫博物馆,展示世界各种猫的族类、造型、图像,精雕细刻的猫儿铜像、瓷像及猫的生活状况,这里是一个让世界各地的猫儿形象聚集的地方。
- 最“黑暗”的博物馆——巴黎下水道博物馆:作为一个具有悠久历史的欧洲名城,巴黎的下水道系统,就像埃及的金字塔一样,是一个伟大的工程,这里没有黑水横流的垃圾,也没有臭气熏天的各种腐烂物体。巴黎的下水道系统经过了无数次的改进,巴黎人甚至将其开发成了一个下水道博物馆,向世人介绍他们的成就。
- 最神秘的博物馆——国际神秘动物学博物馆:美国缅因州的国际神秘动物学博物馆是个极具魅力的神秘的博物馆,收藏着所谓的标本、文物及与神话生物相关的资料,包括尼斯湖水怪的复制品、美索美洲人科面具、真人大小的腔棘鱼、假斐济美人鱼等,还有高 25 米重 130 千克的“克鲁克斯顿大脚”。
- 最甜蜜的博物馆——德国巧克力博物馆:走进德国巧克力博物馆,迎面而来的是巧克力的芳香。博物馆展示了欧洲巧克力的发展历程及生产过程,它既是一个让人们了解巧克力制作过程的实物演示馆,也是能够真正生产巧克力的场所。
- 中国人创办的第一个博物馆:晚清实业家张謇于 1905 年在家乡江苏南通创办的南通博物苑,是中国人创办的第一个现代意义上的博物馆。

小资料:博物馆的镇馆之宝

每个博物馆里都有很多藏品,其中最重要最珍贵的藏品,叫“镇馆之宝”。我们一起来看看那些镇馆之宝吧。

中国国家博物馆:后母戊鼎(曾称“司母戊鼎”)。原器于1939年3月在河南安阳出土,是商王祖庚或祖甲为祭祀其母“戊”所制,是商周时期青铜文化的代表作,重832.84千克,是世界迄今出土的最大最重的青铜器,享有“镇国之宝”的美誉。器皿腹部内壁铸铭“后母戊”,是商王母亲的庙号。

故宫博物院:清明上河图。清明上河图是中国十大传世名画之一,是北宋画家张择端仅见的存世精品,被誉为“中华第一神品”,属国宝级文物。

湖北省博物馆:越王勾践剑。春秋晚期越国青铜器,国家一级文物,1965年冬天出土于湖北省荆州市江陵县望山楚墓群中。因剑身上被镀上了一层含铬的金属而千年不锈。

甘肃省博物馆:马踏飞燕。东汉青铜器,1969年出土于甘肃省武威市雷台汉墓。“马踏飞燕”自出土以来,一直被视为中国古代高超铸造业的象征。

河北省历史博物馆:西汉中山靖王刘胜的金缕玉衣。金缕玉衣是汉代规格最高的丧葬殓服,出现于西汉文景时期。刘胜的玉衣共用玉片2498片,金丝重1100克,窦绾的玉衣共用玉片2160片,金丝重700克,其制作所费的人力和物力十分惊人。

台北故宫博物院:翠玉白菜。清代文物,由翠玉琢碾而成,与真实白菜的相似度几乎为百分之百。更精妙的是,菜叶上寓意多子多孙的螽斯和蝗虫栩栩如生。

诗歌:博物馆(李思佳)

文物是历史的见证者
是前人留给我们的第一手资料
浩荡的队伍
奔腾的万马
势不可挡的烟尘
他们的眼中放射出逼人的光芒
他们的盔甲千年后依然坚硬
图腾,带我们来到了不同地区
不同国家
记载着神的灵魂载体
回望历史长河
走进博物馆的大门
畅游我们的初心

诗歌:收集东,收集西

收集东、收集西,
你喜欢收集什么东西?
我喜欢收集娃娃衣。
奶奶喜欢收集木屐。
清洁工伯伯喜欢收集很多很多垃圾。
树上的乌鸦收集了一堆怪东西。
小溪喜欢收集雨滴。
月亮喜欢收集星星。
海边收集了很多很多石头。

天空喜欢收集云。

故宫博物院《千里江山图》赏析

作品背景:宋代绘画全面繁荣,山水画的发展也尤为繁盛。北宋画家王希孟的《千里江山图》是其中的代表作。

作品内容:画面分三段,描绘了连绵的群山冈峦及浩渺的江河湖水,在山岭、坡岸、水际中又布置点缀亭台楼阁、茅屋村舍、小桥渔舟,景物繁多。作品意境雄浑壮阔,气势恢宏,充分表现了自然山水的秀丽壮美。

艺术特色:作品是绢本青绿设色长卷形式,在构图上,采用深远、高远、平远的构图法则,撷取不同视角以展现千里江山之胜。采用了散点透视法,巧妙地组织空间。在用色上,画家继承了传统青绿山水画法,设色匀净清丽,富有变化和装饰性。在笔法上,以披麻皴与斧劈皴两种皴法相结合,表现山石的肌理脉络和明暗变化。描绘对象时,用笔十分精细,人物虽小,却形象动态鲜明逼真。

整体评价:《千里江山图》为中国北宋青绿山水画佳作,"中国十大传世名画"之一。

建议:根据各地博物馆资源设计活动

重视幼儿的学习和发展需要,充分挖掘园内资源,不断拓展家长资源,努力延伸社会资源,为各类博物馆课程活动的开展奠定基础、拓展途径、丰富内容,实现教育活动的多样化、生活化、游戏化。如何准确地筛选真正适合幼儿的资源,开发幼儿感兴趣、能探索的资源,让资源为幼儿发展创造条件、提供机会,是我们要进一步探索和研究的内容。

3. 题目内容

(1) 主题网络图设计(书面作答)。

(2) 教学活动设计(一课时)(书面作答)。

(3) 说课(口头作答)。

4. 基本要求

(1) 根据附件提供的素材,综合幼儿发展各领域以及幼儿园活动的类型,围绕主题设计主题网络图。主题网络图绘制要具有丰富性、科学性、具体化和操作性强等特点,充分考虑到生活化、兴趣性、适宜性、幼儿的主体性和家园合作等因素。网络图至少有三个层级(包含主题名称一级),第二、三层级至少有三项活动。

(2) 根据主题素材与年龄段,设计一课时(30 分钟左右)集体教学活动的教案。教案格式完整规范,语言清晰、简洁、明了,目标设计、内容选择、方法运用等符合幼儿年龄特征和领域特点。

(3) 根据已设计的教案,就内容、目标、方法、过程设计等进行说课,说清楚"学什么、教什么""怎么学、怎么教",以及"为什么"等问题,语言规范,条理清楚,逻辑性强,表达流畅。说课时间在 7 分钟内完成。

参考教学活动设计

大班美术活动:千里江山图

【活动目标】

1. 欣赏画作,寻找画中的景物并分析画作中所运用的线条和表达方式。

2. 尝试运用重彩棒涂色、纸巾擦拭体现渐变的方法画出连绵起伏的山脉,用波浪线画出水波,并大胆想象,尝试合作构思属于自己的“千里江山图”。

3. 感受中国传统经典名作,增强亲近经典的欲望与兴趣。

【活动准备】

1. 教学课件:千里江山图。

2. 操作材料:牛皮纸画卷、重彩油画棒、勾线笔、纸巾等。

【活动过程】

1. 观看画作,激发兴趣。

师:今天,老师为大家带来了一幅特别的画作,请大家看一看,轻轻地和身边的好朋友说一说你看到了什么。

2. 画作欣赏,交流讨论。

(1) 整体欣赏。

师:这是《千里江山图》的全貌,大家能看出这幅画作表现了什么? 画了些什么吗?

(2) 视频欣赏。

① 播放课件视频,整体欣赏《千里江山图》。

师:小朋友们,你们看看这幅画和你们平时看到的画有什么不一样?(长卷画)

幼:这幅画像卷纸一样卷起来,很长。

② 互动对话,引导幼儿仔细观察。

(3) 探索发现。

① 局部观察:天。

师:天上有什么呢?

② 局部观察:山。

师:你们看这些山有什么感觉? 画家是用了怎样的线条画出来的? 刚刚有些小朋友说这些山有高有矮,矮的山是在前面还是后面? 这些山是什么颜色的? 山上有什么?

③ 局部观察:水。

师:这些水看起来是怎样的? 画家用了怎样的线条画出来的? 水里会有什么呢?

④ 画家小故事。

师:都说这幅画里藏有宝藏,究竟在哪儿呢? 其实啊,就藏在这些颜色中,画家用的颜料非常珍贵,它们的材料有的可以用来制作珠宝。

师:这幅画是谁画的? 他用了多长时间完成这幅画?《千里江山图》是中国传统绘画瑰宝,作者是宋朝的王希孟,他画这幅画的时候才 18 岁,用了半年的时间画完这幅画。

3. 创作表现,巡回指导。

(1) 大胆想象与表现。

师:看了这么漂亮的《千里江山图》,小朋友们想画一幅自己的江山图吗?

(2) 介绍作画材料,鼓励幼儿根据自己的兴趣和需要选择材料。

(3) 幼儿自由组成两组,开始创作,教师随时关注幼儿,并及时给予帮助。

(4) 创作提示。

① 直接用勾线笔在牛皮纸上画出山的轮廓,注意画出有遮挡关系的山脉。

② 给山脉上色:土黄色、绿色、青蓝色,上完色用棉签或者手指擦拭,使之柔和。

③ 用黑色重彩棒再次轻轻勾勒山脉轮廓。

④ 大胆想象，自由添画。

鼓励幼儿根据自己的想法，画一些树、房子、水、船、桥和人等；教师巡回指导，及时关注个别幼儿的需要；指导幼儿用淡色油画棒画出云雾。

4. 展示作品，互赏评议。

(1) 展示两幅作品，幼儿之间互相欣赏作品，并相互交流。

(2) 请幼儿大胆介绍自己一组的作品。

(3) 教师总结，提示幼儿分类整理物品或材料。

如何开展学前儿童美术教育

一、利用多种手段激发美术兴趣

要综合运用多种教学手段来激发儿童的美术学习兴趣，引导儿童在日常生活中更好地观察与欣赏事物，例如，教师可以为儿童创设多媒体情境或者游戏化的情境，并运用生动形象的语言来引导儿童。

二、引导儿童认识不同颜色

引导儿童认识不同的颜色是美术教育的重要目标之一。教师应该引导儿童感受不同颜色的美，让他们学会观察、辨认和搭配颜色，从而提高儿童的色彩感知能力和运用能力。在引导儿童认识颜色时，教师可以从以下三个方面入手。

第一，利用周围环境中的各种颜色，引导儿童观察并辨认不同的颜色。

第二，讲解颜色的名称、发音和用符号表示的方式，帮助儿童加深对颜色的理解。

第三，通过提问、开展实践活动等形式引导儿童自主探究，使儿童对颜色形成更加全面的认知。

三、组织儿童开展构图练习

构图练习是培养儿童绘画能力和创造能力的重要方式。在练习构图时，可以引导儿童观察图片、实物和环境等，帮助他们了解物体的形状、颜色和结构等特征。还可以开展一些实践操作活动，鼓励儿童尝试不同的绘画方式和技巧，引导儿童开展构图练习，从而增强儿童的绘画能力。

四、鼓励儿童多接触大自然

在美术教育中，让儿童多接触大自然是培养儿童观察能力、审美能力、创造能力和想象能力的重要途径。为了帮助儿童感受大自然的魅力，可以开展多样化的活动，让儿童观察大自然中的动植物，并将其融入绘画活动中。

五、提供丰富多样的工具材料

为儿童提供丰富多样的创作工具，引导儿童了解和尝试不同的绘画材料、手工制作材料和技术手段，鼓励他们自主探索和创造，帮助儿童更好地掌握绘画技巧，提高儿童的手工制作能力，提升儿童的美术素养。

六、引导儿童参与手工制作活动

手工制作活动是儿童美术教育的重要组成部分,它不仅可以提高儿童的动手能力,还能培养儿童的想象力和创造力。引导儿童利用各种工具和材料进行手工制作。在组织儿童开展手工制作活动时,应该基于儿童的年龄特征和兴趣取向,开展合适的手工制作活动,并为儿童设计故事情境、制定游戏规则等,让手工制作活动变得更加有趣。同时,要设置具有挑战性的制作任务,让儿童在完成任务的过程中增强成就感和自信心。

七、经常鼓励与肯定儿童的表现

要反思自身在教学过程中的不足,并及时调整,不断改进教学方法,提高教学质量。要对儿童的美术活动给予正面的评价,多采用鼓励肯定的语言,让他们感受到自己的努力得到认可,从而增强儿童学习美术的自信心,为儿童今后的美术学习打下坚实的基础。

(节选自:宋纳.如何开展学前儿童美术教育.幸福家庭,2023(21):76-78.)

【阅读感悟】

在开展学前儿童美术教育的过程中,要优化教学设计,创造开放的学习环境,引导儿童亲近自然、感受生活,以培养儿童学习美术的兴趣。同时,以任务、主题或项目的形式开展教学,将知识、技能融入其中,让儿童熟练掌握美术知识,如颜色、构图等,以提升儿童的美术素养,促进儿童的全面发展。

幼儿园美术教育的五个着眼点

一、觉美——在天地自然中感受美

著名教育家陶行知曾经说过:“必须以大自然为您的生物园,才有丰富的收获。”教育家陈鹤琴同样倡导“大自然、大社会都是活教材”的教育理念。《幼儿园教育指导纲要(试行)》中指出:“充分利用自然环境和社区的教育资源,扩展幼儿生活和学习的空间。”我们人类生活在自然天地之中,春夏秋冬四季更替为我们带来了自然景物的千变万化。所谓“春有百花冬有雪,夏有凉风秋有月”,大自然在不同的季节里彰显着不同的风姿,每一种美都值得我们仔细感受和认真体会。大自然是最好的教科书,它能让幼儿自然而然地打开五感,在真实的环境中感知、探究。因此可以把美术教育环境生活化,让幼儿能够以愉悦的情绪投入美术活动中去感受美和表现美。

二、探美——在日常生活中发现美

法国著名雕塑家罗丹说:“生活中并不缺少美,而是缺少发现美的眼睛。”每个幼儿的心里都有一颗美的种子。其实在我们的生活中处处都有美的存在:城市的现代之美、公园的景观之美、古街的建筑之美……《幼儿园教育指导纲要(试行)》在艺术教育目标中明确要求“能初步感受并喜爱环境、生活和艺术中的美”,并在艺术教育内容与要求中进行了具体的阐述,使艺术教育生活化跃然纸上。

三、融美——在环境创设中渗透美

环境是重要的教育资源,应通过环境的创设和利用,有效促进幼儿的发展。在幼儿园的教育活动中,环境作为一种“隐性的教育资源”,在对幼儿审美的启发、引导上具有重要的作用。因此,幼儿园的设备、空间布置、墙饰的美化都应精心设计、和谐优美,体现美的原则和规律。如园内外墙壁上可以适当安些多宝格或搁板架,陈列一些用泥、木、石、金属等材料制成的艺术作品,发展幼儿的空间感觉,使之受到艺术作品的熏陶。

四、赏美——在教学活动中引导美

艺术教育的本质是审美的教育,幼儿园的美术教育应以审美教育为主线,重视对幼儿美感的培养,就是要注重培养审视美好事物的感受。幼儿只有广泛地接触、感受优秀的美术作品,才能潜移默化地认识美术作品和美术创作的规律,才能通过对优秀作品的感悟和借鉴发展自己的美术创作,并从中得到更加丰富的情感体验。

五、创美——在趣味实践中创造美

古罗马诗人、批评家贺拉斯提出的"寓教于乐"观点,在幼儿园的美术教育中同样适用。只有寓教于乐、寓美于乐,才能充分激发幼儿的兴趣,并吸引他们积极主动地参与其间。

艺术具有显著的个体性,因此在幼儿阶段的美术教育也强调幼儿富有个性和创造性的自我表述。趣味性美术活动更有操作性和互动性,有助于营造良好的艺术氛围,激发幼儿独特的审美表现和创造力。

在美术活动中培养幼儿的创造力,离不开幼儿的动手动脑。想象力是思维的翅膀,是创造的起点,也是创造的核心,是人类可贵的能力之一。一个富有趣味的、形式与内容俱佳的展示活动,一个好的故事剧场,一本神奇的书更符合幼儿的天性,对幼儿的审美教育显得更为重要。

(节选自:兰芳.幼儿园美术教育的五个着眼点.亚太教育,2023(14):82-85.)

【阅读感悟】

幼儿园美术教育是儿童认识世界、表达自我的一种方式,"有很多答案"的美术教育,可以让幼儿更好地认识世界、更好地发展自我的特别之处。因此,在幼儿园的美术教育中,可以抓住觉美、探美、融美、赏美、创美这五个着眼点,以大自然、日常生活、教学活动、趣味实践等为载体,通过美术教育让幼儿发现美、欣赏美、表现美和创造美等,鼓励幼儿用不同的艺术形式大胆地表达自己的情感、理解和想象。教师要用细腻的心了解幼儿的需求,尊重幼儿的想法和创造,肯定和接纳他们独特的审美感受和表现方式,让学前儿童美术教育回归真实和质朴,成为幼儿表达自己的一种语言,成为洋溢着幸福与激情的美好活动。

单元二

学前儿童美术教育活动的原理与设计

学习目标

知识目标：

1. 了解制订学前儿童美术教育活动目标的依据。

2. 掌握学前儿童美术教育的总目标、年龄阶段目标及各类型美术教育活动的目标。

3. 掌握学前儿童美术教育活动的内容。

4. 掌握学前儿童美术教育活动的设计要点。

能力目标：

1. 能够设计和指导不同类型的学前儿童美术教育活动。

2. 能够根据学前儿童美术教育总目标、年龄阶段目标选择和编排美术教育活动。

3. 能设计科学合理的学前儿童美术教育活动。

素质目标：

1. 树立科学的美术教育观，践行“幼儿为本”的理念，激发对学前儿童美术教育事业的热爱之情。

2. 愿意主动了解和学习学前儿童美术教育活动的设计方法，爱岗敬业，积极关注学前儿童发展。

3. 能综合运用所学知识，有意识地将中国传统文化融入学前儿童美术教育活动中，有创新意识、钻研意识、反思意识。

4. 提高审美能力，善于发现美的事物。

基础理论

一 学前儿童美术教育活动的目标

（一）制订学前儿童美术教育活动目标的依据

制订学前儿童美术教育活动目标的依据主要是学前儿童美术发展的规律、学前儿童美术教育科目的性质，以及社会文化对学前儿童美术教育的要求。

1. 学前儿童美术发展的规律

制订学前儿童美术教育活动目标的重要依据之一是学前儿童美术发展的规律。学前儿童美术发展有其内在的规律，它能从视觉符号和视觉形象的角度，反映出幼儿认知、情感和社会性发展的水平；每个幼儿美术发展又有其独特性，它能从视觉符号和视觉形象的角度，反映出幼儿个体与众不同的个性、兴趣和需要。学前儿童美术教育活动的目标，既要顾及全体幼儿的发展水平，又要顾及其个体之间存在的差异，这样设立的目标能真正有益于幼儿的发展。

中国台湾地区学者陈武镇说过："美术教育是一把双面的刀刃，教得多了，学生极易成为教学内容与教师偏好的奴隶，难以挣脱，有幸挣脱，亦已身受伤害；教得少了，期待自然开花结果，却常见学生为技巧不足的挫折感所苦，学习的过程空有刺激而没有收获。"学前儿童美术教育活动目标的制订正面临这样一个两难问题，既不能教得太多，又不能教得太少。因此，学前儿童美术教育在该教的时候就教，不该教的时候就不要去干扰幼儿的活动。

苏联心理学家维果茨基认为，教师至少应该确定幼儿的两种发展水平——"现实发展水平"和"潜在发展水平"。"最近发展区"是介于幼儿现实发展水平和潜在发展水平之间的动态发展区域。他批评了传统的教学，认为它是以幼儿的现有发展水平为依据的教学，定向于幼儿思维已经成熟的特征，定向于幼儿能够独立做到的一切，然而这只是教学的最低界限。他指出，除了最低教学界限外，还存在着最高教学界限，这两个界限之间就是"教学最佳期"，它是由"最近发展区"决定的。他认为，发展过程并不总是符合教学过程的，发展过程应跟随着建立"最近发展区"的教学。教学必须走在发展的前面，促进幼儿的发展，这样的教学才是有效的教学。

幼儿美术教育工作者们的研究已经揭示了迄今为止人们对幼儿美术发展过程的认识。教师可以依据幼儿的美术活动过程和作品，判断幼儿美术发展的水平和状况。学前儿童美术教育活动的部分目标应立足于幼儿现有的发展水平，让幼儿在这样一种水平上自由地表现自我，满足自身的需要，使幼儿能在这种美术活动中实现自我的价值。这样的活动目标，应主要以过程目标和表现目标的方式加以陈述。

学前儿童美术教育活动的另一部分目标应超前于幼儿的现实发展水平，设置在“最近发展区”内。这样的活动目标能激发和形成幼儿目前还不存在的心理机能，使幼儿美术的表现日趋接近合乎美学基本原理的表现方式。这样的活动目标应主要通过行为目标的方式加以陈述。

2. 学前儿童美术教育科目的性质

学前儿童美术教育科目具有与其他科目不同的概念、逻辑结构、学习方式和发展趋势，对学前儿童美术教育这一科目的性质的认识也是制订学前儿童美术教育活动目标的依据。

幼儿美术是幼儿从事的视觉艺术活动，通过自主发展或者习得的“美术语言”，如线条、造型和色彩等，创造可视的形象，以表达幼儿对周围客观事物的认识和感受。在学前儿童美术教育活动中，如何既尊重幼儿自发创造和发展的美术符号系统和美术形象，又让幼儿的美术表现手法逐渐符合美学原理和创作规范；如何在活动中既给予幼儿充分的自由，让幼儿有强烈的创作动机，又顾及美术技能技巧的学习，符合美术教育这一科目的特点……这些问题与活动目标的制订有着十分密切的关联。

3. 社会文化对学前儿童美术教育的要求

学前儿童美术教育活动的目标直接或者间接地反映着社会文化对学前儿童美术教育的要求，或多或少地带有时代特征。幼儿个体的发展总是与社会的发展融合在一起的。社会在任何时候都有这样一种需要，即把社会文化遗产传承给下一代。作为社会文化的一个组成部分，美术历来被视为人类文明的精华和标志，有必要加以传递、保存和更新。社会文化对教育的这一要求也应体现在学前儿童美术教育活动的目标当中。

（二）学前儿童美术教育的总目标

学前儿童美术教育的总目标

2001 年，我国教育部制定并颁布了《幼儿园教育指导纲要（试行）》（以下简称《纲要》），把幼儿园教育划分为健康、语言、社会、科学、艺术五个领域。《纲要》明确规定了幼儿园艺术教育的目标：

（1）能初步感受并喜爱环境、生活和艺术中的美。

（2）喜欢参加艺术活动，并能大胆地表现自己的情感和体验。

（3）能用自己喜欢的方式进行艺术表现活动。

为能达到这一目标，《纲要》还列出了幼儿园艺术教育的内容和要求，具体如下：

（1）引导幼儿接触周围环境和生活中美好的人、事、物，丰富他们的感性经验和审美情感，激发他们表现美、创造美的情趣。

（2）在艺术活动中面向全体幼儿，要针对他们的不同特点和需要，让每个幼儿都得到美的熏陶和培养。对有艺术天赋的幼儿要注意发展他们的艺术潜能。

（3）提供自由表现的机会，鼓励幼儿用不同艺术形式大胆地表达自己的情感、理解和想象，尊重每个幼儿的想法和创造，肯定和接纳他们独特的审美感受和表现方式，分享他们创造的快乐。

(4) 在支持、鼓励幼儿积极参加各种艺术活动并大胆表现的同时，帮助他们提高表现的技能和能力。

(5) 指导幼儿利用身边的物品或废旧材料制作玩具、手工艺品等来美化自己的生活或开展其他活动。

(6) 为幼儿创设展示自己作品的条件，引导幼儿相互交流、相互欣赏、共同提高。

2012 年 10 月 9 日，教育部发布了《3—6 岁儿童学习与发展指南》(以下简称《指南》)，从健康、语言、社会、科学、艺术五个领域描述幼儿学习与发展，分别对 3—4 岁、4—5 岁、5—6 岁三个年龄段末期幼儿应该知道什么、能做什么，大致可以达到什么发展水平提出了合理期望。同时，针对当前学前教育普遍存在的困惑和误区，为广大家长和幼儿园教师提供了具体、可操作的指导和建议。

《指南》对艺术领域(美术)也提出了具体目标和要求：艺术是人类感受美、表现美和创造美的重要形式，也是表达自己对周围世界的认识和情绪态度的独特方式。每个幼儿心里都有一颗美的种子。幼儿艺术领域学习的关键在于充分创造条件和机会，在大自然和社会文化生活中萌发幼儿对美的感受和体验，丰富其想象力和创造力，引导幼儿学会用心灵去感受和发现美，用自己的方式去表现和创造美。

幼儿对事物的感受和理解不同于成人，他们表达自己认识和情感的方式也有别于成人。幼儿独特的笔触、动作和语言往往蕴含着丰富的想象和情感，成人应对幼儿的艺术表现给予充分的理解和尊重，不能用自己的审美标准去评判幼儿，更不能为追求结果的“完美”而对幼儿进行千篇一律的训练，以免扼杀其想象与创造的萌芽。

感受与欣赏

(1) 感受与欣赏

目标 1　喜欢自然界与生活中美的事物

3—4 岁	4—5 岁	5—6 岁
喜欢观看花草树木、日月星辰等大自然中美的事物	在欣赏自然界和生活环境中美的事物时，关注其色彩、形态等特征	乐于收集美的物品或向别人介绍所发现的美的事物

教育建议：

和幼儿一起感受、发现和欣赏自然环境和人文景观中美的事物。如让幼儿多接触大自然，感受和欣赏美丽的景色；经常带幼儿参观园林、名胜古迹等人文景观，讲讲有关的历史故事、传说，与幼儿一起讨论和交流对美的感受。

和幼儿一起发现美的事物的特征，感受和欣赏美。如让幼儿观察常见动植物及其他物体，引导幼儿用自己的语言、动作等描述它们美的方面，如颜色、形状、形态等。

支持幼儿收集喜欢的物品并和他一起欣赏。

目标 2　喜欢欣赏多种多样的艺术形式和作品

3—4 岁	4—5 岁	5—6 岁
乐于观看绘画、泥塑或其他艺术形式的作品	1. 能够专心地观看自己喜欢的艺术品，有模仿和参与的愿望 2. 欣赏艺术作品时会产生相应的联想和情绪反应	1. 欣赏艺术时常常用表情、动作、语言等方式表达自己的理解 2. 愿意和别人分享、交流自己喜爱的艺术作品和美感体验

教育建议：

创造条件让幼儿接触多种艺术形式和作品，如和幼儿一起用图画、手工制品等装饰和美化环境；带幼儿观看或共同参与传统民间艺术和地方民俗文化活动，如皮影戏、剪纸和捏面人等；在有条件的情况下，带幼儿去美术馆、博物馆等欣赏艺术作品。

表现与创造

尊重幼儿的兴趣和独特感受，理解他们欣赏时的行为。如理解和尊重幼儿在欣赏艺术作品时的手舞足蹈、即兴模仿等行为；当幼儿主动介绍自己喜爱的绘画或工艺品时，要耐心倾听并给予积极回应和鼓励。

（2）表现与创造

目标 1　喜欢进行美术活动并大胆表现

3—4 岁	4—5 岁	5—6 岁
经常涂涂画画、粘粘贴贴并乐在其中	经常用绘画、捏泥、手工制作等多种方式表现自己的所见所想	1. 积极参与艺术活动，有自己比较喜欢的活动形式 2. 能用多种工具、材料或不同的表现手法表达自己的感受和想象 3. 艺术活动中能与他人相互配合，也能独立表现

教育建议：

创造机会和条件，支持幼儿自发的艺术表现和创造。提供丰富的便于幼儿取放的材料、工具或物品，支持幼儿进行自主绘画、手工、表演等艺术活动；经常和幼儿一起绘画、制作，共同分享艺术活动的乐趣。

营造安全的心理氛围，让幼儿敢于并乐于表达表现。如赞赏幼儿独特的表现方式；在幼儿自主表达创作过程中，不做过多干预或把自己的意愿强加给幼儿，在幼儿需要时再给予具体的帮助；了解并倾听幼儿艺术表现的想法或感受，领会并尊重幼儿的创作意图，不简单地用“像不像”“好不好”等成人标准来评价；展示幼儿的作品，鼓励幼儿用自己的作品或艺术品布置环境。

目标 2　具有初步的艺术表现与创造能力

3—4 岁	4—5 岁	5—6 岁
能用简单的线条和色彩大体画出自己想画的人或事物	能运用绘画、手工制作等表现自己观察到或想象的事物	1. 能自编自演故事，并为表演选择和搭配简单的服饰、道具或布景 2. 能用自己制作的美术作品布置环境、美化生活

教育建议：

尊重幼儿自发的表现和创造，并给予适当的指导。如鼓励幼儿在生活中细心观察、体验，为美术活动积累经验与素材（如观察不同树种的形态、色彩等）；提供丰富的材料（如图书、照片、绘画作品等），让幼儿自主选择，用自己喜欢的方式去模仿或创作，成人不做过多要求；根据幼儿的生活经验，与幼儿共同确定艺术表达表现的主题，引导幼儿围绕主题展开想象，进行艺术表现；幼儿绘画时，不宜提供范画，特别不应要求幼儿完全按照范画来画；肯定幼儿作品的优点，用表达自己感受的方式引导其提高（如"你的画用了这么多红颜色，感觉就像过年一样喜庆"等）。

从以上内容可以看出，《纲要》和《指南》从社会对未来人才的要求、艺术学科本身的特点、幼儿发展的年龄特征出发，提出了健全和完善幼儿人格的审美教育要求。结合布鲁姆的教育目标分类学理论、《纲要》和《指南》中对艺术教育的目标定位和要求，以及我国学前儿童美术教育的实践，可以把学前儿童美术教育的目标分为认知目标、情感目标、技能目标和创造目标。

但是，由于人们对幼儿发展的规律、教育的社会需要，以及知识的性质和价值的看法存在着差异，在制订学前儿童美术教育活动的目标时，也存在不同的目标取向。

1. 行为目标

行为目标是指在设计和实施学前儿童美术教育活动时，以行为的方式来陈述学前儿童美术教育活动的目标。课程论专家泰勒认为，陈述目标最为有效的形式是既要指出要使幼儿养成哪种行为，又要说明这种行为运用的生活领域或者内容。泰勒对课程目标的贡献是强调以行为方式来陈述目标。

在陈述学前儿童美术教育活动的目标时，太含糊或笼统是没有意义的，如"美术教育的目标是帮助幼儿发展美术潜能，通过美术经验实现创造性的成长"，这样的目标即属于这一类型。同样，在陈述目标时，如果描述的是教师的任务和行为，如"美术教育的目标是为幼儿提供美术材料"，这样的目标也不妥当。泰勒认为，应该运用一种最有助于指导教学过程的方式来陈述目标。以行为目标加以表述，能明确幼儿通过活动将会学到一些什么，如给予幼儿一张硬纸，让他们在教师的指导下制作一个立方体。这样的目标直截了当地指出了学前儿童美术教育活动期望达到的结果。

学前儿童美术教育活动的目标采取行为目标的表述方式，其长处在于它的具体性和可操作性。但是，在学前儿童美术教育活动中，并非所有的内容都可以用能被观察到的行为加以表述。在陈述美术教育活动的目标时，这种目标取向必然会遗漏许多很有价值的内容。

2. 过程目标

过程取向的目标关注的不是预先规定的目标，而是强调教师在活动过程中提出的目标。如果说行为目标关注的是活动的结果，那么过程目标注重的则是活动的过程。

英国学者斯滕豪斯认为，教育由四个不同的过程构成，分别为：技能的掌握，知识的获取,社会价值和规范的确立,思想体系的形成。如果说,前两个过程尚能用行为目标陈述的话,那么后两个过程则是无法用行为目标表述的。他认为,设计教育活动时不应以事先规定的目标为中心,而要以过程为中心展开。

学前儿童美术教育活动的目标采取过程目标的方式,在理论上是十分吸引人的,在实践中却缺乏可操作性。由于过程目标是在学前儿童美术教育活动的过程中展开的,这就要求教师不仅要熟悉幼儿美术发展的规律、美术表现的特征,以及美术教育学的学科体系,还要有相当的教育科研能力,并且愿意花费大量的时间和精力。

3. 表现目标

在学前儿童美术教育活动中,教师不应过多期望幼儿产生预期的行为,而主要应希望幼儿能独特而富有想象地运用和处理美术材料。在解决问题及美术创作方面,也不存在单一的正确答案。因此,美国教育学者艾斯纳提出了表现目标,以此补充行为目标,而不是取代行为目标。

艾斯纳认为,行为目标陈述的是幼儿的特定行为。只要幼儿在美术活动中展示了特定行为,它即可被有效地予以叙述和确认。但是,当教师要求幼儿想象性地运用技能创造出与众不同的视觉形象的时候,应为幼儿设立表现目标。艾斯纳认为,这两类目标是相辅相成的。他指出,表现不仅是感情的宣泄渠道,而且把感情、意象和观念的转变一并托付给了材料。通过这一转变,材料成了表现的媒介。在此过程中,技能有不可或缺的重要性,没有技能,转变就不可能发生。这些技能,有的可在教学中得到发展。幼儿获得了技能,便能运用于自己的表现活动中。因此,行为目标使幼儿得到了系统的技能训练,使表现成为可能;而表现目标则鼓励幼儿运用已有的技能,拓展并探究他的观念、意象和情感。

表现目标关注的是幼儿在美术活动中表现的某种程度上具有首创性的反应形式,但它具有不确定性,不是预期的结果。它只为幼儿提供活动的范围,活动的结果是开放性的。如"利用纸上已有的矩形,画一幅你最喜欢的画",这种目标可让幼儿摆脱行为目标的束缚,鼓励他们去表现自我,探究自己感兴趣的问题。

表现目标在美术教育活动中是有其价值的,这与美术这个科目的属性有关系。然而,表现目标也比较模糊,并非任何教师都能操作。因此,表现目标往往难以对学前儿童美术教育活动的设计与实施起到具体的指导作用。

学前儿童美术教育活动的这三种目标取向各有其长处,也有其短处。一般而言,行为目标有利于幼儿获取基础知识和基本技能;过程目标有益于培养幼儿解决问题的能力;表现目标则能鼓励幼儿的创造精神。应该看到,每种目标在有效地解决某类问题的同时,也会产生难以避免的负面影响。因此,在制订学前儿童美术教育活动的目标时,应特别注意各种形式目标的互补性,扬长避短,从而有效地实现学前儿童美术教育活动的目标。

(三)学前儿童美术教育活动目标的结构及其分析

依据《纲要》《指南》艺术领域总目标和阶段目标要求,确定学前儿童美术教育活动目标的结构和内容。

1. 学前儿童美术教育总目标

（1）能初步感知周围环境和美术作品中的形式美和内容美，提高对美的敏感性。

（2）能积极投入美术活动并学习自由表达自己的感受，培养对美术的兴趣及审美情感的体验和表达能力，促进人格的健全发展。

（3）初步学习使用多种工具和材料进行操作及运用造型、色彩、构图等艺术语言表现自我和事物的运动变化，培养审美表现力和创造力。

2. 学前儿童美术教育分类目标

（1）绘画目标

- 初步感知和理解线条、造型、色彩、构图等艺术语言，并大胆地运用这些艺术语言进行创造性的表现，培养绘画创造力和创造意识。
- 体验绘画活动的乐趣，培养对绘画的兴趣。
- 初步学习多种绘画工具和材料的基本使用方法，形成良好的绘画习惯。

（2）手工目标

- 初步学习手工制作规律，并能大胆地运用这些规律创造性地塑造和制作多种平面的和立体的手工作品，用以美化周围环境和进行游戏活动。
- 感受手工活动的快乐，培养对手工活动的兴趣。
- 初步学习多种手工工具和材料的基本使用方法，形成良好的手工活动的习惯。

（3）美术欣赏目标

- 初步学习一些粗浅的美术知识，了解对称、均衡、节奏、和谐等形式美的初步概念。
- 感受美术作品的造型、色彩和构图等的表现性及周围事物的运动变化，并产生与之相一致的感觉和情感。
- 初步感受美术作品中的形象、主题内容的意义，了解美术作品是如何表现现实生活和作者的思想情感的。
- 感受美术欣赏活动的乐趣，培养对美术欣赏活动的兴趣。
- 初步学习评价成人和同伴的美术作品，培养审美评价能力。

3. 学前儿童美术教育年龄阶段目标

年龄阶段目标是学前儿童美术教育活动分类目标在幼儿各个年龄阶段的具体分解和落实。年龄阶段目标按年龄班提出了不同层次的要求，考虑了幼儿的最近发展区，即教育不仅要适应幼儿发展的水平，而且要能促进幼儿发展；同时，还为单元目标和具体教育活动目标的制订指明了方向，即多个以时间为单元或以主题内容为单元的目标相互联系、逐步递进，便构成了年龄阶段目标。

（1）绘画的年龄阶段目标

小班

- 愿意参加绘画活动，体验绘画活动的快乐；对绘画活动感兴趣，能大胆涂鸦。
- 能认识常用的油画棒、水彩笔和纸等绘画工具和材料，掌握其基本使用方法，养成正确的握笔姿势和作画姿态，绘画工具和材料摆放有序。

- 尝试用点（雨点、圆点等）、线条（直线、曲线、折线）和简单图形（圆形、方形等）表现日常生活中熟悉的、简单的物体特征。
- 尝试用多种颜色作画，对色彩有兴趣，能认识红、黄、蓝、绿和黑、白等常见的颜色，并愿意尝试选用自己喜爱的颜色作画，学习正确的涂色方法，能够涂匀、涂满。
- 学习在画面的中心位置大胆安排主要形象，养成大胆作画的习惯。

中班

- 认识更多绘画工具和材料，掌握正确的使用方法，根据需要选择恰当的工具和材料进行创作并会收拾和整理绘画工具和材料，学习蜡笔画、水粉画、拓印画、棉签画等多种绘画方法，体验绘画的快乐。
- 能用各种点、线条、简单图形表现物体的基本部分和主要特征。
- 对认识色彩活动有兴趣，认识 12 种颜色并学会辨别同种色的深浅，学习用较丰富的颜色作画。
- 学习在画面上简单地布局，初步学习在画面上安排物体的上下、左右关系，并根据自己的想象，有创造性地表现简单的情节。
- 大胆使用 12 种颜色，学习调配更加丰富的色彩，区分并尝试画主体色和背景色。

大班

- 能利用多种绘画工具和材料，运用不同技能表现自己独特的思想和感受，体验创作的乐趣。
- 能用色彩和线条表现感受过或想象中的物体的动态结构和简单情节，根据一定的主题，用丰富的色彩和线条构思、组织形象，表现一定的内容和情节。
- 培养幼儿对色彩的敏感性，学习根据画面需要，恰当地运用各种颜色表现自己的情感。注意深浅、冷暖色的搭配，学习色彩的调配，表现画面的深浅、冷暖关系。
- 学习在画面上突出主体，合理布局。合理安排画面，突出主体，并注意均衡与对称的关系。

（2）手工的年龄阶段目标

小班

- 对手工活动感兴趣，愿意参加手工活动，体验手工活动的快乐；愿意尝试各种手工工具和材料，养成良好的手工活动的习惯。
- 大胆玩泥，初步了解泥的性质、质地，掌握简单的泥塑技能（搓、团圆、压扁、捏合），能按照自己的意愿塑造简单的立体形象。
- 会随意和有意识地撕纸，能撕出各种形状，并能自己命名。
- 对折纸活动感兴趣，学习折（对边折、对角折）的方法，能折出简单的形象。
- 能用撕纸、剪纸的方法或用现成的图形及自然材料粘贴成简单画面，会正确、安全使用剪刀。

中班

- 喜爱各种手工活动，能正确使用多种手工工具和材料，能注意工具使用中的安全性，并学习收拾整理。

- 能根据泥的性质塑造物体的主要特征；尝试用团、捏、压、搓、擀等技能做出泥塑作品。
- 学习用纸折出（沿中心线折）、剪贴出简单的形象，尝试看图示折纸，主动探究、学习简单的折纸方法，折出简单的形象。

大班

- 能较熟练地选择和使用手工工具和材料，创造性地表现自己的认识和感受。
- 学习用点状材料、线状材料拼贴或制作形象，表现一定的情节。
- 学习用多种技法折出物体的各部分，并能组合成整体形象。
- 学习用目测的方法将面状材料分块剪、折叠剪来表现物体的形象特征。
- 能按照自己的意愿运用多种泥工技法塑造结构较复杂的形象，表现其主要特征和某些细节。
- 综合利用各种材料、工具和技能来布置环境，制作教具、玩具、礼品、演出服饰、道具等，并注意装饰美丽。

（3）美术欣赏的年龄阶段目标

小班

- 能用简短的话语大胆地表达自己的感受。
- 能对美术作品进行简单的形式分析。能从美术作品形式美的角度分析作品中的线条、色彩、形状、构图等，并用口头语言表达自己的感受和对欣赏对象进行简单描述。

中班

- 欣赏并初步理解作品形象和作品主题的意义，知道美术作品能反映现实生活和人的思想感情。
- 初步欣赏并感受作品中形象的造型美、色彩的变化与统一美、构图的对称与均衡美。
- 欣赏与他们的生活经验有关的、能理解的成人的美术作品，同伴的美术作品及日常生活中的玩具、生活物品、节日装饰、环境布置等，产生与作品相一致的感觉和情感；能关注具有美感的事物。

大班

- 学习欣赏感兴趣的绘画、工艺、雕塑、建筑等艺术作品，培养初步发现周围环境和美术作品的美的能力。
- 了解作品简单的背景知识，进一步感受和理解作品的形象和主题意义，知道美术作品如何反映现实生活和人的思想感情。
- 积极主动参与美术欣赏活动，学习用语言、动作、表情等表达自己对作品的感受和联想。

4. 学前儿童美术教育活动目标

学前儿童美术教育活动目标是教师依据学前儿童美术教育总目标、分类目标、年龄阶段目标及学前儿童美术能力发展的特点，并结合活动的具体内容来制订的。一般来说,学前儿童美术教育活动目标既是对活动结果的预示,也是对幼儿提出的具体要求。

【对点案例】

朋友的背心(中班)

活动目标:

1. 能运用不同色彩在纸衣服上设计图案、花纹。

2. 具有绘画兴趣,能体验创作的快乐,具有感受美、鉴赏美的能力。

3. 乐于与同伴交往,并能从中获得快乐。

目标评析:目标的设计涵盖了知识目标、能力目标、情感目标,符合中班幼儿的年龄特征。

学前儿童美术教育活动目标必须与总目标、年龄阶段目标相一致。同时,活动目标是最具体的目标,必须具备可操作性。教师在制订活动目标时,应深入、细致、透彻地研究各层次的目标,准确把握各层次目标的内涵及其相互关系,防止不同层次目标的脱节。增强目标意识,确保目标的实现,真正促进幼儿的发展。

(四) 制订学前儿童美术教育活动目标的注意事项

1. 活动目标制订的角度要统一

活动目标制订的角度要统一,是指在一个活动中,活动目标统一从教师的角度或从幼儿的角度来表述。一般建议从幼儿的角度来表述活动目标,以突出幼儿在活动中的主体性。

【对点案例】

中班图案装饰画:美丽的桌布

活动目标:

1. 引导幼儿在圆的中心与边缘,用学过的或喜爱的花纹进行装饰。

2. 引导幼儿选择自己喜欢的同种色或对比色进行装饰,培养幼儿色彩的搭配运用能力。

上述活动目标统一从教师的角度来表述。

大班手工活动:剪窗花

活动目标:

1. 感受剪纸作品夸张变形的造型,了解剪纸是中国特有的民间艺术。

2. 学习用折剪的方法制作美丽的窗花。

上述活动目标统一从幼儿的角度来表述。

2. 目标的制订要着眼于幼儿的发展

学前儿童美术教育活动目标的制订应着眼于幼儿的发展,把幼儿原有的水平与新活动提出的发展目标联系起来考虑,使活动目标既适应幼儿已有发展水平,又能促进幼儿达到新的发展水平。教师在制订目标时还要考虑,如何在发展幼儿美术能力的同时,发展幼儿的学习能力,培养幼儿积极的个性、社会性等。

【对点案例】

中班绘画活动:小猪盖房子

活动目标:

1. 尝试选择不同的图形组合表现小猪的基本结构和特征,并根据故事的内容添画背景。

2. 体验不怕困难、坚持到底、获得成功的快乐。

3. 学会运用图形组合创作房子。

分析:教师考虑到幼儿已有的关于小猪与房子的知识经验,提出了"尝试选择不同的图形组合表现小猪的基本结构和特征,并根据故事的内容添画背景"这一美术技能发展方面的目标,而且还从如何通过此活动促进幼儿情感、个性发展等方面出发,提出"体验不怕困难、坚持到底、获得成功的快乐"的目标。由此可见,该活动较具体地把促进幼儿的发展作为目标制订的一个着眼点。

3. 活动目标要有系统性

学前儿童美术教育活动目标的系统性具体体现在两个方面:一是活动目标中应当包含认知(知识)目标、情感(态度)目标、能力(方法)目标。在制订活动目标时,要综合、系统地体现以上三个方面的目标,既不能过分强化某一方面,也不能忽视其他方面。一般来说,认知(知识)目标主要反映的是美术知识、技能的获得及美术能力的发展;情感(态度)目标主要是指情感、态度、积极的个性和社会性方面的发展;能力(方法)目标主要反映的是学习技能、策略的获得及学习(创造性、想象力、综合运用各种工具和材料)能力的发展。二是学前儿童美术教育活动目标在方向上应与总目标、年龄阶段目标相一致。活动目标是从上一级目标中逐步分化出来的,因此,教师在制订活动目标时,要根据幼儿的年龄特征和发展水平,由浅入深、循序渐进地提出活动目标,体现活动目标的层次性。

【对点案例】

小班手工活动:撕面条

活动目标:

1. 认识面条,知道面条长什么样子。

2. 能两只手协调配合地撕面条,并发挥想象,大胆创新,能够将撕好的面条放在盘子里。

3. 乐意参与撕纸活动,体验给小动物过生日的快乐。

分析:该活动目标包含认知(知识)目标、情感(态度)目标、能力(方法)目标。

4. 活动目标要有可操作性

活动目标的表述要具体,要具有可操作性,避免空泛而笼统。

【对点案例】

大班手工活动:有趣的彩泥

活动目标:

1. 引导幼儿学习用彩泥塑造人物。

2. 引导幼儿恰当地使用辅助材料和工具。

3. 培养幼儿的想象力、创造力。

分析:此活动目标统一从教师的角度来表述,没有体现具体的行为,也没有指出行为发生的条件,因此也就无法反映出教师通过何种具体活动来体现和落实对幼儿各种能力的培养。由于活动目标表述得过于笼统,只指出了教育活动的方向,没有具体的教育活动的内容,所以缺乏可操作性,对教师的教学失去指导意义,也不便于活动实施后的评价。

建议调整为:

1. 引导幼儿先将彩泥团圆,搓压成球体、长方体、长条形等,再将其组合成自己喜欢的人物形象。

2. 引导幼儿学习用彩纸、小棒、牙签等辅助材料装饰自己塑造的人物形象。

3. 引导幼儿在观察的基础上塑造自己喜欢的人物形象。

二 学前儿童美术教育活动的内容及其选择要求

学前儿童美术教育活动的内容包括绘画、手工、美术欣赏三个方面。

(一) 学前儿童绘画教育活动的内容及其选择要求

学前儿童绘画教育活动是教师引导幼儿使用笔、纸等绘画工具和材料,运用线条、形状、色彩、构图等艺术语言创造出可视的和有空间感的艺术形象,培养幼儿审美创造力的教育活动。

学前儿童绘画活动的主要内容

1. 内容

- 绘画工具和材料的认识和使用方法。
- 绘画的艺术语言:线条、形状、色彩、构图等。
- 不同类型的绘画题材:来自幼儿生活和想象中的物、事、人。

【知识拓展】

绘画的艺术语言

绘画的艺术语言是绘画表现的手段。在学前儿童美术教育中,学前儿童所要学习的绘画的艺术语言主要有线条、形状、色彩和构图。

1. 线条

线条是造型艺术的基本要素之一。在绘画中,线条能表现物体的形象,表达作画者的思想和情感,体现个人的创作风格。线条的运动与变化能增强造型的效果。学前儿童对线条的学习主要包括线条的基本类型和线条的变化。

线条的基本类型。线条的基本类型可分为直线和曲线。直线包括垂直线、水平线、斜线等;曲线包括因圆弧度的大小、方向转换的不同而呈现的各种曲线。

线条的变化。直线与曲线有长短、粗细的变化,线和线之间又可以交叉、并列、重叠、穿插等,变化无穷。线条的变化可以给人一种形式美感,可表现出不同物体形象的特征。

2. 形状

形状是对象的外轮廓。

规则形。在形状中,规则的三角形、正方形、长方形、梯形、平行四边形、菱形、多边形等由直线构成,较为简单明确,所以称为规则形。这类形状常见于人造物,如屋顶、彩旗、门窗等。

自由形。方向不定的弧线、曲线、波浪线等曲线组成的形状称为自由形。这类形状常见于大自然,如波浪、河流、海滩、花、草、枝、叶等。

规则形与自由形相结合的形状。漩涡形、月亮形、心形等,是由曲线、弧线构成的形状。这类形状既简单又复杂,是一种特殊的形状,在自然界与人造物中均常见到,如自然界中的卵石、果仁、螺壳等,人造的扇子等,它们是规则形和自由形相结合的形状。

3. 色彩

在学前儿童美术教育中,学前儿童对色彩的学习经历从辨认到运用的过程。

色彩辨认。色彩是造型艺术的主要语言,学前儿童通过美术活动,学习辨认色彩的三要素,即色相、明度和纯度。

(1) 色相:学前儿童要学习辨认三原色,即红、黄、蓝;三间色,即橙、绿、紫;常见的复色,如蓝灰、绿灰、红灰;无彩色,即黑、白、灰。

(2) 明度:是指色彩的明暗程度,如在七种基本色相中,紫色明度最低,黄色明度最高。

(3) 纯度:是指色彩的鲜浊程度,纯度高的色彩鲜艳,鲜艳色彩中加黑、加白、加灰,纯度就降低了。

色彩还具有冷暖属性。不同的色彩给人带来不同的冷暖心理感觉。一般来说,红、橙、黄等颜色被归类为暖色,而青、蓝等颜色被归类为冷色。色彩的冷暖是相对的。

按物择色。按物择色是指幼儿能根据对物体固有色的认知进行着色,如小草是翠绿的、海水是蓝的、云朵是白的等。

色彩的变化。色彩的变化是指通过色彩的对比、渐变、重复等的变化来表现画面上各种形象的颜色与画面底色之间的关系,使画面更明亮、生动。

色彩的情感表达。色彩的情感表达是指运用主观知觉来构成画面的色彩,如用红色表现愤怒时的脸等。

4. 构图

构图是绘画的语言要素之一。在幼儿的绘画中,构图有着与线条、色彩同等重要的地位。构图是指在一定的空间安排和处理人、物的关系和位置,把个别或局部的形象组成一个整体。构图需要幼儿把握整体并预先构思,因此,他们需逐步学习如何处理绘画中形象的分布与主次关系。

第一,绘画中的形象分布。绘画中的形象分布是幼儿构图中一个重要的元素,是形象在画面上的位置关系和形象之间的相互关系。绘画中形象的不同分布方式有着鲜明、直观的特征,反映了幼儿空间概念的不同水平。按形象之间的关系,绘画中的形象分布由低到高分为以下几种水平。

零乱式:零乱式构图是指幼儿对画中的形象不做空间安排,只是随机地把形象分布在画面上,画面没有上下之分,更无前后之别。

并列式:这种并列的构图,由一个我们称之为“基底线”的记号表现出来。从这时起,幼儿用一种普通的空间关系来包含各种事物,把所有的形象(物体和人物)都放置在基底线上来表现。画面中的各种形象都垂直平行,头脚一致地竖立着,形象之间开始有了上下一致的方向。

散点式:和并列式那种只有上下高低,而没有远近前后的构图方式相比较,散点式构图已摆脱了“基底线”,开始表现出物体的离散关系,即物体向着四面八方离散开去。幼儿往往将整张画纸作为地面来表现作品中的形象,构图开始具有层次感。

遮挡式:这种形象分布方式是学前期最高的构图形式,但是只有很少一部分幼儿能达到这一水平。运用图形之间的相互遮盖或重叠的绘画表现方式,是随着幼儿空间概念的发展而出现的。遮挡式构图的出现表明幼儿开始从一个固定角度出发表现物体的空间关系。

第二,形象主次关系。形象主次关系是指各种形象在画面中如何分化成主体与背景的过程。不同年龄阶段的幼儿,在处理画面中形象主次关系时有着极其显著的差距。形象的主次关系的处理与形象分布方式的发展密切相关,同时也与幼儿对事物之间关系的感知和理解及组织形象能力的发展密切相连。这一方面的发展大致表现为以下几种水平。

罗列形象:处于该水平的幼儿,常常将事物看作是独立的个体。幼儿表现出来的各个形象,在空间关系上实际上都是孤立的,各个形象之间似乎彼此没有什么联系,相互之间也不发生任何影响。因此,其绘画具有罗列的特点。

以空间关系安排形象:在幼儿的空间关系发展中,最重要且最基本的经验是发现了秩序和相关的空间概念,因此,他们在绘画时开始让一个形象与另一个形象发生联系。最初,幼儿以十分简单的方式来处理形象之间的关系。这种方式仅仅满足于空间位置中“上下”的准确性,还不能正确地掌握上下、前后、左右三维空间,如鸟与云朵在天上,人与植物、建筑物在地上等。

形成主题与背景:幼儿开始注意到了特殊环境,并用不同的方式来表现不同的环境,作品中的主要形象通过增加细节,加以装饰等方法被描绘得更加突出,从而成为画面的主体。此时的作品开始有了一定的主题,且所画形象与主题相关,画面内容丰富。画面上,一些形象成为主体,另一些形象则构成背景,并有简单的情节。

2. 各年龄班绘画教育活动内容选择的要求

小班:可以选择幼儿日常生活中常见的、感兴趣的事情;鼓励幼儿用简单线条或线条与图形组合的方法来表现。

中班:可以选择幼儿观察过的、认识过的事物,还可以有针对性地选择、运用图形组合、图案花纹等让幼儿练习。

大班:可以选择比较复杂的建筑物、动植物、生活场景和情节等作为创作内容,还可以安排写生活动。

(二)学前儿童手工教育活动的内容及其选择要求

学前儿童手工活动的主要内容

1. 内容

- 手工工具、材料及其性质。
- 手工材料的基本制作技法。
- 手工的题材:玩具、节日装饰物、游戏饰品、日常装饰用品、贺卡。

2. 各年龄班手工教育活动内容选择的要求

(1)泥工

小班:以培养兴趣为主。幼儿认识简单工具材料,初步养成良好的手工活动习惯。

中班:以单个形象的造型为主,幼儿能按意愿大胆塑造。

大班:会使用简单工具和辅助材料塑造形象的突出特点和某些细节,表现主要的情节。

(2)纸工

小班:以培养兴趣为主。幼儿初步学习简单知识和技能,主要是折纸、撕纸和粘贴等。

中班：纸的基本折法，剪贴、复杂材料的粘贴等。

大班：熟练使用工具，组合折纸、折剪等。

(3) 自制玩具

中班：利用废旧材料进行简单造型的粘贴。

大班：利用纸、布、木、石子、沙子、废旧材料等制作简单玩具，侧重于幼儿独立完成制作过程，并综合运用各种操作技能和工具材料表现立体玩具。

(三) 学前儿童美术欣赏教育活动的内容及其选择要求

1. 内容

- 各种类型的美术作品(绘本中的图画、动画中的形象、幼儿自己的作品等)。
- 工艺美术作品(花瓶、摆件、灯笼、风筝等)。
- 建筑(福建土楼、蒙古包、悉尼大剧院等)。
- 雕塑作品(古希腊时期雕塑、秦汉时期雕塑、泥人张雕塑等)。

2. 各年龄班美术欣赏活动内容选择的要求

小、中班：以渗透式的欣赏活动为主，专题欣赏活动要简单。

大班：以专题欣赏活动为主，用多种方式、材料来表达感受。

三 学前儿童美术教育活动的设计要点

(一) 学前儿童绘画教育活动的设计要点

1. 学前儿童绘画教育活动的设计

学前儿童绘画教育活动过程包括创作引导、作品指导、作品欣赏与交流几个环节，其设计与指导如下所述。

(1) 创作引导

创作引导主要采用全班集体活动的形式，教师通过语言启发、讲解，帮助幼儿明确本次活动的要求，使幼儿的绘画活动能围绕主题来开展，大致分为以下几个步骤。

第一，导入活动。教师引导幼儿感知或回忆、提取与本次活动相关的经验：在物体画中，主要是引导幼儿用多种感官感知所要描绘物体的特征；在情节画中，主要引导幼儿回忆并提取与本次活动相关的经验。导入活动应精练、游戏化，最好能在较短的时间内调动幼儿的思维，激发幼儿创作的愿望。

第二，讲解示范。教师引导幼儿明确本次活动的重点和难点。教师讲解的语言要简练，富有启发性，示范动作要清楚，让幼儿能掌握本次活动的基本技能。在讲解示范中，教师应注意为幼儿留下宝贵的思维空间，不局限幼儿的创作。

第三，交代本次活动的具体要求。在幼儿创作前，教师要向幼儿明确地提出相关要求。一般包括：交代绘画步骤，如小班活动“草地上的鲜花”，教师要求的作画顺序是在纸上用蜡笔画好草地后，再用手指蘸水粉颜料点画鲜花；提醒技能要求，如注意色彩搭配、合理布局、均匀涂色等；提醒养成良好的习惯，如正确使用工具、专心作业、爱惜作品等。以上几方面的要求在实际运用时，应根据具体活动的特点,所使用工具和材料的不同及幼儿实际水平等灵活地有侧重地提出。

创作引导是绘画活动中的关键环节,教师要仔细推敲,争取在较短的时间内完成并达到相应的效果,以便留给幼儿充足的绘画时间。

(2) 作品指导

作品指导包括如何构思、造型、使用色彩、构图等几方面的内容。教师要在了解每个幼儿实际发展水平的基础上,针对每个幼儿的特点,有针对性地进行指导,让每个幼儿在自己原有的水平上向前发展。

(3) 作品欣赏与交流

作品欣赏与交流不仅可以使幼儿与教师、幼儿与幼儿之间互相交流和学习,而且能够让幼儿在教师和同伴的评价中获得相关知识,促进共同学习。

教师一般从作品线条是否有力、连贯,图形、形象是否清晰完整,画面是否饱满、均衡,色彩是否明快,内容是否丰富、充实,态度是否积极等几个方面来交流和评价。这既符合同龄幼儿的一般水平,又有一定的艺术性。

教师对幼儿作品的态度、评价标准,直接影响幼儿参与绘画活动的兴趣和积极性,也影响幼儿对作品的态度和对美的鉴赏能力。因此,教师语言应以鼓励为主,结合不同幼儿的发展水平,以发展的眼光来对待幼儿的作品。

在组织作品交流时,小班幼儿作品可以教师评价为主,中、大班幼儿作品可采取教师评价与幼儿评价、交流相结合的方法。在交流与欣赏的过程中,教师应注意把话语权慢慢交给幼儿,并引导他们积极地评价同伴的作品。幼儿自我评价与相互评价,不仅有利于其评价能力的提高,还有利于其社会性的发展。

2. 各年龄阶段幼儿绘画教育活动的设计要点

(1) 小班幼儿绘画教育活动的设计要点

小班幼儿年龄较小,绘画目的性不强,绘画技能不完善,有的还停留在涂鸦阶段,正在初步尝试用象征性的符号表达意图。对此阶段的幼儿,教师的鼓励尤为重要,活动设计时应该通过多种形式激发幼儿参与绘画活动的热情,提高其参与活动的兴趣。教师可以通过情境化的设计吸引幼儿关注活动主题,并在绘画过程中,允许他们边说边画,满足多种形式的表达欲望。同时,多次练习也能促使他们将绘画和已有经验相联系,并在动手与动口的结合中产生心理满足感。教师可通过各种形式的环境布置满足此阶段幼儿的探究欲望,进一步巩固他们的技能和认知。

(2) 中班幼儿绘画教育活动的设计要点

中班幼儿具有了初步的手眼协调能力,能将简单的图形与事物联系起来,绘画水平进入了图式阶段。教师在设计绘画教育活动时应更关注幼儿的特点和个体差异,引导幼儿有目的、有意识地进行绘画活动,并鼓励幼儿自己确立主题。在绘画活动前,教师通过谈话、讨论,鼓励幼儿预设自己的绘画内容,让他们按照自己的想法大胆地画。在绘画活动中,教师的指导应以激发创造性为主。完成作品后,教师要有针对性地评价幼儿的作品,尊重个体差异,注意倾听幼儿对自己作品的介绍,了解他们的想法,真正理解作品的价值。

(3) 大班幼儿绘画教育活动的设计要点

随着思维能力的发展和技能的完善,大班幼儿绘画的目的性更加明确,绘画形象也日趋完整，他们能把握住形象的基本特征，绘画水平进入写实阶段。在大班幼儿绘画活动中，教师可以以主题、造型、色彩为要点来进行活动设计，引导幼儿画出表现自己内心感受的作品。教师可以在活动前期，与幼儿一起收集绘画素材；在绘画活动中，引导幼儿仔细观察这些素材，并进行构图、想象，明确绘画主题，鼓励幼儿通过细节表现造型特征，并引导他们用色彩来表达丰富的感情，突出主题。

3. 学前儿童绘画教育活动的指导

幼儿在不同类型的绘画活动中所表现出的特点各不相同。根据幼儿的特点，按工具、材料和表现技法划分，幼儿绘画的形式有彩笔画、水粉画、蜡笔水粉画、水墨画、拓印画、吹画等。

按题材内容和形式划分，幼儿绘画教育活动的类型有命题画（主题画）、意愿画和装饰画。

（1）命题画（主题画）

命题画（主题画）是幼儿园绘画活动的一种重要形式，由教师确定集体绘画的主题与要求，幼儿按照绘画的主题与要求作画。在幼儿园命题画教育活动中，根据内容的不同，习惯上将命题画教育活动分为物体画教育活动和情节画教育活动。

物体画教育活动。物体画是幼儿在观察的基础上，表现出物体的形状、色彩、结构、特征的绘画表现形式。物体画教育活动以培养幼儿的创造力为主要目的，对培养幼儿的观察力、辨别力有重要的意义。

物体画教育活动的指导要点包括引导幼儿详细地、完整地观察和理解物体的结构特征；引导幼儿用涂染法和线描法来描绘物体；通过系列活动帮助幼儿掌握物体的造型。

情节画教育活动。情节画是幼儿根据主题内容的需要，把与之相关的形象恰当地安排在画面上的绘画表现形式。幼儿的情节画是以物体画为基础的，是在物体画基础上的进一步提高。情节画教育活动主要是让幼儿学会将更多的形象进行有机组合，从而表现出主题中心思想的画面。

情节画教育活动的指导要点包括引导幼儿感知物体间的空间关系；引导幼儿学习观察方法，提高幼儿的观察能力；引导幼儿突出画面的主题；使幼儿通过欣赏大师作品来了解画面构图；开展多种形式的构图练习。

（2）意愿画

意愿画是幼儿根据自己的生活经验，由自己独立确定绘画主题和内容，综合运用所掌握的美术知识和技能，自由地表达自己情感的绘画形式。意愿画特别强调幼儿通过自己的想象和思维作画。意愿画给幼儿以充分的心理自由、想象自由、表现自由，从而促进幼儿积极思维，发展他们的想象力和创造力。

意愿画教育活动的指导要点包括结合幼儿生活体验，启发、帮助幼儿确立意愿画的内容。由于幼儿年龄小，独立思考能力还比较弱，常常不知如何选择作画的内容，因此，教师应结合幼儿的生活经验，按照每个幼儿的兴趣、爱好及表现能力，启发他们根据自己的兴趣确立表现的内容；创设宽松的意愿画作画环境，按幼儿不同能力帮助幼儿大胆地进行意愿画活动；评价幼儿意愿画作品时，要以幼儿的创造性为首要标准。

(3) 装饰画

幼儿的装饰画主要是指平面图案的装饰，是教师指导幼儿运用各种花纹、色彩在各种不同的纸形上按照形式美的规律进行装饰。引导幼儿观察、欣赏大自然和日常生活中美的花纹、图案和形式，帮助幼儿掌握简单的装饰画技能，充分运用各种材料和手段，在装饰画中更进一步培养幼儿的想象力和创造力。

装饰画教育活动的指导要点包括借助欣赏活动，帮助幼儿理解装饰规则和装饰特点；教育内容的呈现要符合幼儿心理，要由浅入深；教给幼儿多种纹样及其排列方法；注意幼儿学习的循序渐进性。

(二) 学前儿童手工教育活动的设计要点

1. 学前儿童手工教育活动的设计

幼儿手工技能的获得是通过有关的操作知识和技能的掌握及迁移而形成的。幼儿掌握技能一般要经历感知、模仿、练习、创造这样几个过程。

(1) 感知

让幼儿感知教师整个操作的方式、步骤，特别是操作中的关键动作、重点和难点。为了使幼儿能有效地感知，教师必须正确地示范及讲解。示范时，要注意动作准确无误；在幼儿初次感知不熟练的动作方式时，教师示范的速度不宜太快；示范时，一般整体示范与分解示范相结合，交替使用，同时示范与讲解相结合，讲解时注意使用语言要准确规范，用词语来巩固幼儿相应的动作印象。

(2) 模仿

模仿是幼儿掌握操作技能的开端。开始时，幼儿模仿的速度较迟缓，动作不准确，动作之间不协调，常易产生错误，因此，教师应向幼儿讲解明确、合理的动作要领。

(3) 练习

在练习中，教师应引导幼儿将整体练习与分解练习相结合。整体练习有助于幼儿掌握动作间的联系与协调，而分解练习则有助于幼儿较确切地掌握各动作的要领，两种方法应交替使用，同时，还要不断提高练习的目标和要求。多种练习能促进幼儿动作方式的形成和迁移。除此之外，教师还要掌握好练习的间隔时间，一般先密后疏。

(4) 创造

在操作技能日趋熟练的基础上，幼儿会逐渐地表现出各自不同的解决问题的能力。这时候，教师可提供多种练习材料及练习机会，以促进幼儿创造力的发展。材料的选择必须是能用来探究的，便于操作的，能用各种不同方法使用的。同时，教师还需要为幼儿提供创造的线索，设计一些便于迁移、举一反三的活动。

2. 各年龄阶段幼儿手工教育活动的设计要点

(1) 小班幼儿手工教育活动的设计要点

这个时期的幼儿手部小肌肉的发育不够成熟，认知能力也很有限，手工活动并没有明确的目的。教师不宜提出过高的技能要求，应把重点放在让幼儿通过与材料充分接触，了解材料的性能与作用，感受活动过程带来的积极情感体验。在选择活动内容时，教师应在观察幼儿的基础上，选取幼儿常见的事物作为表现内容，这样有利于幼儿的表达。在选择活动形式时，教师应首选游戏形式，通过游戏的语言帮助幼儿明确活动主题，向幼儿提出活动目标和规则，并将游戏情节贯穿于活动的始终。在设计组织方法时，教师可以采用大组教学和个别操作相结合的方式，这样有利于幼儿之间相互启发、学习，突出重点，突破难点。

（2）中班幼儿手工教育活动的设计要点

中班幼儿的手工活动处在基本形状阶段。教师在设计活动目标时，应有一些基本技能方面的学习内容，以帮助幼儿顺利实现自己的意图，从体验手工制作的乐趣中获得成功感。在选择活动内容时，除了让幼儿大胆选择自己感兴趣的内容外，还可以安排一些围绕主题进行的手工活动，以帮助幼儿从无目的的动作逐渐过渡到有意识的尝试。在进行活动准备时，教师应为幼儿准备充足的材料，使他们有与材料充分接触的机会，满足他们对手工操作的愿望，更好地体验手工工具和材料的特性。在选择活动形式时，教师要以游戏为主线，辅以适当的问题情境，采用“看看、想想、说说、玩玩、做做”等多样的形式，帮助幼儿走入创作情境，尽情体验动手操作带来的乐趣。在设计幼儿手工教育活动组织方式时，教师可以考虑采用大组讨论、小组制作的方式，这样有利于幼儿之间相互启发、相互学习，共同讨论制作中的困难，进而寻找解决的方法。

（3）大班幼儿手工教育活动的设计要点

大班幼儿的手工活动处于样式化阶段。教师在设计活动目标时应包含鼓励幼儿大胆表现、积极创作的内容。在选择活动内容时，教师可以让幼儿从美化生活的角度出发，大胆选择自己感兴趣的内容，还可以安排一些围绕主题教学活动的内容。在进行活动准备时，教师应为幼儿准备多种工具和材料，主要包括黏合、剪裁，制作主体，装饰细节的工具和材料等。在选择活动内容时，教师要多以问题情境的方式激发幼儿参与手工活动的意愿，帮助幼儿明确活动主题，向幼儿提出活动目标和规则要求。在设计组织方法时，教师应采用多样的教学形式，大组、小组、个别学习相结合。这样既有利于幼儿发现问题，相互启发、相互学习，共同解决困难，又能促进幼儿相互交流和相互合作。

3. 幼儿手工教育活动的指导

（1）泥工类教育活动的设计与指导

使幼儿明确所要制作的形象，激起幼儿创作表现的愿望；讲解示范，引导幼儿掌握技能技巧；创作指导，采用巡回指导、分层指导的方法；引导幼儿欣赏、评价作品。

（2）纸工类教育活动的设计与指导

- 折纸活动的设计与指导。将折纸与绘画结合起来，增强折纸的趣味性；提供不同材质的纸，抓住幼儿折纸的兴趣；运用游戏性的语言，可以收到意想不到的效果；创编有趣的故事折纸，启发幼儿折纸的兴趣。
- 剪纸活动的设计与指导。引导幼儿在互动交流中创造性地表达自己的想法；使幼儿在情境化的剪纸活动中乐于表现；引导幼儿多感官参与，让幼儿在看看、听听、想想中体验剪纸的乐趣；引导幼儿在各领域的融合中大胆参与剪纸活动；在作品欣赏中提高幼儿感受美的能力。

- 纸拼贴活动的设计与指导。① 粘贴：粘贴是幼儿用教师事先准备好的规则的或不规则的纸，粘贴出某种形象，可以是教师事先画好形象轮廓，幼儿粘贴，也可以是幼儿粘贴自己想象的作品。前者较为简单，一般在小班进行，教师重点指导幼儿如何用糨糊涂抹；后者可在中、大班进行，教师重点启发幼儿构思主题，展开丰富的想象。② 撕贴：撕纸可以锻炼幼儿手对形的控制能力。撕纸的材料可以是普通彩纸或报纸等，撕纸的方法大致有自由撕、按折痕撕、按轮廓线撕、折叠撕等。一般来说，要求幼儿所撕的形象应该是特征明显、外形简略的。幼儿随意撕纸后，根据所撕的形象，进行粘贴，想象添画，发展幼儿的想象力。

(3) 其他手工教育活动的设计与指导

废旧材料制作是指运用废旧的、安全的、卫生的材料及一定的造型手段，围绕一定的目的和用途进行设计和制作，培养幼儿综合使用各种工具和材料的能力的活动。它对于培养幼儿的想象力、创造力具有重要意义。废旧材料大多来源于生活，教师提供给幼儿的废旧材料必须是安全、卫生的，并可通过幼儿的再次利用发挥材料的潜在价值。幼儿通过与材料的互动，手部动作更加协调，想象力、创造力等得到了发展。教师在指导幼儿利用废旧材料从事制作活动时，要注意以下几点。

第一，提供的材料要丰富和多变。幼儿有许多潜力，且幼儿间存在个体差异，因此，要为他们提供丰富多样的材料。废旧材料的选择范围非常广泛，生活中存在的物品多数可以成为幼儿制作活动的材料，从植物到石块、树皮、陶土甚至塑料、金属零件等。这些丰富的材料可以启发幼儿进行大量的不同的创造活动，发展幼儿探究和创造的能力。

第二，材料要能激发幼儿制作的兴趣。如果只提供成品类的、定形类的、变化单一的材料，幼儿不能进行多种组合，就很难激发他们制作的兴趣。因此，教师要鼓励幼儿尝试各种可能的方法，发现不同的材料中能吸引视觉、触觉、听觉、味觉和嗅觉的要素，选择不定型的、变化多样的废旧材料。

（三）学前儿童美术欣赏教育活动的设计要点

1. 学前儿童美术欣赏教育活动的设计

(1) 学前儿童美术欣赏教育活动的准备

儿童美术欣赏教育活动的要点

开展学前儿童美术欣赏教育活动前需做好如下准备。

第一，深入了解幼儿对美术欣赏所持有的特殊态度、情感、价值观，以及他们对美术表现形式的情感和理念。每个幼儿的能力有所不同，一定要以幼儿的实际接受能力作为学前儿童美术欣赏教育活动的起点。

第二，教师要具备一定的艺术素养，有较为广泛的艺术知识和技能，并能不断学习，富有挑战精神，用富有创意的主题吸引幼儿的兴趣，为幼儿提供丰富的美感经验。

第三，选择经典美术作品，向幼儿做系列的介绍，可以开阔幼儿的视野，提高幼儿对艺术的敏感性。

第四，要创设良好的教学、学习环境，有足够的画册、录像、录音等材料设备，能经常有机会接触画家，参观美术馆、博物馆，有进行创作活动的场所。

在做好如上准备的前提下，可以通过下列四个层次开展学前儿童美术欣赏教育活动。

第一，感觉的层次。教师以开放的态度，利用美术作品本身的感染力，激发幼儿的探究欲望，要求他们用自己直接的感觉、知觉与美感意识去体验美术作品。这时教师要避免用自己预定的期望去影响幼儿。

第二，智慧的层次。艺术活动有赖于智慧的运用，而艺术认知层面的活动是需要学习的。在幼儿欣赏美术作品以后，要引导幼儿从主题、形式、象征、材料、构图等方面进行有意识的观察，并做扼要的陈述，指导他们进一步了解美术作品的形式及其内涵。

第三，表现的层次。要求幼儿表达对美术作品的感受，引导幼儿在教师的启发诱导下，对审美要素进行分析、描述和谈论。教师可以着重分析美术作品中视觉元素的特色，如艺术家是如何安排或组织素材以达到创作的预期效果的。教师和幼儿在共同的交流中，用隐喻、暗示和解释等巧妙地呈现美术作品的内涵与意境，并对幼儿所知觉的作品结构加以必要的说明、解释和评价。

第四，创造性的层次。教师和幼儿共同发掘所欣赏美术作品的潜在美感价值，扩展其新奇性、原创性，并鼓励幼儿在所欣赏美术作品潜移默化的影响下创作自己的作品。

（2）学前儿童美术欣赏教育活动的基本过程

第一，描述阶段。对美术作品的第一印象是一种瞬间的强烈感受，一种单纯的视觉快乐，是幼儿直觉地面对美术作品产生的闪光式的认识。这种印象具有鲜活的生命力，它把幼儿带入神秘的艺术世界之门。为了使幼儿对美术作品产生强烈的第一印象，在欣赏美术作品以前，教师要做许多准备工作，特别是要做好丰富幼儿生活经验的准备。例如，在欣赏齐白石的画之前，教师让幼儿欣赏在水里活泼地游来游去的金鱼、虾，给幼儿讲齐白石小时候的故事；欣赏傅抱石的山水画时，让幼儿先看录像，看三峡风光，感受崇山峻岭之美。

第二，形式分析阶段。形式分析是指分析视觉对象之间的关系，也就是分析美术作品所表现的美的形式，如造型、色彩、构图等形式语言，以及对称、均衡、节奏、韵律、变化、统一等构成原理的应用。进行形式分析可加深幼儿的审美体验，提高儿童的审美理解能力。因此，形式分析阶段是学前儿童美术欣赏教育活动的关键环节。

对美的形式的感觉与理解，幼儿似乎有一种天性的流露。在色彩方面，从单色到多色，从红色、黄色到绿色、蓝色，从暖色到冷色，幼儿对色彩的偏爱及应用，遵循着人类对色彩偏爱的演变规律。这说明幼儿是有可能理解和接受艺术家用激情和生命所描绘的色彩的。

第三，解释阶段。解释是指探讨一件美术作品所蕴含的内在意义，帮助幼儿把握具象艺术形式所再现的东西，或抽象艺术形式所表达的微妙的情感、情调、意义或意味。在解释阶段，教师的指导应注意如下两个方面。① 探讨美术作品所蕴含的意义必须在整体与部分的辩证关系中进行。即必须根据美术作品的各个部分来理解美术作品的整体,必须根据美术作品的整体来理解美术作品的各个部分。教师在引导幼儿欣赏美术作品前,可以对美术作品的意义有预先的设计,这种意义是教师个人对美术作品的解释,在引导幼儿欣赏的过程中,又不停地被修正,形成一个或多个合理的解释。教师为了丰富幼儿对美术作品的文化底蕴的积累,还可以适当地介绍有关艺术家的小故事、美术作品创作的背景等,帮助他们更深入地理解美术作品所蕴含的意义。② 虽然教师在引导幼儿欣赏美术作品前,已有对美术作品意义的预期,但这并不意味着幼儿必须无条件地接受教师的这种预期。幼儿仍然可以有自己的理解,教师应鼓励幼儿不必拘泥于教师的解释,甚至不必拘泥于艺术家原有的创作意图,而可根据自己对美术作品所传达信息的体验和理解,充分发挥想象力、创造力,发表自己的见解。教师可以这样提问:"画家为什么要这样画?""这幅画使你想到了什么?""你能说出这幅画的画家想要告诉我们什么吗?""你想为这幅画取个什么名字?"

第四,评价阶段。评价是指判断一件美术作品的价值。对美术作品进行评价需要综合艺术创作、艺术背景知识、艺术欣赏和美学等各方面知识,是一个更高级的阶段。按照美国美学家比斯莱的看法,判断艺术作品主要按照统一性、复杂性和强烈性标准进行。统一性可以从作品的完美程度、内在结构和风格的一致性等方面评价;复杂性指作品的丰富、变化、精细、微妙等方面;强烈性则可以根据作品的新奇性、新鲜性、是否有震撼力来评价。美学上的活力只有在被承认是属于真正的创造时,才能维持。以上三种评价标准具有一定的互补性,需要灵活运用。

对幼儿来说,评价阶段不是终点。如果幼儿能够对优秀美术作品说出自己的喜欢之处,说出自己对美术作品含义的某些理解,或是能借鉴美术作品的某些方面进行自己的创作,应当说就已经达到目的了。

2. 各年龄阶段幼儿美术欣赏教育活动的设计要点

(1) 小班幼儿美术欣赏教育活动的设计要点

在欣赏美术作品时,小班幼儿一般会用最简单的词语把画中的物体列举出来,比如,画上有山、有树等。他们对美术作品内容的感知只限于画上的内容。因此,教师在设计小班幼儿美术欣赏活动时,要顺应小班幼儿的年龄特征。所选择的美术作品要色彩明亮、主题突出、背景简单、内容不能太复杂。美术作品的再现性要强,所反映的内容要与小班幼儿的生活经验紧密相连,应是小班幼儿所熟悉的事物。另外,小班幼儿受到语言表达能力的限制,尤其需要用感官和动作参与理解和表达。因此,在欣赏美术作品时,教师要调动幼儿的多种感官来感受,并鼓励幼儿多用动作体验和表达,让幼儿在边说边做的同时获得基本的审美经验。

(2) 中班幼儿美术欣赏教育活动的设计要点

中班幼儿在欣赏美术作品时,首先感知的也是美术作品的内容,而忽略其形式,处于认识个别对象阶段和认识空间联系阶段。因此,教师在设计中班美术欣赏教育活动时,要选择色彩明快、能给幼儿愉快感觉和体验的美术作品,让他们尽可能地对美术作品外在的视觉对象进行直接的陈述,或者说出自己的第一感受,使其初步形成对美术作品的整体直觉。并在此基础上,引导幼儿欣赏美术作品的形式和内涵，以帮助幼儿进一步体验和理解美术作品，丰富他们的审美经验，让幼儿根据自己的想象、理解进行审美判断。

（3）大班幼儿美术欣赏教育活动的设计要点

在大班幼儿欣赏美术作品时，教师要引导幼儿初步形成对美术作品的整体直觉。可以让幼儿把从画面中看到的、感觉到的，尽情地、不受约束地表达出来。还可以从欣赏音乐作品入手，引导幼儿将自己从音乐中感受到的相似的体验迁移到美术作品中，注意要让幼儿尽可能地发挥他们的观察力、艺术想象力和语言表达能力，充分描述自己的印象和感受。然后，教师要提示幼儿对美术作品进行分析，并在此基础上进行理性的感知。经过教育干预，大班幼儿的审美判断标准不再局限和单一。教师引导幼儿进行评价的重点，应侧重于对美术作品的审美判断和揭示美术作品对于人类美术活动的意义，帮助幼儿从多样化的美术作品表达方式中吸取审美经验，提高其审美判断能力和审美情趣。

3. 幼儿美术欣赏教育活动的指导

（1）选择合适的方法

对幼儿美术欣赏教育活动的基本指导方法是对话法。对话法是指在幼儿美术欣赏教育活动中，教师、幼儿与美术作品三者之间的相互作用与相互交流。这是针对长期以来幼儿美术欣赏教育活动单纯采用灌输法所带来的遗憾而提出的。灌输法也就是高支配低统整的直接指导法，它以教师为中心，将教师掌握的有关美术作品的知识无条件地灌输给幼儿，幼儿缺乏自身的感知与体验，没有直接与美术作品对话的机会，长此以往，会使幼儿丧失自我感受、自我加工信息、自己主动创造的能力，最终导致审美素质的下降。在学前儿童美术欣赏教育活动中运用协同合作式的对话法，教师、幼儿与美术作品之间不再是一种灌输与被灌输的关系，而是一种平等的、对话式的、双向交流式的关系。幼儿不再是被动接受，而是积极参与，他们的潜力在不断的对话碰撞中得到新生和成长。

对话法的主要特征是主体与主体之间相互交流。在艺术活动中，艺术家有一种向亲密的人倾诉自己深切感受或强烈印象的愿望；而欣赏者则是从自己的心灵世界出发，与艺术家、艺术作品进行独特的对话。可见，欣赏者与艺术作品的对话，是主体间的相互交流，即艺术作品对欣赏者说话，欣赏者对艺术作品说话。

欣赏者与艺术作品之间的相互交流，更多的是通过审美体验和领悟而进行的非语言的信息沟通。朗格认为，艺术是通过幻想、交流来沟通生命的情感和艺术意味的，它在直觉过程中把人的诸力激活，使其丰富、充实、秩序化。艺术欣赏中的对话是欣赏者在审美心理体验的基础上进行多通道的相互交流，欣赏者调动了自己的感知、想象、情感、思维、灵感、无意识等多种审美心理功能，把艺术家的情思意念、审美创造，弥散、渗透、融入自己的内心深处，从而达到一种潜在的心灵沟通和内在的自我交流。维果斯基形象地描述了这种对话："读者从两个方面观察悲剧：一方面他通过哈姆雷特的眼睛察看一切；另一方面，他又用自己的眼睛察看哈姆雷特，所以每个观众既是哈姆雷特，又是他的观察者。"正是艺术欣赏者在这一过程中的巨大的主动性和创造性，才给他带来了独特的体验和丰富深刻的审美愉悦。

（2）创设有效的环境（物质与心理环境）

3岁左右的幼儿开始产生审美心理，逐步形成了审美心理结构的雏形，即对优美形态的审美态度，对优美事物的偏爱和识别优美物体的审美敏感性及相应的美感体验。因此，教师在指导幼儿进行美术欣赏时，要注意欣赏环境的作用。

第一，走进自然，激发、培养幼儿欣赏的兴趣。教师可让幼儿走进自然，接触身边美的事物，如欣赏柳树的婀娜多姿，感受松树的沧桑挺拔，观赏五彩缤纷、形态各异的花朵。在各种随机的或专门的美术欣赏活动中，培养幼儿对美术欣赏活动的兴趣。

第二，创设多样而优美的环境。在幼儿生活和受教育的场所，为幼儿创设优美的环境，可以对幼儿进行美的熏陶和感染，使其经常感受环境中的美。

幼儿园环境的创设要兼具实用性和美观性，要符合幼儿的审美趣味。环境美化包括室内与室外环境的创设。室内环境的创设，除了让幼儿具有足够的活动空间以外，还应在室内可利用的空间中进行多种装饰，展示各种图片和幼儿作品。在教学楼的过道、楼梯边的墙上可陈列幼儿创作的作品和名画复制品，条件允许的情况下，幼儿园还可专设一间幼儿美术活动室。

环境创设在色彩和形式上要体现幼儿的特点，应做到整洁、温馨、活泼及幼儿化，使之成为花园和乐园，在不知不觉中影响幼儿的情绪。环境设备力求实用、美观、整洁、有序。幼儿在多样而美观的环境中，能随时观察各种事物或动手操作，这有助于提高其对美的欣赏力和审美能力。教师也要有意识地用一些优美的语言感染他们，如对自然景物、美术作品带有感情的艺术性描绘，让幼儿在一个良好的语言环境中学习。

（3）进行有效的设问

对话的基本结构是问和答。在美术欣赏的对话中，首要的问题就是提问。也就是说，当欣赏者面对美术作品时，首先就会提出一个问题："该美术作品究竟要告诉我什么？"但是，作为欣赏者的幼儿，其心理发展、生活经验、艺术经验等都决定了他们的视界不可能迅速、有效地与作为文本的美术作品的历史视界相融合，因此，需要教师作为中介来进行引导，帮助他们和美术作品进行问和答。在幼儿美术欣赏教育活动中运用对话法时，教师应注意以下几点。

第一，对话双方的关系应该是平等的。这是对话能够进行的条件，也是幼儿乐于对话的前提。作为引导幼儿与美术作品对话的中介，教师不应以自己的权威压制幼儿，而应承认，在作为文本的美术作品面前，师生双方均有说话的权利。

第二，教师应留给幼儿利用多通道充分体验的时间。

第三，教师不但要自己学会提问，还要教会幼儿提问。

第四，教师不应强求幼儿接受某一权威的结论或自己的看法。因为，美术作品作为文本是开放的，每个人的艺术经验也是有限的，个体不可能完全掌握美术作品的全部意义。而对话可能引发对话双方意想不到的新东西。但是，这并不表明教师不需说出自己对美术作品的看法和感受，相反，教师也应该阐述自己的观点。

第五，教师可引导幼儿用多种方式来表达自己的审美感受。

案例一　美术欣赏：红太阳吞噬蜘蛛

（天津市河西区第一幼儿园小班教师　李文玲）

案例：红太阳吞噬蜘蛛

设计意图

视觉艺术活动旨在培养儿童具有敏锐的观察力和创造力。教师应帮助幼儿积累丰富的感知经验，来发展幼儿的创造力和表达能力。抽象作品的夸张和变形与幼儿作品的表达方式相似，它的符号、色彩更便于幼儿理解和模仿。小班初期，教师可尝试着将抽象派画家波洛克、米罗的作品介绍给幼儿，使幼儿对不同风格的抽象画有初步的感知。

在美术活动中，教师曾经向幼儿提供多种工具和颜料，但发现幼儿大多处在盲目的涂鸦阶段，重复着原有经验。本次活动是在为幼儿涂鸦和符号创作之间搭建桥梁，帮助他们提升经验，力求将感知与创意相结合，为幼儿从涂鸦过渡到符号表达做好铺垫。

活动目标

（1）能仔细欣赏名画并发现其色块造型，大胆猜想米罗画上的故事。
（2）尝试用线条和图形创作自己的抽象画。

活动重点

（1）在感知活动中能大胆表达自己对米罗作品的猜想。
（2）在创意活动中能使用棉签勾画色块。

活动难点

（1）能沿着色块的轮廓进行勾画（预测：幼儿在圈画时可能会找不好色块的范围）。
（2）能有创意地对色块进行添画。

活动准备

米罗作品《红太阳吞噬蜘蛛》、水粉画“小刷子跳舞”、黑色颜料、棉签。

活动过程

1. 游戏 1　猜画家
欣赏《红太阳吞噬蜘蛛》（图 2-1），让幼儿猜是哪位画家画的。

彩图 2-1

图 2-1 米罗《红太阳吞噬蜘蛛》

指导 1:与感知过的米罗作品、波洛克作品比较,引导幼儿敏锐地辨别不同画家的作品风格。

指导 2:寻找米罗作品中的“星星”标志,帮助幼儿巩固对米罗作品特征的辨认。

2. 游戏 2 猜画谜

指导 1:鼓励幼儿从不同角度猜想《红太阳吞噬蜘蛛》的故事,并启发幼儿产生不同的想法。

指导 2:告诉幼儿作品名称,让幼儿根据作品中的角色去猜想,引导幼儿感悟画家的心灵。

3. 游戏 3 寻找色宝宝

请小朋友们用棉签将“色宝宝”找出来,看看它们到底是谁?

(此环节出示幼儿作品“小刷子跳舞”,引导后再进行创作。)

指导 1:请幼儿按红、黄、蓝、绿的色彩顺序勾画色块。

指导 2:观察“色宝宝”的造型,猜想它是谁?

指导 3:为“色宝宝”添画其身体缺失的部位(如为“小兔宝宝”添画耳朵,为“汽车宝宝”添画车轮等)。

指导 4:启发幼儿为自己的新作品取名字,并引导他们讲一讲自己画上的故事。

活动评析

在感知方面,从波洛克到米罗,幼儿感知的作品从色彩过渡到了色块,从无形过渡到了点、线、形等符号,幼儿对两位大师的作品已经有了一定的敏感度。这对于在此次活动中寻找米罗作品的风格,培养幼儿敏锐的感知能力有着重要的作用。

在创意涂鸦中,教师有意提供的各种工具使幼儿经历了堆积色彩和创意绘画的全过程,虽然大部分幼儿还处在涂鸦期,但是可喜的是,在他们的作品中已经出现了有意创作的色块,而色块的产生正好为此次活动目标的完成奠定了不可缺少的基础。此外,幼儿学习了各种非笔工具的使用,为其协调地勾画色块积累了操作上的必备经验。

在欣赏活动中,由于幼儿观赏作品的角度不同,因而作品在幼儿头脑中所形成的意境也有所不同。为能使每个幼儿都有自己独特的见解,教师将感知活动的重点定为:大胆表达自己对米罗作品的猜想，鼓励他们发现别人没有发现的东西，鼓励和接受幼儿的不同见解。这样可以激活全体幼儿的发散思维，让米罗作品的意境给每个幼儿都开拓出不同的想象空间。

在操作方面，幼儿在进行“寻找色宝宝”的游戏时，会用棉签去圈画色块，教师将技巧的学习隐藏在游戏中，促使幼儿在游戏中掌握绘画符号的技巧。在圈画不同色块的过程中，幼儿会逐渐掌握勾画的技巧，初步学会画点、线、形的物体。幼儿圈过的色块在画面上留下了不同形状的印记，这些印记为幼儿后续的创意添画奠定了基础。

这是一个设计得十分有趣的活动，以欣赏代替教学，并且体现了学前儿童美术活动中三个非常重要的因素。第一，具有艺术性，教师选用的米罗的画《红太阳吞噬蜘蛛》，色彩艳丽、生动简洁、童趣盎然，是富有艺术价值的名家名作。第二，具有科学性，教师为小班儿童设计的活动，符合小班儿童正处于涂鸦期、象征期美术能力发展阶段的特点。第三，具有游戏性，从出示“小刷子跳舞”，到活动中的“猜画谜”“寻找色宝宝”的游戏，寓艺术教育于幼儿的游戏活动和实践活动中。

教师能在小班设计以欣赏为前提的美术活动，是非常有价值、有胆量的尝试。同时也能看出教师本身对现代派艺术有着很高的热情与很深的了解，对小班幼儿的发展特点也考虑得十分周到，从中巧妙地搭建了幼儿与大师的“沟通桥梁”，是非常可贵的创新活动案例。

（根据网络资料整理）

案例二　绘画活动：悯农

设计意图

在讨论食物的营养时，教师曾提出了“粮食有营养吗?”的问题让幼儿讨论。在讨论中，很多幼儿了解到粮食能帮助我们长身体、长力气，是必不可少的食物，逐渐改变了认为粮食仅供吃饱而没有什么营养的错误看法。秋季到城市周边“农家乐”的劳动，更使幼儿获得了许多直观体验，此时，教师不失时机地将古诗《悯农》教给幼儿：“锄禾日当午，汗滴禾下土。谁知盘中餐，粒粒皆辛苦。”朗朗上口的诗句再现了农民辛勤劳作的情景，让幼儿感受到了食物的来之不易，以及不能浪费食物。

但是，要画出农民在烈日下弯腰劳动的形象，对习惯于表现直立造型的幼儿具有很大的挑战性。过去，我们采用教师示范讲解的方式教学，其结果是幼儿只会画出和教师相同的图像。这种重复图像的画法，不但不可能形成幼儿自己的图式，反而会妨碍幼儿独立思考解决疑问的能力。为此，教师一方面借助幼儿对农民耕作的直观体验和对古诗的兴趣引出活动，另一方面又在活动中为幼儿提供了许多欣赏材料，使幼儿形成更多有关美的直观感受。在比较、判别环节，教师引导儿童观察不同的人物造型，从动作上分辨谁的农活干得好，对不会干农活的幼儿予以纠错，让幼儿用自己的图像予以表达。

活动目标

(1) 大胆表现农民劳作的辛苦，表达个人对古诗《悯农》的感受。

(2) 尝试打破已有的直立人物的造型习惯,初步把握低头弯腰的人物动态。

活动准备

(1) 欣赏作品:书法作品、优秀绘画作品。
(2) 用于比较辨别的人物动态画数张。
(3) 模拟稻穗的长条纸、打印的古诗《悯农》、勾线笔、白纸。

活动过程

1. 吟诵古诗,再现经验
(1) 出示书法作品,吟诵古诗。
(2) 谈论这首古诗的意思,逐句解释。
(3) 讨论:农民除了种大米还种些什么?(教师协助归类——粮食、水果和蔬菜)了解我们经常吃的粮食、水果和蔬菜都是农民种出来的。
2. 欣赏艺术作品
(1) 欣赏《拾穗者》(图 2-2):收割的时候,农民怎样在田地里劳动?儿童发现农民整天在田地里,低着头弯着腰不停地劳动,不丢弃一粒粮食,多辛苦啊!

彩图 2-2

图 2-2 米勒《拾穗者》(油画)

(2) 欣赏《田间儿童》:画面上的小朋友也在田地里,他们分别在干什么?了解小妹妹年纪小,不能干这样累的活,所以哥哥姐姐就让她帮着捧土豆。
3. 比较、判别
从四种相似的动作中判别正确与错误,说出原因,设法纠正。
(1) 四个小朋友第一次到农村学做小农民,从动作上分辨谁干得好。
(2) 对不会干农活的小朋友用另一种颜色的笔予以纠错。
4. 操作表现
师:老师为小朋友准备了一本画古诗《悯农》的书,老师已经把故事打印在每一页上,由小朋友来画低头弯腰辛苦劳动的农民。

(1) 四个小朋友一组，用勾线笔将农民劳动的情景画在白纸上，并适当涂色。

(2) 依次粘贴在图画书的内页上。

5. 欣赏诵读

(1) 欣赏每个小组的图画书，找一找哪几个小组的小朋友最勤劳。

(2) 用自制的图画书诵读故事。

活动延伸

开展“庆丰收”的运动游戏，学唱《悯农》。

活动评析

这次活动的内容选材很好，既贴近幼儿的日常生活，又具有很强的教育价值。从活动材料的准备中就可以看出，教师在积极努力地为幼儿创设一种情境和意境。让幼儿结合日常生活经验去感知，在图片中观察农民辛勤耕作时的形象，获得初步感知和绘画经验。本次活动融绘画于生活之中，而又不仅仅局限在《悯农》这首诗中，还扩展到了幼儿的劳动教育中。本次活动充分体现了幼儿绘画活动的目标：初步学习用造型、色彩、构图等美术语言表现创造性，树立创造意识；能从中体验绘画活动的乐趣，能积极投入绘画活动，形成良好的绘画习惯。

本次活动很有创意，也很有层次，是一次很有突破性的活动，值得教师们在教育实践中应用。

（选自：李慰宜，林建华.幼儿园绘画教学手册.上海：华东师范大学出版社，2009，有改动.）

案例三　手工活动：树叶粘贴画

设计意图

树叶是大自然的“书签”，这些各式各样五彩缤纷的落叶，能激发孩子们天真的想象，使他们产生探究大自然的好奇心。为了增强孩子们的动手操作能力，增进孩子们对秋天的了解和喜爱，教师设计了这次制作“树叶粘贴画”的手工活动。

活动目标

(1) 学习正确的粘贴方法，根据自己的意愿动手制作树叶粘贴画，发展幼儿的想象力、动手操作能力、观察力。

(2) 体验动手创造的快乐，感受树叶粘贴画的美。

活动重难点

重点：学习正确的粘贴方法。

难点：根据自己的意愿动手制作树叶粘贴画，发展幼儿的想象力、动手操作能力、观察力。

活动准备

知识经验准备：认识生活中的常见树叶，能说出树叶的形状、名称、颜色等。
材料准备：收集的各种树叶若干、乳胶、彩色卡纸等。

活动过程

1. 幼儿收集各种树叶，知道它们有大有小、形状不一，可以组合成各种图形

提问：小朋友们，你们见过树叶吗？

美丽的秋天到了，树叶渐渐变黄了，一片片美丽的树叶像蝴蝶一样在空中飞舞，最后飘飘摇摇地落在地上。小朋友们收集了许多树叶，我们一起来看一看。

认识不同的树叶——先看看它们的颜色，有红色的枫叶、黄色的银杏叶、半黄半绿的杨树叶……再看看它们的形状，有的像鱼尾，有的像鸭掌，有的像眉毛，有的像桃子……

引导幼儿把两片树叶放在一起，通过观察知道每片树叶和其他的树叶组合在一起就会形成不同的图形。

（从颜色和形状两个方面来认识树叶，为下面的树叶粘贴做好铺垫。）

2. 教师引导幼儿进一步探究

师：这些形状会让你联想到什么呢？

师：现在试着拼摆一下自己带来的树叶，看看可以摆出什么？

师：说说自己是怎么摆的，摆了些什么？

（幼儿在收集树叶时已经有了初步的认识，活动中思维敏捷，通过看、说等多种手段，观察更加直接，有了亲身感受，更能体会到树叶本身的美感。）

3. 教师介绍制作树叶粘贴画的方法

师：小朋友们可以先挑出树叶，在画纸上拼出图形，拼好图形后，在一片片树叶后面抹上乳胶，贴在画纸上，再用手压一压。最后，可以用彩笔添画和装饰，但不宜太多，要突出树叶粘贴画的特点。

（教师在组织幼儿操作的时候，为幼儿提供了根据自己的喜好自由选材的机会。教师交代要求的时候语言要简洁，要边讲边操作，让幼儿有更直接、形象的感受。）

图 2-3 《猫头鹰》

4. 教师交代要求，幼儿操作

师：老师这里有一些树叶，你会把它们联想成什么？

师：小朋友们使用乳胶时要注意保持桌子及衣服的清洁。

5. 树叶粘贴画制作完成，教师引导幼儿展示作品并互相欣赏（图 2-3）

师：请小朋友们把制作完成的树叶粘贴画贴在黑板上，互相看一看，你最喜欢哪一幅画，说说拼的是什么？

彩图 2-3

活动延伸

引导有兴趣的幼儿在区角活动中继续制作自己想象的画面。

活动评析

秋天是一个很美丽也很浪漫的季节，教师能抓住秋季幼儿很感兴趣的题材——树叶作为活动内容，这本身就很好，符合幼儿的心理特点。树叶千姿百态，幼儿也会有无穷无尽的联想。教师先让幼儿充分观察，观察后再充分想象，扩展了幼儿的思路。在此基础上教师又适时地引导幼儿学习粘贴树叶的方法，环环相扣、层次清晰。

建议：幼儿知识经验有限，创作思路难免会狭窄。在幼儿展开想象后，教师可以为他们展示一些比较有新意、有趣味的树叶粘贴作品，进一步拓宽其创作思路，使其在动手粘贴环节更有的放矢。

岗位对接

项目一　撰写幼儿园美术欣赏活动方案

以四季为内容，撰写一个幼儿园美术欣赏活动方案（小、中、大班任选其一）。

项目二　撰写幼儿园绘画活动方案

以“我的爸爸或妈妈”为内容，撰写一个幼儿园绘画活动方案（小、中、大班任选其一）。

中班主题活动：多彩的颜色①

1. 主题背景介绍

大千世界中的万物生灵大多具有颜色。儿童世界更是五彩斑斓，鲜艳美丽的色彩深受幼儿喜爱，更给他们提供了广阔的想象空间。幼儿在大自然中观察到彩虹、光的折射等色彩现象，萌

---

① 2019年全国职业院校技能大赛（高职组）“学前教育专业教育技能”赛项赛卷幼儿园教育活动设计。

发对探究大自然中的色彩的好奇心。以色彩及其相关的事物为对象开展活动,引导幼儿积极探索,对幼儿的认知与情感发展会产生积极的作用。

2. **主题素材**

小资料:彩虹的形成

彩虹是气象中的一种光学现象。当阳光照射到半空中的雨点时,光线被折射及反射,在天空中形成拱形的七彩光谱。彩虹的七种颜色分别为:红、橙、黄、绿、蓝、靛、紫。

彩虹多出现在早上和傍晚,这两个时段太阳比较接近地平线,照射的角度也就很低。在早上,太阳从东边升起,彩虹就会在西边天空中出现;在傍晚,太阳西沉下去,彩虹就会出现在东边天空中。彩虹多出现在雨后,因为雨后,空气中悬浮着大量水滴,经太阳照射,就比较容易出现彩虹。

故事欣赏:颜色娃娃

调色盘是一座雪白雪白的大房子。在这座大房子里面,住着颜色娃娃。这些颜色娃娃个个觉得自己最美。

这天,毛笔哥哥要画一幅画,就问颜色娃娃:“你们谁最美丽?”大房子里传出“我最美丽、我最美丽”的喊声。这时候,调色盘说话了:“你们不要再争了!”大家停止了说话,静静地听大房子说话。“一幅画,不是用一种颜色画成的,大树的叶子是绿色的,树干就应该用不同的颜色。生活中的每一种颜色都有自己的风采,你们知道了吗?”颜色娃娃异口同声地说:“知道了!”于是,娃娃们默不作声地等毛笔哥哥来选择,屋子里立刻静下来了。

毛笔哥哥“刷刷”地画着。不一会儿,一幅美丽的画便画好了。清清的小河,弯弯的小路,高高的山上长着郁郁葱葱的小树。树林里的小草,随着温暖的春风轻轻摇摆。

“好美呀!”颜色娃娃们看着她们集体创作的画,异口同声地说。她们真正明白了团结力量大的道理。

歌曲:彩色世界真奇妙

3. **题目内容**

(1) 主题网络图设计(书面作答)。

(2) 教学活动设计(一课时)(书面作答)。

(3) 说课(口头作答)。

4. 基本要求

(1) 根据所提供的素材,综合幼儿发展各领域以及幼儿园活动的类型,围绕主题设计主题网络图。主题网络图绘制要具有丰富性、科学性、具体化和操作性强等特点,充分考虑到生活化、兴趣性、适宜性、幼儿的主体性和家园合作等因素。网络图至少有三个层级(包含主题名称一级),第二、三层级至少有三项活动。

(2) 根据主题素材与年龄段,设计一课时(30 分钟左右)集体教学活动的教案。教案格式完整规范,语言清晰、简洁、明了,目标设计、内容选择、方法运用等符合幼儿年龄特征和领域特点。

(3) 根据已设计的教案,就内容、目标、方法、过程设计等进行说课,说清楚“学什么、教什么”“怎么学、怎么教”,以及“为什么”等问题,语言规范,条理清楚,逻辑性强,表达流畅。说课时间在 7 分钟内完成。

参考教学活动设计

中班美术活动:颜色娃娃

【活动目标】

1. 激发幼儿对色彩的变化产生兴趣和探究的欲望。
2. 引导幼儿通过玩色发现两种颜色混合后产生新变化。
3. 鼓励幼儿用语言来表达自己的操作过程及结果。

【活动准备】

清水人手一瓶(瓶盖内有红黄蓝各色颜料)、抹布、红黄蓝各色小标签、一次性塑料杯。

【活动过程】

1. 故事激发兴趣,变魔术引发思考。

(1) 故事《颜色娃娃》。

(2) 教师拿一瓶清水用力摇晃后变成有颜色的水,吸引幼儿参与活动。

(3) 幼儿尝试自己变出一瓶有颜色的水。

2. 猜猜会有什么变化。

(1) 请幼儿说说自己变魔术变出了什么颜色的水。

(2) 猜一猜把其中的两种颜色混合会有什么新的发现。(幼儿自由讲述)

3. 第一次尝试。

(1) 幼儿分成几个小组,每人取少许两种不同的颜料,放在杯子中轻轻摇晃,观察颜色的变化。

(2) 和身边的朋友说说自己的发现,相互间比较一下各自变出的新颜色。

4. 集中交流:我的发现。

(1) 幼儿向大家介绍自己在操作中的发现。

(2) 教师引导幼儿互相观察,发现各自颜色的不同,从而产生给颜色作标记并进一步探究的欲望。

5. 再次尝试。

(1) 幼儿再次玩色,并在杯子外面贴上与颜料水相同颜色的标签。

(2) 幼儿将自己变出的新颜色放到展台上,并尝试多变出几种颜色。

6. 集中讨论。

(1) 根据标签说说自己杯子里的新颜色是怎么变出来的。

(2) 将颜色分类,启发幼儿发现红色和黄色可以变出橙色,红色和蓝色可以变出紫色,黄色和蓝色可以变出绿色。

【活动延伸】

引导幼儿发现两种颜料用量不同,调出的新颜色深浅不一。鼓励幼儿到区角中去试一试。

大班绘画活动:海底世界

试讲

1. 题目:海底世界

2. 基本要求:

(1) 在活动过程中实际操作,要求作品富有童趣,有创意。

(2) 10 分钟内完成。

答辩题目

1. 对于这次试讲,自己觉得有哪些优点和不足?

2. 选择幼儿园教育活动内容的原则是什么?

【领域分析】

从活动的要求上来看,这是一个绘画活动,属于幼儿园艺术领域。"海底世界"是一个典型的绘画主题,大班儿童已经积累了较为丰富的绘画素材,且构图比较稳定,对造型的表现也越来越细致,他们更愿意自由创作。考生在组织试讲内容时,可以利用多媒体给儿童营造一个身临其境的创作环境,可以选择一些优秀的绘画作品,让儿童与优秀的绘画作品亲密接触,享受美术欣赏给自己带来的愉快心情。在活动中,考生应让儿童充分发挥他们的观察能力、艺术想象力和表达能力,树立儿童的自信心,提高儿童的审美意识。

"海底世界"虽然是一个绘画主题,但是包含的元素相对简单,主要是不同形态的鱼及其他水生物等,考生在创作时既要兼顾到作品的优美又要时刻关注儿童的参与性,把握活动主线。

【试讲重点】

1. 激发儿童绘画兴趣,感受绘画乐趣,引导大班儿童进行绘画的构思。引导儿童通过"讨论意见、观察优秀绘画作品、教师指导"等方式画"海底世界",并大胆涂色。

2. 在活动过程中突出对儿童的引导和与儿童的互动。考生可以适当展示绘画要点并通过讲解的方式提高儿童的绘画技巧,这同时也是在向考官进行自我能力的展示。

【注意事项】

幼儿园教师资格面试考察了考生模拟试讲的能力,但是对绘画技能的考查,很多考生容易掉进"技能的陷阱",即沉醉于绘画技能的展示,而造成对活动把握的偏颇和对儿童的忽视,绘画技能的展示只是整个活动过程的一个片段,而采用科学的教学方法、多样的活动环节才是试讲成功的关键。

【试讲范例】

大班绘画活动:海底世界

活动目标

认知目标:认识海底的常见生物及海底的环境,如鱼类、海草。
技能目标:利用想象和运用各种线条和形状,大胆地表现海底世界的基本形象和主要特征。
情感目标:感受创作带来的快乐,能大胆使用色彩表达自己对海底世界的情感。

活动重难点

重点:完成绘画作品,作品中形象较丰富。
难点:用过渡色、渐变色表现海底世界的梦幻,画面生物的排列比较合理。

活动准备

彩色画笔人手一份、画纸若干、音乐《鱼儿的梦》、优秀绘画作品、多媒体课件。

活动过程

1. 活动导入

教师出示绘画材料(如水粉、油画棒等),比一比,看谁认识的颜色多。用实物导入比较直观,并为幼儿大胆使用颜色进行绘画装饰和创作进行铺垫。

师:你们看,这些绘画材料你们都认识吗?都是什么颜色呢?你们在画什么的时候会用到呢?

2. 活动展开

(1) 创设教学情境,介绍陌生颜色,以及颜色表达的情感。

教师调暗教室灯光,播放与海底世界相关的背景音乐及多媒体课件,为幼儿营造轻松、舒缓的氛围,幼儿带着神秘、好奇的感觉进入海底探险。(运用气氛渲染等,充分调动幼儿的学习情绪,激发幼儿参与活动的愿望。)

介绍与海底世界有关的颜色,如不同深浅的蓝色,以及对比色在一起搭配的效果。

师:这种颜色(出示深蓝色水粉)你们熟悉吗?你们看到这种颜色有什么感受呢?温暖还是冰冷?如果加上黄色的对比,会怎么样呢?

(2) 自由创作。

教师引导幼儿用不同的绘画材料(如水粉、油画棒等)进行创作,让幼儿大胆使用颜色和不同的线条,并指导幼儿重点用底色和不同颜色的冲撞表现物体的遮挡、远近关系。

师:小朋友们的海底世界是什么颜色的?最先看到的小鱼离我们最近,在绘画时候它应该比离我们较远的小虾画得大还是小呢?

(3) 交流感受。

教师引导幼儿分享今天的绘画感受,说一说自己的体会。

3. 活动结束

教师带领幼儿进行《鱼儿的梦》——小鱼游游歌曲表演,让幼儿在欢快、轻松的氛围中感受艺术领域活动的快乐。

活动延伸

用美工材料和废旧物品制作各种各样的鱼并装饰活动室,同时进行保护海洋的教育。

【答辩题目解析】

1. 对于这次试讲,自己觉得有哪些优点和不足?

参考答案:

本次试讲的优点有:① 主题新颖,将海底世界定位为海底探险,这个主题符合大班幼儿的年龄特征和兴趣点,幼儿很感兴趣;② 运用多感官参与的学法,通过听觉和视觉让幼儿感受海底世界,对于幼儿的想象和创造有很大的帮助;③ 这次活动的各个环节设计紧凑,内容丰富,有层次感。

本次试讲的不足有:活动导入让幼儿认识颜色,感受不同色彩会带给人不同的感觉,此环节设置耗时太长,对幼儿绘画技能要求过高,对引出主题作用不明显。要弱化单纯对色彩的感知,强化对海底世界整体色彩的感知。

谢谢考官!

2. 选择幼儿园教育活动内容的原则是什么?

参考答案:

《纲要》对选择幼儿园教育活动内容的原则做出了明确规定。

(1) 既适合幼儿的现有水平,又有一定的挑战性。

(2) 既符合幼儿的现实需要,又有利于其长远发展。

(3) 既贴近幼儿的生活来选择幼儿感兴趣的事物和问题,又有助于拓展幼儿的经验和视野。

谢谢考官!

学前儿童美术教育活动中资源的运用

一、学前儿童美术教育活动的内容资源——“画什么,欣赏什么,制作什么?”

学前儿童美术教育活动是教师引导儿童用各种笔、纸等工具和材料,运用线条、造型、色彩、构图等艺术语言创造出视觉形象,从而表达创作者的思想、情感的一种活动。从以下资源中选取学前儿童美术教育活动的内容,可以有效解决“画什么”“欣赏什么”“制作什么”的问题。

(一) 中国民间艺术文化

民间艺术是劳动人民在日常生活中,为了抒发思想感情,寄托希望和理想,表示祝愿和庆贺,或出于实用与审美的需要所创造的艺术。它是中国传统民间文化的重要组成部分,反映了中华民族长期积淀的民族精神与民族价值观,是我们中华儿女极其宝贵的文化遗产。在幼儿园进行民间艺术教学,将传统的民间艺术引入学前儿童美术教育活动,让儿童接受民间文化的熏陶,弘扬和传承民间文化，加深对传统文化的理解。

例如，刺绣、染织、雕塑、传统戏剧（皮影戏、木偶戏等）、民间绘画（年画等）、传统器物（青铜器、漆器、陶器、瓷器、家具等）、服饰（民族服饰等）、玩具（布玩具、泥玩具、竹玩具等）、纹样（动物纹、植物纹、几何纹、祥云纹等）、乐器（笛子、二胡、鼓、古琴、琵琶等）。

（二）中国传统节日

中国的传统节日形式多样，内容丰富，是中华民族悠久历史文化的组成部分。传统节日的形成过程，是一个民族或国家的历史文化长期积淀和凝聚的过程，从中可以清晰地看到古代人民社会生活的精彩画面。如春节、元宵节、端午节、中秋节、重阳节等，教师都可以引导儿童结合节日风俗创作美术作品。

（三）向大师学画画

毕加索曾说："我花了四年时间画得像拉斐尔，却用一生时间才能画得像个孩子。"这说明，孩子与生俱来的一种能力就是画画。儿童早期的涂鸦现象，不少家长认为孩子是在乱画，其实不然，人人都有过涂鸦的经历和绘画创作的欲望。

学习大师的作品，利用这些抽象画进行看图讲述，可突破传统用图的局限。如通过欣赏抽象派大师的作品和抽象的线条图，儿童不仅能提升看、想、说的积极性，还能有效发展想象力和创造性思维。

（四）挖掘本土资源

将本土资源与美术教育有机结合起来，联系生活实际，注重传统资源与现代文明的统一，贴近儿童的真实生活。在挖掘本土资源时，需结合儿童认知发展规律筛选本土性资源，同时将现代文明要素融入其应用场景，使教育内容具有时代气息和传统文化特色。

（五）时事文化

以儿童画的形式，用儿童的视角展现对时事文化的理解，如儿童画《世博会》展现了儿童对未来城市的想象；以冬奥会、神舟飞船等为主题的美术活动，有助于培养儿童的民族自豪感。

二、学前儿童美术教育活动的技能资源——"怎样画，如何欣赏，如何表现？"

只有将想象力、创造力和美术活动技能的培养有机统一，才能有效地提高美术活动的质量。美术技能是创造力、想象力表达的重要方式，借助美术技能，设计"寓教于乐"的游戏，可使儿童的想象力、创造力得到大胆、灵活、自由的发挥。那么，从学前儿童美术教育活动的技能资源考虑，该怎样画，如何欣赏，如何表现呢？

油水分离法：在油画棒绘制的画面上刷水彩或水粉颜料，可产生明显的油水分离效果。

点彩法：用油画棒、水粉颜料或水彩笔，在纸上轻击以形成彩色圆点。

剪贴法：用剪刀、固体胶和各种纸材，通过剪和贴完成作品的方法。

拓印法：在雕刻或自然形成的凹凸不平的表面上，用油墨或颜料刷色，然后印在纸上，便会形成古朴的拓印肌理，如实物拓印中的树叶拓印、莲藕拓印、鞋底拓印、树皮拓印、指印等。

撒盐法：是一种具有特殊效果的表现方法，先将画面的颜色涂好，在颜料湿润时，把盐轻轻撒向画面，待颜料干透后，再刷去未溶于水的盐末，这样处理后，画中会呈现仿佛有无数雪花从天而降的效果。

喷洒法：用喷壶、金属网或牙刷等，把溶解的颜料刷下去后，颜料如雾状地喷在纸上。

数字美术：利用电脑、平板等创作美术作品，让儿童充分感受数字工具在美术创作中的运用，有重点地欣赏特殊技法作品、技法过程等，感受美术技法的丰富性。

三、学前儿童美术教育活动的工具材料资源——“画在哪儿,用什么画?”

《纲要》明确指出,要“指导幼儿利用身边的物品或废旧材料制作玩具、手工艺品等来美化自己的生活或开展其他活动”。美术教育活动中的工具和材料,是儿童学习、创造的中介与桥梁。运用丰富的工具和材料,会使儿童产生浓厚的创作兴趣。

儿童在美术教育活动中要认识各种绘画工具和材料,了解其性质、使用规则和技能技巧,并能灵活地使用绘画工具和材料。为儿童提供丰富的工具和材料,满足儿童的好奇心和个性化操作需求。那么,什么样的工具和材料能够为儿童美术作品创造力的体现做好铺垫?教师可思考以下问题:除了在各种各样的纸上,还能画在哪里?画笔能用什么样的工具替代?尤其是生活中,正规工具材料和非正规工具材料该如何使用。

用多种材料作画,能较好地打破传统的作画模式,充分发挥儿童的创造潜能,使儿童的创新思维得到全新的发展,使他们知道作画的形式是多种多样的,在不同的材料上作画,效果是不同的,体验在不同材料上作画的乐趣。

(改编自:周妍.学前儿童美术教育活动中资源的运用.教育教学论坛,2018(1):45-46.)

【阅读感悟】

学前儿童美术教育活动,是教师引导儿童用各种笔、纸等工具和材料,运用线条、造型、色彩、构图等艺术语言创造出视觉形象,从而表达创作者的思想、情感的一种活动。然而,部分从事学前儿童美术教育活动的教师,多用笔、纸创作,甚至对“画什么、怎样画、画在哪儿”感到迷茫,导致内容单调、方法陈旧、绘画工具材料单一、使用方法机械,在很大程度上抑制了儿童的创造力。充分利用学前儿童美术教育活动的内容资源、技法资源和工具材料资源,创新美术教育活动的形式,让儿童自主地表现、创造自我和世界,有助于平衡自主创造和技能训练,促进儿童创造力的发展。这种创造力,不仅体现在儿童的作品中,更体现在儿童的创作过程中。

学前儿童绘画欣赏活动的教学建议

1. 珍视儿童体验的个体差异性和创造性

学前儿童绘画欣赏体验具有较大的个体差异性,更具创造性和外显性,在表达上更生动、更夸张。教师要接受并珍视儿童的个体差异,鼓励儿童大胆表达自己的体验,勇于持有自己的观点,培养儿童的主体意识和自主性。儿童体验更加外显,表达夸张,这是由儿童的心理发展决定的。教师要认同并接纳这些特征,鼓励儿童表现本真的体验,利用他们的特征充分培养其动作表达能力和语言表达能力。儿童很少受思维定式的影响,能自由发挥想象力,生发出许多原发的体验,教师要抓住时机利用这一特点培养儿童的创造性。

2. 选择儿童喜爱的绘画欣赏作品

儿童对绘画作品的喜欢或厌恶是儿童的重要体验,当他们不喜欢某些绘画作品时,就难以产生参与的兴趣,因此体验活动就难以深入。要使儿童积极主动地去体验并获得更多的创造性体验和个性体验,就要基于儿童的发展特点来选择绘画欣赏作品。选择的绘画作品要能引起儿童的兴趣,要以他们喜欢欣赏的作品为主。在表现形式上,应根据儿童认知发展特点,选择具象与抽象作品;在作品文化背景上,应兼顾多元文化背景的作品,以拓展儿童视野;在作品创作主体上,应做到成人绘画作品与儿童绘画作品并重。

3. 作品逐一呈现与对比呈现相结合,精赏与泛赏相结合在绘画欣赏活动中可让儿童先欣赏一幅作品，再欣赏另一幅作品，之后同时呈现两幅作品让儿童进行对比欣赏。这种逐一呈现与对比呈现相结合的方式，有助于加深儿童的欣赏体验。在绘画欣赏教学中，可将精赏和泛赏结合起来使用。要根据欣赏的内容、欣赏的目的、儿童已有经验及当时的教学情境、教学条件来决定本次活动是精赏一幅作品还是泛赏几幅作品，或者是先精赏一幅作品后再泛赏几幅同类型或不同类型的作品。

4. 加强互动，灵活提问，感觉通道综合运用

在集体教学情境中，面对同一幅绘画作品，儿童各自的审美偏爱与情感体验不同，此时，儿童之间体验的碰撞和互动开始了，认知上的冲突和失衡也开始了，这种冲突和失衡带来的不适，促使儿童做出调整，进而重新认识和体验作品。在教学中，教师应该充分利用儿童之间体验的差异，引导儿童进行互动体验。

在绘画欣赏教学中，教师提问的整体思路应该清晰。在此前提下，针对具体的欣赏对象，教师的提问应该灵活。在欣赏单幅作品时，可以参考的提问思路是：整体感受—要素识别—再次回到整体。对比欣赏两幅作品时，提问的思路可以参考：分别欣赏两幅作品（提问两幅作品的欣赏感受），分别从要素及形式关系、整体感觉两方面对比欣赏两幅作品，比较其异同带给儿童的不同感受，询问儿童的欣赏偏爱。（这两幅画一样吗？有什么相同与不同之处？你更喜欢哪一幅？为什么？）

在绘画欣赏教学中，教师的提问要有启发性和激励性。当儿童的欣赏和体验陷入困境时，教师的启发性问题要引出新的体验点，要提出求异性问题、比较性问题，以促使儿童加深体验。教师提问要适中，一次提问不要超过一个。在问题提出后要耐心等待儿童做出反应，不要急于引导，更不要回答。综合运用感觉通道能有效加深儿童的绘画欣赏体验。建议教师在绘画欣赏教学中，创设情境，创造条件，鼓励儿童运用动作模仿、情境扮演和虚拟想象等多感觉通道，对绘画作品进行再经历、再体验和再创造，使儿童参与和体验的热情得到增强。

（改编自：黄小丽.基于学前儿童体验的绘画欣赏教学策略研究.南京师范大学硕士学位论文，2008.5.）

单元三
学前儿童美术课程与其他课程的统整

学习目标

知识目标：

1. 了解学前儿童生态式艺术教育及其基本特征。
2. 理解统整学前儿童美术教育活动的基本思想。
3. 知道学前儿童美术课程与其他领域课程统整的内容与要求。

能力目标：

1. 能设计学前儿童美术课程与其他领域课程统整的方案。
2. 具备学前儿童美术课程与其他领域课程统整的意识和能力。

素质目标：

1. 树立科学的儿童观、教育观、教师观、课程观。
2. 发展开放的、综合的、创造的思维品质。
3. 养成爱分享、会合作、敢探究、乐创新、肯钻研、会思考等良好学习品质。
4. 感受多元文化，建立文化自信。

基础理论

一 学前儿童美术课程与其他课程统整的原理

《指南》中明确提出，关注幼儿学习与发展的整体性。幼儿的发展是一个整体，要注重领域之间、目标之间的相互渗透和整合，促进幼儿身心全面协调发展，而不应片面追求某一方面或几方面的发展。

（一）生态式艺术教育及其基本特征

生态式艺术教育以人本主义思想为核心，吸收我国美育思想体系中“天人合一”的精神，通过艺术建立人与自然间的真正和谐；同时，也吸收了西方美育体系中以人文主义或理性主义为内核的理性精神，充分发挥人的主动性、创造性。

生态式艺术教育的终极目标就是从人的整体发展出发，实现人在实践中的全面自由发展。也就是说，人通过这种发展达到三个统一：个人与社会的统一，人与自然的统一，感性与理性的统一。

生态式艺术教育把每个单元都视为一个生态系统，强调在每个单元内部，艺术学科与其他学科之间、艺术学科内部的各艺术门类之间、艺术欣赏与艺术创作之间的相互融合和互生互补，以形成和保持一种良好的生态关系。

作为一种有机融合的艺术教育，生态式艺术教育具有以下基本特征。

1. 幼儿发展的整合观

生态式艺术教育以幼儿艺术能力与人文素养的整合发展为总体目标。幼儿的艺术能力，除了基本的艺术知识和技能，还包括艺术感知与欣赏能力、艺术想象与创造能力、艺术评价能力、交流与合作能力等。它不再把艺术知识和技能技巧作为幼儿艺术教育的主要目标，甚至上述完整的艺术能力，也只是艺术教育总体目标的一部分。生态式艺术教育注重幼儿艺术能力与人文素养的整合发展，旨在通过这种艺术教育不仅培养幼儿的艺术能力，还使他们具有关爱、友善、尊重、分享、开放等品质和健全的人格。

2. 活动内容的综合观

在生态式艺术教育中，音乐、美术、戏剧、舞蹈等不同的艺术门类不是互相割裂和互不相关的，它们以生态的方式相互交叉融合，彼此相通，互生互补，成为一种有机融合的综合艺术教育，这构成了生态式艺术教育活动内容综合的第一个维度。

生态式艺术教育活动内容综合的第二个维度是指在每种艺术门类的每次活动中，都可以自然地、适当地渗透初步的美学、艺术批评、艺术史、艺术创造等方面的内容。

在生态式艺术教育中，综合可以通过“一科切入，兼及数科”的方法，也可以通过“多科综合”（大综合）的方式来具体实现。

3. 活动过程的整体观

生态式艺术教育活动中自然地、适当地渗透着初步的美学、艺术批评、艺术史、艺术创造等方面的内容，表现在每次具体的活动进程中，就有了艺术感知与体验、艺术创造与表现、艺术评价与反思等几个基本的环节。这几个环节有时一环连一环，环环相扣，有时互相交叉、渗透，感知与体验中有创造，创造与表现中有反思，评价与反思中又蕴含着感知与创造，构成了完整多样的生态式艺术教育活动过程。每次生态式艺术教育活动都应包括这几个基本环节，但它们的组合方式可以是多样的，如可以有线性组合模式（感知与体验—创造与表现—评价与反思）、渗透性组合模式（感知与体验+反思—创造与表现+反思—评价与反思）等多种模式。

（二）学前儿童美术教育与其他教育的统整

学前儿童美术教育的主要任务是培养幼儿的审美情趣和审美能力。它不仅能陶冶幼儿的性情，激发美感，发展个性，还能培养幼儿敏锐的观察能力和创新思维能力。

幼儿由于年龄的特点，其思维形式是具体形象的，美术教育恰恰以生动逼真的形象、鲜明艳丽的色彩和灵活多变的造型适应了幼儿成长的需要。同时，美术活动还以较高的自由度，满足了幼儿尽情发挥和表现的欲望。因此，美术活动深受幼儿喜爱。

《纲要》将幼儿园教育内容划分为五大领域，从学科领域分类上讲，美术教育是一门相对独立的学科，具有自身的教育特点、规律和独特的教育功能与价值，但从幼儿园教育应促进幼儿全面、协调、健康发展的角度上讲，美术教育又不能独自为战，应与其他领域的教育活动相互渗透，形成一个有机联系的育人体系。

二 统整学前儿童美术教育活动的基本思想

统整学前儿童美术教育活动的基本思想

统整有“结合、使成整体”的含义，从哲学意义上讲“是指由系统整体性及其系统核心的统摄、凝聚作用而导致的，使若干相关部分或因素合成一个新的统一整体的建构、序化的过程”。将统整理念应用于幼儿园课程改革中，它与整合、综合具有相似的意义，其核心内涵是指联系的建立。20 世纪 80 年代以来，国内外幼教工作者和理论工作者在课程改革中经过不断的探索与反思，逐步认识到，将统整作为一种教育理念和活动方式应用于幼儿园课程改革实践中，为幼儿提供整合的课程，对幼儿学习和发展具有重要的价值。

（一）反映培养完整儿童的课程理念

《纲要》指出，“幼儿园教育应尊重幼儿的人格和权利，尊重幼儿身心发展的规律和学习特点”“关注个别差异，促进每个幼儿富有个性的发展”。这一要求反映在课程目标上就是要使幼儿发展为“完整的人”。从本质上讲,人是一个智力与人格和谐发展的有机整体,其完整性源于生活的完整性。

美国教育家杜威曾说过:“只有当相继出现的经验彼此结合在一起的时候,才能存在充分完整的人格,只有建立起各种事物联结在一起的世界,才能形成完整的人格。”幼儿作为一个正在迅速成长发展中的个体,要求幼儿园为其提供完整的学习生活,而不是让其被动地接受成人为其预设的学习生活,这就要求我们确立统整的教育理念,只有将幼儿完整的生活要素整合于幼儿园各学科领域活动中,才能促进幼儿健康和谐发展。因此,幼儿园课程必须以幼儿生活的完整性为基础,针对幼儿认识事物整体性的特点,统整自然、社会、自我三者的关系,以完整的教育目标要素统领幼儿园课程,实现幼儿的自然性、社会性、自主性的和谐健康发展,培养人格完整的幼儿。

从幼儿园课程改革实践看,强调教育的整体性,以统整的思想指导幼儿园课程改革,已成为共识,但人们对统整理念的理解却有狭义与广义之分。从狭义角度看,统整主要是针对原有学科领域课程的具体局限,在不同学科领域间进行整合。这种看法具有一定的普遍性。此类统整又根据其整合基础的不同划分为不同的形式:其一是以某一学科领域为主,适当地与其他学科领域综合;其二是以问题或活动为中心,淡化学科领域的界限,使几大学科领域融合为一个有机联系的课程体系。从广义的角度看,统整应从制约课程的各主要因素的关系出发构建新的课程体系。有的学者认为,此类统整应包含学科领域与社会和学习者三方面相互间的有机联系。

广义的统整,既要关注课程内容的整合,又要从整体上分析把握课程的目标、内容和学习活动方式,还要考虑课程教学的组织方式。由于狭义统整具有更明确的目的性、可操作性,因此在目前幼儿园课程结构改革中发挥着积极的作用。但是,从幼儿园课程改革与社会发展的长远趋势来看,广义统整具有更加全面系统的特点。无论是从哪种角度思考课程统整的含义,其实质都是从培养完整幼儿的层面,强调课程的综合性、选择性、平衡性,力图恢复幼儿生活的完整性,克服课程脱离幼儿自身生活和社会生活的倾向,帮助幼儿在生活世界中选择感兴趣的探究主题,让幼儿过自己有价值的生活。

我们强调统整性主题教育活动是以分学科领域的教育为前提的。从认识论的角度看,综合与分析是两种不同的认识方式,两种方式各有利弊,相互补充,并存于人们的认识活动中。从人的发展过程看,学前儿童更适应整体性认知方式,所以我们提倡统整性教育形式,但并不排斥以分析方式为基础的分科教育活动。采用什么样的课程模式应从幼儿园的实际出发,该综合的就综合,该分科的就分科,采取实事求是的态度来对待这一问题。

(二)倡导回归生活世界的幼儿园生态式课程观

幼儿园课程统整是以幼儿整体发展为核心的,不同学科领域间统整的基础是什么呢?杜威认为,学校科目相互联系的中心,不是科学、文学、历史、地理,而是幼儿本身的社会生活。因此,回归幼儿生活,融入幼儿生活世界才是幼儿园课程统整的正确道路。

由此可见,回归幼儿生活的生态式教育也是统整幼儿园课程的必由之路。

第一,幼儿生活是幼儿园美术课程统整的基础。这里所指的实际生活包括幼儿园一日生活、家庭生活与社区生活等不同的方面。幼儿园一日生活又可分为专门性学习活动、游戏活动及生活活动等。这些不同的活动在幼儿的发展中具有各自特殊的教育价值,也是学前儿童美术教育不可或缺的重要环节。因此,关注幼儿生活中美术教育的因素,就要加强幼儿园、家庭、社区相互间的有机联系,以幼儿生活为主线统整幼儿园美术教育活动,使之成为一个真正的教育整体,从而引导幼儿观察身边的事物与现象,将其作为美术探究的对象,在生活中学习和成长,这是对幼儿园美术课程改革的基本要求。

第二,幼儿生活是幼儿园美术课程统整的源泉。幼儿的学习与生活经验相关联,也就是说,他们关注的对象是自己生活中熟悉的事物,他们乐于探究的也是生活中那些充满奥秘的、新奇的现象和问题,这就赋予了学前儿童美术教育鲜明的生活化特征。因此,在选择教育内容时必须从幼儿的生活入手,教师要改变自己的教育观念,变关注知识、关注教材为关注幼儿、关注生活,使幼儿的学习与他们的真实生活紧密联系,从他们关心的事物与现象中发掘美术教育内容。走进幼儿的生活世界,教师会找到丰富的美术教育题材。由于幼儿的生活世界是丰富多彩和富有变化的,所以美术教育还具有随机性、渗透性的特点,应视具体情况在一日生活的各环节中适时开展。在日常生活中,教师要善于抓住幼儿感兴趣的问题,如霓虹灯的变化、五颜六色的花、搬运食物的蚂蚁等,从中引出幼儿观察、探究学习的有趣课程,使生活成为一种实践、参与和体验。教师可以充分利用幼儿园的活动空间创设丰富多彩的学习情境,引导幼儿在与环境的相互作用中获得充分发展。总之,生活是幼儿学习的大课堂。只要教师善于发现,善于选择,善于利用,就一定能不断地开发出新的、适应幼儿发展的美术活动课程。

三 学前儿童美术活动与其他领域课程统整的内容与要求

学前儿童美术课程与其他课程统整的内容和要求

分学科领域活动的统整不同于传统的分科教育活动,是以某一学科领域为主体,促进学科领域间的统整,借助不同学科领域的活动形式、方法、手段来完成本学科领域的教育任务。

(一) 学前儿童艺术领域教学内容指导要点

要点有三:

(1) 艺术是实施美育的主要途径,应充分发挥艺术的情感教育功能,促进幼儿健全人格的形成。要避免仅仅重视表现技能或艺术活动的结果,而忽视幼儿在活动过程中的情感体验和态度。

(2) 幼儿的创作过程和作品是他们表达自己的认识和情感的重要方式,应支持幼儿富有个性和创造性的表达,克服过分强调技能技巧和标准化要求的偏向。

(3) 幼儿艺术活动的能力是在大胆表现的过程中逐渐发展起来的,教师的作用主要在于激发幼儿感受美、表现美的情趣,丰富他们的审美经验,使他们体验自由表达和创造的快乐。在此基础上，根据幼儿的发展状况和需要，对表现方式和技能技巧给予适时、适当的指导。

《纲要》明确指出：各领域的内容相互渗透，从不同的角度促进幼儿情感、态度、能力、知识、技能等方面的发展。《纲要》把美术和音乐纳入艺术领域，这是因为它们都是培养幼儿的审美情趣和表现美、创造美的活动，是艺术教育不可分割的两个方面。另外，音乐教育有唱有跳，活泼有趣，美术教育则需要幼儿安静地创作、大胆想象。适当地将音乐、舞蹈等艺术学科的教育形式和手段有机整合到美术教育活动中，不仅可以丰富活动形式，调节活动的节奏，使幼儿产生愉悦的情绪，而且还能使幼儿在美术探究的过程中，获得求美心理的满足。

例如，在教幼儿画鱼前，先让幼儿学唱《小金鱼》《三条鱼》等歌曲，丰富幼儿的感性认识，提高幼儿的感受力和表现力，为绘画做好铺垫。这样的有机整合、动静交替，符合幼儿的年龄特征，有助于幼儿身心的健康发展。再如，在画小燕子的活动中，教师就设计《小燕子》的弹唱和舞蹈活动环节，借助儿歌、舞蹈的艺术形式活跃课堂气氛，使幼儿提高对小燕子的认识，并能使用肢体语言描述小燕子的形象、活动等。孩子们以极大的兴趣参与其中，这样不仅提高了孩子们探究的积极性和观察的细致性，而且使他们获得了美的感受和身体的协调发展。利用音乐、舞蹈形式丰富美术活动应注意把握两者的关系。将结合点放在借助形式、手段、方法来改善美术教育活动的形式上，以调动幼儿学习的积极性，使活动更加适合幼儿学习的特点，确保美术探究活动的顺利开展，促进美术教育目标的达成。在设计和组织活动时，应坚持形式服从内容的原则，把握好两者的结合程度，不能以过多的形式影响美术教育任务的完成，否则就可能产生本末倒置的现象。

（二）学前儿童美术与其他四大领域的统整

《纲要》指出，幼儿园的教育内容是全面的、启蒙性的，可以相对划分为健康、语言、社会、科学、艺术五个领域。各领域的内容要有机联系，相互渗透，从不同的角度促进幼儿情感、态度、能力、知识、技能等方面的发展。

学前儿童美术与健康领域的统整

《纲要》中有关健康领域的教学内容与要求如下。

1. 目标

（1）身体健康，在集体生活中情绪安定、愉快。

（2）生活、卫生习惯良好，有基本的生活自理能力。

（3）知道必要的安全保健常识，学习保护自己。

（4）喜欢参加体育活动，动作协调、灵活。

2. 内容与要求

（1）建立良好的师生、同伴关系，让幼儿在集体生活中感到温暖，心情愉快，形成安全感、信赖感。

（2）与家长配合，根据幼儿的需要建立科学的生活常规。培养幼儿良好的饮食、睡眠、盥洗、排泄等生活习惯和生活自理能力。

（3）教育幼儿爱清洁、讲卫生，注意保持个人和生活场所的整洁和卫生。

(4) 密切结合幼儿的生活进行安全、营养和保健教育,提高幼儿的自我保护意识和能力。

(5) 开展丰富多彩的户外游戏和体育活动,培养幼儿参加体育活动的兴趣和习惯,增强体质,提高对环境的适应能力。

(6) 用幼儿感兴趣的方式发展基本动作,提高动作的协调性、灵活性。

(7) 在体育活动中,培养幼儿坚强、勇敢、不怕困难的意志品质和主动、乐观、合作的态度。

3. 指导要点

(1) 幼儿园必须把保护幼儿的生命和促进幼儿的健康放在工作的首位。树立正确的健康观念,在重视幼儿身体健康的同时,要高度重视幼儿的心理健康。

(2) 既要高度重视和满足幼儿受保护、受照顾的需要,又要尊重和满足他们不断增长的独立要求,避免过度保护和包办代替,鼓励并指导幼儿自理、自立的尝试。

(3) 健康领域的活动要充分尊重幼儿生长发育的规律,严禁以任何名义进行有损幼儿健康的比赛、表演或训练等。

(4) 培养幼儿对体育活动的兴趣是幼儿园体育的重要目标,要根据幼儿的特点组织生动有趣、形式多样的体育活动,吸引幼儿主动参与。

美术活动既是幼儿表现自己的认识、想象与感受的方式,也是幼儿抒发、宣泄情感的方式。任何一种教育活动都具有多重教育目标,美术教育活动本身就蕴含着多种有价值的教育因素,应注意发掘和加以利用。例如,在手工制作活动“小闹钟”中,可渗透“建立科学的生活常规,养成早睡早起的生活习惯”的思想。又如,在自画像的活动中,可以融入认识自己、增强自信心等心理健康教育因素。这是一个长期的、潜移默化的过程,教师要适时地加以引导,绝不能采取生硬灌输式的传道与说教方式。

学前儿童美术与语言领域的统整

《纲要》中有关语言领域的教学内容与要求如下。

1. 目标

(1) 乐意与人交谈,讲话礼貌。

(2) 注意倾听对方讲话,能理解日常用语。

(3) 能清楚地说出自己想说的事。

(4) 喜欢听故事、看图书。

(5) 能听懂和会说普通话。

2. 内容与要求

(1) 创造一个自由、宽松的语言交往环境,支持、鼓励、吸引幼儿与教师、同伴或其他人交谈,体验语言交流的乐趣,学习使用适当的、礼貌的语言交往。

(2) 养成幼儿注意倾听的习惯,发展语言理解能力。

(3) 鼓励幼儿大胆、清楚地表达自己的想法和感受,尝试说明、描述简单的事物或过程,发展语言表达能力和思维能力。

(4) 引导幼儿接触优秀的儿童文学作品,使之感受语言的丰富和优美,并通过多种活动帮助幼儿加深对作品的体验和理解。

(5) 培养幼儿对生活中常见的简单标记和文字符号的兴趣。

(6) 利用图书、绘画和其他多种方式,引发幼儿对书籍、阅读和书写的兴趣,培养前阅读和前书写技能。

(7) 提供普通话的语言环境,帮助幼儿熟悉、听懂并学说普通话。少数民族地区还应帮助幼儿学习本民族语言。

3. 指导要点

(1) 语言能力是在运用的过程中发展起来的,发展幼儿语言的关键是创设一个能使他们想说、敢说、喜欢说、有机会说并能得到积极应答的环境。

(2) 幼儿语言的发展与其情感、经验、思维、社会交往能力等其他方面的发展密切相关,因此,发展幼儿语言的重要途径是通过互相渗透的各领域的教育,在丰富多彩的活动中去扩展幼儿的经验,提供促进语言发展的条件。

(3) 幼儿的语言学习具有个别化的特点,教师与幼儿的个别交流、幼儿之间的自由交谈等,对幼儿语言发展具有特殊意义。

(4) 对有语言障碍的幼儿要给予特别关注,要与家长和有关方面密切配合,积极地帮助他们提高语言能力。

语言是思维的外壳,美术教育与语言关系密切。我们知道,学前阶段是幼儿语言发展的关键时期,美术教育活动要促进幼儿思维的发展,必须促进其语言的发展,让幼儿多练习说话,多与同伴交流。在美术活动中,幼儿动手操作的机会较多,教师要经常引导幼儿展开联想,创编故事。教师在鼓励幼儿把活动中所思所想、所作所为用自己生动形象的绘画语言表达出来的同时,也要鼓励幼儿用口头语言描述所画所想。当幼儿完成一幅或一套作品后,启发他们邀请同伴一起分享,以促进幼儿间的相互交流、学习,锻炼幼儿的胆量和表达能力。也可以定期举办幼儿作品展,让幼儿当解说员,为大家讲述画面所表达的内容。长期坚持这样的练习,对幼儿的语言发展将起到很好的促进作用,反过来正确的语言表达又可以激发幼儿创作的激情和欲望。这样不但可以使教师了解幼儿的思维发展水平,而且还能在教师与幼儿、幼儿与幼儿之间的交流中碰撞出智慧的火花,促进幼儿的智力发展,同时也能促进幼儿美术能力的发展。

学前儿童美术与社会领域的统整

《纲要》中有关社会领域的教学内容与要求如下。

1. 目标

(1) 能主动地参与各项活动,有自信心。

(2) 乐意与人交往,学习互助、合作和分享,有同情心。

(3) 理解并遵守日常生活中基本的社会行为规则。

(4) 能努力做好力所能及的事,不怕困难,有初步的责任感。

(5) 爱父母长辈、老师和同伴,爱集体、爱家乡、爱祖国。

2. 内容与要求

(1) 引导幼儿参加各种集体活动,体验与教师、同伴等共同生活的乐趣,帮助他们正确认识自己和他人,养成与他人、社会亲近、合作的态度,学习初步的人际交往技能。

(2) 为每个幼儿提供表现自己长处和获得成功的机会,增强其自尊心和自信心。

(3) 提供自由活动的机会,支持幼儿自主地选择、计划活动,鼓励他们通过多方面的努力解决问题,不轻易放弃克服困难的尝试。

(4) 在共同的生活和活动中,以多种方式引导幼儿认识、体验并理解基本的社会行为规则,学习自律和尊重他人。

(5) 教育幼儿爱护玩具和其他物品,爱护公物和公共环境。

(6) 与家庭、社区合作,引导幼儿了解自己的亲人以及与自己生活有关的各行各业人们的劳动,培养其对劳动者的热爱和对劳动成果的尊重。

(7) 充分利用社会资源,引导幼儿实际感受祖国文化的丰富与优秀,感受家乡的变化和发展,激发幼儿爱家乡、爱祖国的情感。

(8) 适当向幼儿介绍我国各民族和世界其他国家、民族的文化,使其感知人类文化的多样性和差异性,培养理解、尊重、平等的态度。

3. 指导要点

(1) 社会领域的教育具有潜移默化的特点。幼儿社会态度和社会情感的培养尤应渗透在多种活动和一日生活的各个环节之中,要创设一个能使幼儿感受到接纳、关爱和支持的良好环境,避免单一呆板的言语说教。

(2) 幼儿与成人、同伴之间的共同生活、交往、探索、游戏等,是其社会学习的重要途径。应为幼儿提供人际交往和共同活动的机会和条件,并加以指导。

(3) 社会学习是一个漫长的积累过程,需要幼儿园、家庭和社会密切合作,协调一致,共同促进幼儿良好社会性品质的形成。

学前儿童美术教育的社会性功能与目的,除了培养幼儿的关爱、良知、合作、友善、同情与帮助等美好品德外,还在于通过美术教育促进幼儿亲近自然和社会,美化环境,逐步形成正确的社会认知和社会情感。比如,在大班美术活动“会说话的标志”中,教师引导幼儿在看看、说说、做做中认识生活中常见的标志,丰富幼儿的社会生活经验,增强幼儿的自我保护意识。再如,传统节日主题的美术活动,可以引导幼儿用美术的手段表现传统节日的意义和对传统节日的认识,增进幼儿对传统节日文化的认知与情感体验。

学前儿童美术与科学领域的统整

《纲要》中有关科学领域的教学内容与要求如下。

1. 目标

(1) 对周围的事物、现象感兴趣,有好奇心和求知欲。

(2) 能运用各种感官,动手动脑,探究问题。

(3) 能用适当的方式表达、交流探索的过程和结果。

(4) 能从生活和游戏中感受事物的数量关系并体验到数学的重要和有趣。

(5) 爱护动植物,关心周围环境,亲近大自然,珍惜自然资源,有初步的环保意识。

2. 内容与要求

(1) 引导幼儿对身边常见事物和现象的特点、变化规律产生兴趣和探究的欲望。

(2) 为幼儿的探究活动创造宽松的环境,让每个幼儿都有机会参与尝试,支持、鼓励他们大胆提出问题,发表不同意见,学会尊重别人的观点和经验。

(3) 提供丰富的可操作的材料,为每个幼儿都能运用多种感官、多种方式进行探索提供活动的条件。

(4) 通过引导幼儿积极参加小组讨论、探索等方式,培养幼儿合作学习的意识和能力,学习用多种方式表现、交流、分享探索的过程和结果。

(5) 引导幼儿对周围环境中的数、量、形、时间和空间等现象产生兴趣,建构初步的数概念,并学习用简单的数学方法解决生活和游戏中某些简单的问题。

(6) 从生活或媒体中幼儿熟悉的科技成果入手,引导幼儿感受科学技术对生活的影响,培养他们对科学的兴趣和对科学家的崇敬。

(7) 在幼儿生活经验的基础上,帮助幼儿了解自然、环境与人类生活的关系。从身边的小事入手,培养初步的环保意识和行为。

3. 指导要点

(1) 幼儿的科学教育是科学启蒙教育,重在激发幼儿的认识兴趣和探究欲望。

(2) 要尽量创造条件让幼儿实际参加探究活动,使他们感受科学探究的过程和方法,体验发现的乐趣。

(3) 科学教育应密切联系幼儿的实际生活进行,利用身边的事物与现象作为科学探索的对象。

科学领域的学习在幼儿的认知活动中具有重要的作用。美术与科学具有天然的联系,在美术教育活动中,有些活动内容涉及科学知识,例如,幼儿自制风车;有些工具和材料蕴含科学原理,例如,油水分离画的工具和材料。教师可以将科学知识隐含在美术活动中,引导幼儿自主探究科学知识,自主探索工具和材料的特性及使用方法。[①] 教师在设计和组织科学领域教育活动时,当美术作为幼儿认识世界、探索世界的手段时,其目标一是让幼儿学习某种事物的表现形式,二是让幼儿把握更为灵活的学习方法,形成自己学习、自主探索的能力,使美术在幼儿成长中发挥更大的作用。在科学探究活动中,在教师引导下,幼儿可以通过观察和操作获取信息,并初步整理资料。图画、符号等美术形式就成为幼儿经常使用的记录手段。这些记录虽然不能成为优秀的艺术作品,却十分有利于幼儿学习如何去处理各种新的信息。当幼儿有了运用美术作品来表达自己感受的强烈愿望时,他们还需要在一个支持性的环境中去实现。比如,让幼儿用线条画记录种植区里花生和绿豆的生长变化,用符号记录天气的阴、晴、雨、雪等,虽然画出的图例可能很简单,但却能生动地描绘幼儿自己观察的景象,表现幼儿不断观察和探索的精神。

---

① 林琳,李琳.学前儿童艺术学习与发展核心经验[M].南京:南京师范大学出版社,2021.

案例评析

美术与音乐的统整

案例一　小班综合活动:小小粉刷匠

美术、音乐:★★★
语言、社会:★★

设计意图

3—4岁的幼儿对色彩和简单的音乐节奏非常敏感。歌曲《小小粉刷匠》节奏欢快。将美术与音乐活动相整合,让幼儿在感受音乐的同时进行粉刷房子的美术活动,能增强幼儿对色彩的感知和对音乐节奏的把握,并激发幼儿的艺术表现力与创造力。

活动目标

1. 理解《小小粉刷匠》歌曲的内容,知道不同颜色的名称。
2. 能够跟着歌曲节奏用刷子在画纸上进行粉刷,体验色彩混合后的变化。
3. 在活动中感受音乐与美术相结合的乐趣,培养对艺术活动的喜爱。

活动准备

1. 物质准备:《小小粉刷匠》歌曲音频、画有房子轮廓的画纸、各种颜色的水粉颜料、小刷子、调色盘、围裙。
2. 经验准备:幼儿有过使用刷子的简单经验。

活动过程

1. 导入部分。

播放《小小粉刷匠》歌曲:“我是一个粉刷匠,粉刷本领强,我要把那新房子,刷得更漂亮。”幼儿倾听。

2. 音乐理解与互动。

(1) 再次播放歌曲,教师带领幼儿一起边唱歌边做简单的动作,如模仿粉刷匠拿着刷子粉刷的动作。

师:歌曲里的粉刷匠在做什么呀?(引导幼儿回答粉刷房子。)

(2) 教师进一步引导幼儿理解歌词。

师:小朋友们,我们一起来看看粉刷匠是怎么工作的。他说“我是一个粉刷匠,粉刷本领强”,这是说他很会粉刷呢。“我要把那新房子,刷得更漂亮”,这就好像我们画画的时候,想要把画变得更美丽一样。那他会怎么粉刷呢?我们接着听。“刷了房顶又刷墙,刷子飞舞忙。”

你们想想,他的刷子是不是在房顶和墙上来回地动呀,就像小蝴蝶在花丛中飞舞一样。“哎呀我的小鼻子,变呀变了样”,这是因为粉刷的时候颜料不小心沾到了鼻子上。那小朋友们,你们知道粉刷匠会用到哪些颜色吗(图 3-1)?(引导幼儿说出一些常见的颜色,如红色、蓝色、黄色等。)

图 3-1 齐齐哈尔子上国际幼儿园“粉刷匠”活动展示(学生教育实习)

3. 美术创作。

(1) 幼儿穿上围裙,每人一张画有房子轮廓的画纸和一把小刷子。

(2) 教师把颜料和调色盘准备好,幼儿选择自己喜欢的颜色,跟着歌曲的节奏开始粉刷房子。例如,唱到“刷了房顶又刷墙”时,幼儿可以在房子的相应位置进行粉刷。

(3) 引导幼儿观察不同颜色混合后产生的变化,如蓝色和黄色混合后会变成绿色。

4. 作品展示与分享。

请幼儿展示自己粉刷好的房子,说说用了哪些颜色,是怎么跟着歌曲节奏粉刷的。

活动延伸

1. 在美工区投放更多房子形状的材料,如立体的纸房子,幼儿可继续进行粉刷创作。
2. 在音乐区提供打击乐器,幼儿可根据《小小粉刷匠》的歌曲节奏进行打击乐器演奏。

活动评析

首先,活动设计巧妙地将美术与音乐元素相结合,通过“小小粉刷匠”这一主题,激发了幼儿对色彩和音乐的兴趣。在活动过程中,教师有效地利用了音乐的节奏感来引导幼儿进行绘画创作,这种统整活动的设计思路有助于幼儿的全面发展。

在活动设计方面,教师通过展示不同颜色的粉刷效果,让幼儿直观地感受色彩的魅力。同时,鼓励幼儿自由发挥,用画笔表达自己的想法,这样的教学方式不仅培养了幼儿的创造力,也增强了他们的动手能力。

音乐部分,选择与粉刷动作相匹配的节奏、旋律,让幼儿在听音乐的同时进行绘画,这种听觉与视觉的结合,使幼儿在轻松愉快的氛围中学习,有效地提高了学习兴趣和参与度。

在作为小小粉刷匠粉刷房子的过程中,幼儿不仅提升了创造力,也对色彩、音乐进行了综合感知与体验,还能感受到劳动的快乐。

案例二　中班综合活动:有趣的音符

美术、音乐:★★★
语言、社会:★★

设计意图

音符是音乐的基本元素,对于4—5岁的幼儿来说,运用生动有趣的方式认识音符很有意义。将美术与音乐元素相整合,让幼儿在感受音乐的同时进行美术创作,能让幼儿更直观地理解音符的概念,并能提高他们的美术表现力。

活动目标

1. 认识全音符、二分音符、四分音符的形状和时值。
2. 能用绘画和手工的方式表现不同音符的形状和时值。
3. 感受音乐与美术结合的快乐,培养对音乐和美术的喜爱之情。

活动准备

1. 物质准备:《音符歌》音频(包含全音符、二分音符、四分音符的节奏)、画纸、彩色卡纸、剪刀、胶水、彩笔、音符卡片。
2. 经验准备:幼儿对简单的节奏有一定的感知。

活动过程

1. 音乐导入。
播放《音符歌》:“全音符,一个圈,唱四拍,do---;二分音符,加符干,唱两拍,re-;四分音符,黑符头,唱一拍,mi。”幼儿倾听。
2. 音乐理解与互动。
(1) 教师出示音符卡片,再次播放歌曲。幼儿跟着歌曲节奏,指出相应的音符卡片。
(2) 教师带领幼儿用拍手的方式来表示不同音符的时值,如全音符拍四次,二分音符拍两次,四分音符拍一次。
3. 美术创作。
(1) 教师示范用画笔画出全音符(一个空心的圆圈)、二分音符(空心圆圈加一根符干)、四分音符(实心的黑符头加一根符干)。
(2) 幼儿可以在画纸上画出不同的音符,也可以用彩色卡纸剪出音符的形状,然后用胶水粘贴在画纸上,再用彩笔进行装饰。
(3) 教师鼓励幼儿发挥创意,比如,给音符加上眼睛、嘴巴等(图3-2)。
4. 作品展示与分享。
请幼儿展示自己创作的音符作品,边展示边唱出相应音符的节奏。

活动延伸

1. 在音乐区投放打击乐器,幼儿可根据不同音符的时值进行打击乐演奏。

2. 在美工区提供更多材料,幼儿可制作音符的立体模型。

图 3-2 音符绘画
[齐齐哈尔第一幼儿园董译阳(6 岁)小朋友作品]

活动评析

该活动设计巧妙地将音乐与美术活动相结合,通过"音符"这一主题,激发幼儿对音乐和美术的兴趣。活动设计注重幼儿的感官体验和创造性表达,符合中班幼儿的认知发展水平。

首先,通过听觉和视觉的结合,让幼儿在感受不同音符的同时,通过绘画来表现这些音符,不仅加深了幼儿对音符类型与时值的理解,也提升了他们的美术表现能力。

其次,活动设计具有很强的互动性和趣味性,能够吸引幼儿积极参与,有助于培养他们的团队合作精神和社交能力。同时,活动设计还考虑到了不同幼儿的个体差异,提供了多样化的活动选择,满足了不同幼儿的学习需求。

最后,在活动方式上,采用了引导式和探究式相结合的方式,鼓励幼儿自主探索和创作,有助于培养幼儿的创新思维和解决问题的能力。

案例三 大班综合活动:秋天多么美

美术、音乐:★★★
语言、社会:★★

设计意图

秋天是富有魅力的季节,音乐与美术融合能激发幼儿对美的感知与表达。本次活动借《秋天多么美》这首歌,让幼儿在音乐中感受秋天,并用美术创作展现心中的秋景,培养他们的艺术素养与综合能力。

活动目标

1. 能感受《秋天多么美》的欢快旋律,理解歌词描绘的秋天丰收景象。
2. 能用清晰、自然的声音跟唱歌曲,大胆用绘画形式展现秋天的美景。
3. 激发对秋天的喜爱,培养想象力与创造力,体验艺术创作的乐趣。

活动准备

1. 物质准备:《秋天多么美》歌曲音频及动画视频、绘画工具(水彩笔、绘画纸)。

2. 经验准备:幼儿有观察秋天景色、了解秋天常见事物的经验。

活动过程

1. 情境视频,引出主题(3分钟)。

播放秋天景色视频,视频中展现金黄稻田、南飞大雁、红透的枫叶等典型秋景。引导幼儿观察并提问:"小朋友们,视频里都有什么?你们觉得秋天是什么样的季节?"鼓励幼儿分享对秋天的印象,自然引出活动主题。

2. 聆听欣赏,感受秋之美(7分钟)。

播放歌曲音频,幼儿闭眼聆听,感受歌曲欢快节奏与活泼情绪。听完提问:"这首歌让你心情怎么样?歌曲里好像在说秋天里什么东西丰收啦?"引导幼儿表达对歌曲的初步感受。

再次播放歌曲动画视频,教师随画面和歌词做简单动作示范,如模仿棉桃姐姐咧开嘴等,帮助幼儿理解歌词内容。

教师范唱,幼儿跟唱,重点纠正发音和节奏,如"棉桃姐姐咧开嘴"中"咧"的发音。带领幼儿多唱几遍,用拍手、跺脚等方式打节奏,增加趣味性。

3. 想象创作,体验秋之美(8分钟)。

引导创作,提问:"歌曲里的秋天特别美,那你们想不想把心中最美的秋天画下来?可以画歌曲里唱到的稻田、棉桃,也可以画自己看到的秋天的样子。"鼓励幼儿大胆想象。

幼儿自由绘画,教师巡回指导,提醒幼儿注意画面布局,如主要景物画在中间。对不知如何下笔的幼儿,给予启发,如"想想秋天的大树是什么颜色、什么形状的?"

绘画快结束时,播放轻柔的音乐,营造轻松的氛围。

4. 展示分享,品味秋之美(2分钟)。

邀请几个幼儿展示自己的画作,简单介绍画里的秋天元素,如"我画了好多黄色的稻子,还有南飞的大雁"。教师给予肯定和鼓励,如"画得真漂亮,把秋天丰收的感觉都画出来啦"。

活动延伸

1. 在美工区投放更多材料,鼓励幼儿用彩泥、彩纸等创作秋天主题手工作品。
2. 回家后,和家长一起收集秋天的落叶,制作落叶拼贴画。

活动评析

优点:活动内容融合了音乐和美术,形式新颖,符合大班幼儿兴趣;流程紧凑合理,从感受秋天、学唱歌曲到绘画创作,过渡自然;充分发挥幼儿主体作用,给予幼儿表达和创作的空间;准备的素材能激发幼儿的兴趣。不足:时间有限,歌曲学唱不够深入,美术创作部分幼儿无法充分完善作品;对幼儿个体差异关注不足,指导时难以兼顾每个幼儿。建议:优化时间分配,如缩短导入环节的时间,延长学唱和创作时间;提前了解幼儿能力,分组指导,对能力弱的幼儿给予更多帮助,对能力强的幼儿提出更高的创作要求。

秋天多么美

词/曾泉星
曲/卫燕玲

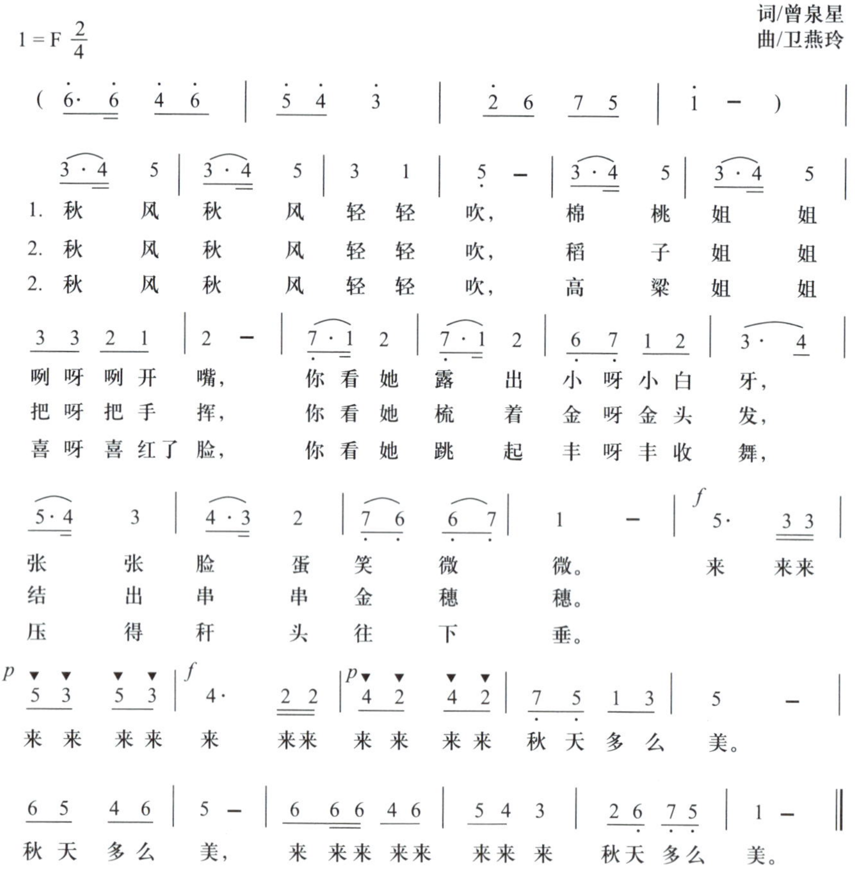

1 = F $\frac{2}{4}$

(6· 6 4 6 | 5 4 3 | 2 6 7 5 | 1 –) |

3·4 5 | 3·4 5 | 3 1 | 5 – | 3·4 5 | 3·4 5 |
1. 秋 风 秋 风 轻 轻 吹， 棉 桃 姐 姐
2. 秋 风 秋 风 轻 轻 吹， 稻 子 姐 姐
2. 秋 风 秋 风 轻 轻 吹， 高 粱 姐 姐

3 3 2 1 | 2 – | 7·1 2 | 7·1 2 | 6 7 1 2 | 3· 4 |
咧呀咧开嘴， 你看她露出小呀小白牙，
把呀把手挥， 你看她梳着金呀金头发，
喜呀喜红了脸， 你看她跳起丰呀丰收舞，

5·4 3 | 4·3 2 | 7 6 6 7 | 1 – | *f* 5· 3 3 |
张张脸蛋笑微微。 来 来来
结出串串金穗穗。
压得秆头往下垂。

p 5 3 5 3 | *f* 4· 2 2 | *p* 4 2 4 2 | 7 5 1 3 | 5 – |
来来 来来 来 来来 来来 来来 秋天多么 美。

6 5 4 6 | 5 – | 6 6 6 4 6 | 5 4 3 | 2 6 7 5 | 1 – ‖
秋天多么美， 来 来来 来来 来来 来 秋天多么 美。

案例四 大班综合活动：梦幻王国

美术、音乐：★★★
语言、社会：★★

活动目标

1. 能感受绘画作品中用点、线、面和色块等创造出来的富有节奏和韵律的图画。
2. 尝试使用水彩滴画的方法表现属于自己的梦幻王国。

活动重点

1. 感受绘画作品中的节奏美和韵律美。
2. 能运用水彩滴画的方法创作绘画。

活动准备

1. 经验准备：幼儿具备名画欣赏的经验。

2. 材料准备:水彩墨水、蜡笔或油画棒、水粉笔、画纸、水桶。

3. 挂图、幼儿美术画册、教师自制作品、音乐《梦幻曲》。

活动过程

1. 听音乐,感受梦幻王国的美妙。

(1) 教师引导幼儿欣赏音乐《梦幻曲》。

师:让我们一起来听着音乐,选择你最舒服的姿势,好好休息一下,做个美丽的梦吧。

(2) 师生相互交流自己的感受。

师:你听到了什么? 音乐里的一切都是那么的奇妙,就好像在梦幻王国里一样,和我们平时有很大的不同。

(3) 欣赏夏加尔《我与村庄》(图 3-3)。

师:在我们的梦幻王国里有这么多奇特的东西,让我们来看看画家的画里有什么呢?(感受夏加尔的作品,体验梦幻与童话的味道以及飘忽与梦境的交织。)

图 3-3 夏加尔《我与村庄》

2. 幼儿尝试用水彩滴画的形式表现自己的梦境。

(1) 师:你们想不想将自己的梦幻王国也记录下来? 可以用什么方法呢?

(2) 欣赏教师自制作品,感受色彩流动变化的美。

师:猜猜这幅画是用什么材料和方法画出来的?

(3) 幼儿尝试用油画棒、水彩墨水和水粉笔进行绘画探索活动。

师:试一试,怎样使用这些材料绘画?

(4) 教师介绍水彩滴画的方法:先用油画棒画出自己的想法,再用水粉笔蘸水,平涂在画纸上,然后用水粉笔蘸自己喜欢的水彩墨水滴染在画面上,让各种颜色晕开,形成一幅美丽的画。

彩图 3-3

3. 播放音乐,幼儿操作,教师指导。

(1) 师:让我们也将自己的梦幻王国画下来吧!

(2) 教师指导。

① 鼓励幼儿回忆自己的梦境,大胆地进行绘画活动。

② 鼓励幼儿在活动中勇于尝试各种水彩颜色,感受色彩交融的美。

4. 欣赏与评价。

(1) 教师协助幼儿将自己的画张贴在活动室中,组成一个大的“梦幻王国”。

(2) 请个别幼儿向同伴介绍自己的作品(图 3-4)。

师:你的画里有什么? 有哪些颜色?

（3）教师带领幼儿一起听着音乐欣赏组合画《梦幻王国》。

（4）教师请幼儿尝试将自己的作品与同伴的作品联系起来创编一个好听的故事。

图 3-4 许牧阳（6 岁）“魔幻城堡”

活动提示

该活动前期需要幼儿幻想自己的梦境，并从大师的作品中感受韵律美和节奏美，这不仅需要教师与幼儿之间的对话，也需要幼儿与作品之间的对话。教师也可根据本班幼儿的实际情况，选择其他表现形式的画法开展抽象画创作，如水墨印画、流淌画等。

背景资料

夏加尔是现代主义“梦幻绘画”的开创者，他的画总是充满孩童般的奇思妙想。无论什么意象，他总能用绚烂的色调去表现。他很会通过简单直接的方式营造愉悦的氛围。在《我与村庄》这幅画中，画面右侧所展示的男人（侧面）就是画家自己。这如梦一般的动物、人物和建筑都是夏加尔故乡的景色，或者说是夏加尔心中的故乡的风景。画家将不同的时间和空间组合在同一个画面上，这些要素相互间产生了愉悦的、诗意的、快乐的连接，有些天真，有些忧郁，让人沉浸其中。

活动评析

让幼儿从小就大量接触艺术品，并有意识地指导他们从中感受生命力的种种模式，是美育的一种有效方法。名画欣赏活动能够促进幼儿审美感知、审美情感、审美创造等心理能力的协调发展，能够帮助幼儿的审美经验向整体的、综合的方向转化，并逐渐形成独特的审美心理结构。教师在名画欣赏中对幼儿的引导十分重要，可以通过“你看到什么”引导幼儿感知美术作品所表现的内容；通过“你心中有什么感觉”引导幼儿感知美术作品的情感；通过“你感觉它的线条、形状、颜色、构图怎样”引导幼儿感知美术作品的形式；通过“大家给这幅画取个名字”引导幼儿回顾、反思并形成对美术作品的整体感知，这些环节在幼儿美术欣赏过程中都是十分重要的。

美术与健康的统整

案例一 小班综合活动：笑脸娃娃

美术、健康：★★★

语言、音乐：★★

社会：★

设计意图

良好的情绪情感是影响幼儿行为的重要因素，对幼儿积极人格、个性品质的形成具有重要作用。小班幼儿年龄小，情绪不稳定，缺乏对自我情绪的认知，不能有效控制和调节自己的情绪。为引导小班幼儿保持良好的情绪，在真实生活中关注情绪，解决情绪问题，设计了本次活动。“笑脸娃娃”活动还能通过美术创作激发幼儿的创造力和想象力，培养他们对美的感知和欣赏能力。通过动手制作笑脸娃娃，幼儿能够学习到基本的美术知识和技能，并在活动中体验合作与分享的乐趣。

活动目标

1. 有做开心宝宝的愿望，体验“开心宝宝最可爱、最漂亮”。
2. 能在游戏情境中，用语言、表情、动作等表现快乐的情绪。
3. 能观察、识别熟悉的表情，并创作笑脸图卡表达自己的理解。

活动准备

材料准备：泡泡枪、照相机、笑脸图卡、笔、纸等。
经验准备：歌曲律动《表情游戏》《哈哈笑》。

活动过程

1. 玩情境游戏“抓泡泡”，体验开心的情绪。

师：我是开心姐姐，要带你们到开心乐园一起玩一个好玩的泡泡游戏。看，好多的泡泡，泡泡飞起来了，飞到你们的头上脸上了。

2. 欣赏熟悉的图片表情，体验“开心的表情最漂亮”。

(1) 出示吹泡泡时幼儿的表情照片，引导幼儿说说自己和同伴的表情。

师：吹泡泡游戏好玩吗？你们的心情怎么样？这是谁？他是什么表情？（笑眯眯的表情。）猜猜他的心情怎么样？（开心。）

小结：小朋友们在玩游戏时好开心呀，都在笑，开心宝宝真漂亮。

(2) 欣赏生活中多种熟悉的表情，体验“开心的表情最漂亮”。

① 说一说自己熟悉的表情并做一做。

师：笑起来就像这样（出示笑脸娃娃）。除了笑，你还知道哪些表情？（出示相应表情娃娃，如哭、生气。）

师：生气的时候心情怎么样？哭的时候心情怎么样？

② 欣赏幼儿园生活中熟悉的表情，进一步体验“要做开心宝宝”。

小结：所以我们要做开心宝宝，会因自己穿衣服而开心，因帮助别人而开心，也会因认真玩游戏而开心。

3. 操作活动：送笑脸。

师：日常生活中，什么事情让你最开心？

(1) 幼儿制作笑脸娃娃。

① 教师演示笑脸娃娃的基本制作方法。

② 幼儿动手制作自己的笑脸娃娃,教师巡回指导。

③ 鼓励幼儿分享自己的创作过程和想法。

④ 组织幼儿展示自己的作品并进行简短的介绍。

⑤ 教师和幼儿一起评选出最具创意和最受欢迎的笑脸娃娃。

(2) 幼儿送笑脸娃娃。

师:小朋友们刚刚说了这么多在家里发生的开心的事,幼儿园也有很多开心的事,请小朋友们将笑脸娃娃贴在让你开心的事情上。

(同伴互动,师幼互动,讨论分享幼儿园中开心的事。)

小结:家里有很多开心的事,幼儿园中也有很多让我们很开心的事。小朋友们要做开心宝宝,因为开心宝宝最健康,开心宝宝最漂亮。

4. 儿歌表演:《表情游戏》。

幼儿找好朋友一起开心表演,再一次体验快乐的情绪。

活动评析

美术作为一种艺术形式,为幼儿提供了独特的情感表达平台。在说笑脸、画笑脸、送笑脸等过程中,幼儿可以将内心的情感转化为可视化的作品,并调节自己的情绪。这种情感的释放和表达有助于促进幼儿的心理健康发展。

本次活动的目的在于帮助小班幼儿形成正确的意识,掌握几种能让自己变得开心的方法,感受到笑脸娃娃最漂亮,从而缓解不良情绪,尽快适应幼儿园生活。活动以幼儿为主体,运用多种方式,充分调动幼儿的多种感官参与活动,参与师幼互动、同伴互动,让幼儿在体验中感受到开心。教师选取的是幼儿非常感兴趣的游戏活动,幼儿的情绪高涨,愉悦地参与了游戏活动,活动从头到尾都为幼儿营造了一种开心的氛围,让幼儿在体验式学习中感受到笑脸娃娃最漂亮。

案例二　中班综合活动:勤洗手,病菌都赶跑

美术、健康:★★★

语言:★★

设计意图

本活动旨在让幼儿了解洗手的重要性,知道外出回来、饭前便后或手脏时要洗手,养成爱清洁、讲卫生的好习惯。通过富有趣味的互动游戏、美术创作、生动的卫生故事,幼儿可以快乐地学会正确的洗手方式,增强健康意识。活动还能促进幼儿之间的互动与合作,提升幼儿的社交能力。

活动目标

1. 了解洗手的重要性,知道外出回来、饭前便后或手脏时要洗手。

2. 能利用教师准备的材料来完成作品。

3. 通过作品感受洗手的重要性。

活动准备

调色盘、棉签、水粉颜料、瓶盖、眼睛贴、彩色纸、黑色卡纸、泡泡纸、铅笔、油性笔、剪刀、水粉画笔、白乳胶、PPT图片、制作视频等。

活动过程

1. 以《手指歌》引入活动。

手指歌:大拇哥、二拇弟、中指哥、四兄弟、小妞妞,来看戏,大家快来比一比,谁的大,谁的小,哪个指头长,哪个指头短?

2. 出示PPT图片。

(1) 看图说说:图上的小朋友在做什么?

提出问题:图上的小朋友刚从外面回来,请小朋友们说说他的手上会带些什么?(灰尘、垃圾、病菌……)

师:有的小朋友说带了病菌,所以我们回到家后要先干什么呀?(洗手)

(2) 出示作品,观摩欣赏。

师:今天,老师带来了一个好玩又简单的美术作品。小朋友们也想创作吗?我们一起来看看吧。

(3) 播放制作视频。

教师一边播放一边讲解并示范制作方法与技巧。

指出制作过程中需要注意的问题。

① 小心使用剪刀。

② 不要把不同颜色的颜料混在一起。

③ 注意不要弄脏衣服。

(4) 幼儿自由操作,教师分层指导。

3. 作品展示与评价。

请个别幼儿大胆讲述自己的作品。

活动延伸

1. 回家和爸爸妈妈一起创作洗手步骤图。

2. 在幼儿园的卫生间粘贴洗手宣传画,提醒幼儿勤洗手,讲卫生。

活动评析

本次活动将艺术创作与幼儿卫生习惯的养成有效融合在一起,寓教于乐。活动设计紧扣幼儿生活实际,通过直观的病菌展示和生动的洗手方法教学,使幼儿深刻地认识到洗手的重要性,并激发了他们绘画的兴趣。

在活动过程中,教师引导幼儿想象洗手场景并鼓励他们用色彩表达,不仅培养了幼儿的动手能力和创造力,还培养了他们的想象力。同时,通过互相展示作品和简单讲述,提高了幼儿的自信心和语言表达能力。

此外,本次活动还注重家园共育。通过家长会等渠道向家长介绍活动内容,鼓励家长在家中也引导幼儿勤洗手,共同维护幼儿的健康。这种家园共育的方式有助于形成教育合力,提高教育效果。

案例三 中班综合活动:奇妙的落叶

美术、健康:★★
语言、社会:★★
音乐:★

设计意图

秋天的落叶是大自然赋予孩子们的珍贵礼物。将健康与美术领域融合,能让幼儿在亲身体验中感受落叶的奇妙,锻炼体能,同时激发他们的创造力和想象力,提升审美能力,促进幼儿全面发展。

活动目标

1. 能积极参与以落叶为主题的健康活动,如跑跳、投掷等,锻炼大肌肉动作,增强身体协调性。
2. 运用落叶进行美术创作,如拼贴画、拓印画等,发挥想象力和创造力,体验美术活动的乐趣。
3. 感受秋天的美好,培养对大自然的热爱之情,提升环保意识。

活动准备

经验准备:幼儿有观察秋天落叶的经验,对落叶的形状、颜色有初步认识。
物质准备:足量的落叶、胶水、剪刀、水彩笔、画纸、塑料筐、轻快的背景音乐。

活动过程

1. 热身引入,激发兴趣(3分钟)。

播放轻快的背景音乐,带领幼儿在户外场地围绕落叶堆慢跑两圈,过程中引导幼儿观察地上的落叶,同时做简单的伸展动作,如向上伸手触摸树叶、弯腰捡起落叶等,进行热身。

站定后提问:"小朋友们,秋天到了,树叶都从树上落下来啦,你们觉得这些落叶像什么呢?"鼓励幼儿自由发言,分享自己的想法,导入活动主题。

2. 落叶大作战(7分钟)。

游戏一:落叶搬运工

将幼儿分成两组,每组幼儿站成一列纵队。在起点放置一堆落叶,终点放置一个空塑料筐。游戏开始,每组第一个幼儿用双手捧起尽可能多的落叶,快速跑到终点将落叶放进筐里,然后跑回起点与下一个幼儿击掌,下一个幼儿重复前面的动作,最先完成搬运任务的小组获胜。此游戏锻炼幼儿的奔跑能力和手部抓握能力。

游戏二:落叶投掷赛

在地上画一条投掷线,距离投掷线3~5米处放置几个塑料筐。幼儿站在投掷线后,每人手持5片落叶,尝试将落叶投进筐中。教师观察幼儿的投掷动作,适时给予指导,如身体微微后仰、手臂向后伸展再用力投出等,锻炼幼儿的上肢力量和手眼协调能力。

3. 创意落叶画(8分钟)。

引导创作:带领幼儿回到教室,将收集的落叶分发给幼儿。展示一些落叶拼贴画和拓印画的范例,如用落叶拼成的小动物、用树叶印出的风景画等,激发幼儿的创作灵感,提问:"小朋友们,我们还可以用这些落叶做什么呢? 开动你们聪明的小脑袋想一想。"

创作实践:幼儿自由选择创作方式,进行美术创作。可以用胶水将落叶拼贴成各种图案,也可以用颜料涂在落叶上,然后印在画纸上,还可以用水彩笔在落叶上进行添画。教师巡回指导,鼓励幼儿大胆想象,提醒幼儿注意胶水和剪刀的使用安全。

4. 作品展示与分享(2分钟)。

邀请幼儿将自己的作品展示在黑板或展示架上,鼓励幼儿向同伴介绍自己的作品,如"我用落叶做了一只小兔子,它的耳朵长长的""我印出了秋天的大树,上面有好多金黄的叶子"等。教师对幼儿的作品给予肯定和鼓励,表扬幼儿的创意和努力。

活动延伸

1. 鼓励幼儿回家后和家长一起用落叶制作更多有趣的作品,如落叶风铃、落叶书签等。
2. 在美工区投放更多自然材料,如树枝、松果等,鼓励幼儿继续进行创意美术创作。

活动评析

活动内容紧密围绕落叶主题,健康与美术活动的融合新颖有趣,符合中班幼儿的兴趣和发展水平,能够充分调动幼儿的积极性和主动性。活动过程中,通过游戏和创作,有效增强了幼儿的身体机能和艺术创造力,同时增强了幼儿对大自然的热爱。健康活动环节时间有限,部分幼儿未能充分体验到游戏的乐趣;美术创作时,个别幼儿想象力受限,需要教师更有针对性的引导。建议合理调整活动时间,适当延长健康活动时间,让幼儿更充分地参与游戏;在美术创作前,增加更多启发环节,如引导幼儿进行小组讨论,分享更多创意。

案例四　大班综合活动:跳绳

美术、健康:★★★
语言、社会:★★

设计意图

跳绳是一项有益身心的运动,能锻炼幼儿的身体协调性与节奏感。美术创作则能激发幼儿的创造力与想象力。将两者结合,能让幼儿在运动后通过艺术创作表达对跳绳的感受与体验,促进身心全面发展。

活动目标

1. 掌握跳绳的基本技巧,如双脚连续跳,提高身体协调性和灵活性,增强腿部力量。

2. 用绘画、手工等形式,大胆表现跳绳的场景与自己的感受,发挥想象力和创造力,提升色彩运用和构图能力。

3. 激发幼儿对跳绳运动的兴趣,培养勇于尝试、坚持不懈的精神,体验运动与美术创作带来的快乐。

活动准备

经验准备:幼儿对跳绳动作有一定了解;具备基本的绘画和手工能力。

物质准备:足量的跳绳(根据幼儿人数确定数量);绘画工具,如彩笔、画纸;手工材料,如彩色卡纸、剪刀、胶水、轻黏土;展示架;欢快的背景音乐。

活动过程

1. 快乐激趣(3 分钟)。

播放欢快的背景音乐,带领幼儿进行简单的热身运动,如头部运动、肩部运动、手腕脚踝运动等,活动身体关节,为跳绳做准备。

教师提问:"小朋友们,你们都见过跳绳吧,谁能给大家展示一下自己会的跳绳动作?"邀请个别幼儿进行简单的跳绳展示,激发幼儿的兴趣和参与热情,自然导入活动主题。

2. 快乐跳绳(7 分钟)。

(1) 技巧引导:教师示范正确的跳绳姿势和动作要领,如双脚微微分开,膝盖微微弯曲,双手握住跳绳两端,手腕发力摇绳,跳绳时要保持节奏。边示范边讲解,让幼儿仔细观察。

(2) 分组练习:将幼儿分成若干小组,每组发放适量的跳绳,让幼儿在指定区域进行练习。教师巡回指导,纠正幼儿的错误动作,鼓励幼儿大胆尝试,提醒幼儿注意安全,避免跳绳打到自己或同伴。

(3) 跳绳挑战:设置简单的跳绳挑战环节,如规定时间内看谁跳的次数多,或者尝试连续跳一定的数量。对完成挑战的幼儿给予表扬和鼓励,激发幼儿的竞争意识和积极性。

3. 创意跳绳画(8 分钟)。

(1) 引导创作:跳绳活动结束后,带领幼儿回到教室,稍作休息。教师提问:"小朋友们,刚才跳绳的时候你们开心吗? 那你们能不能把跳绳时的快乐场景用画或者手工表现出来呢? 想一想,跳绳的时候自己是什么样子的,周围的环境又是怎样的。"展示一些跳绳主题的绘画和手工范例,启发幼儿的创作思路。

(2) 创作实践:幼儿选择自己喜欢的美术形式进行创作。绘画组幼儿用彩笔在画纸上描绘跳绳的场景,如自己跳绳的动作、和小伙伴一起跳绳的画面等;手工组幼儿用彩色卡纸、轻黏土等材料制作跳绳小人、跳绳场景的立体作品等(强调使用剪刀的注意事项)。教师巡回指导,鼓励幼儿发挥想象,大胆创作,提醒幼儿注意使用工具的安全。

4. 作品展示与分享(2 分钟)。

将幼儿的作品展示在展示架上,邀请幼儿向同伴介绍自己的作品,分享自己跳绳的感受和创作思路,如"我画的是和好朋友一起跳绳,我们都笑得很开心""我做的这个跳绳小人,它的绳子是用彩色纸条做的"等。教师对幼儿的作品给予肯定和鼓励,表扬幼儿的创意和努力。

活动延伸

1. 在美工区投放更多材料,鼓励幼儿继续创作与运动相关的美术作品,如跑步、踢球等场景。

2. 组织幼儿进行跳绳比赛,设置不同的比赛项目,如单人跳绳、双人跳绳、小组接力跳绳等,进一步提高幼儿的跳绳技能和团队协作能力。

活动评析

活动将健康与美术领域有机融合,形式新颖独特,符合大班幼儿的兴趣和发展水平,能够充分调动幼儿的积极性和主动性。跳绳活动锻炼了幼儿的身体协调能力,美术创作激发了幼儿的创造力和想象力,促进了幼儿的全面发展。跳绳环节中,个别幼儿可能由于身体协调性较弱,难以掌握跳绳技巧,容易产生挫败感;美术创作时间有限,部分幼儿无法充分表达自己的创意。建议在跳绳练习环节,对身体协调性较弱的幼儿给予更多的关注和指导,可采用个别指导或小组互助的方式,帮助他们逐步掌握跳绳技巧;合理调整活动时间,适当延长美术创作环节,让幼儿有更充裕的时间完成作品,也可以在活动前给予幼儿更多的思考时间,提前构思创作内容。

美术与语言的统整

案例一　小班综合活动:小兔子乖乖

美术、语言:★★★
社会:★★

设计意图

《小兔子乖乖》是一个经典的童话故事,3—4岁幼儿对可爱的小兔子形象和简单的故事情节很感兴趣。将语言与美术领域相整合,可让幼儿在理解故事的同时进行美术创作,发展幼儿的语言表达能力和艺术感知力。

活动目标

1. 能理解《小兔子乖乖》故事的主要情节。
2. 可以用手指点画的方式画出小兔子。
3. 能体验到故事带来的乐趣,提高对美术活动的兴趣。

活动准备

1. 物质准备:《小兔子乖乖》故事图片、颜料(红色、白色、黑色等)、画纸、湿巾。
2. 经验准备:幼儿听过《小兔子乖乖》的故事。

活动过程

1. 导入部分。

教师出示《小兔子乖乖》故事图片，并讲述故事：兔妈妈有三个可爱的兔宝宝。一天，兔妈妈要去拔萝卜，告诉小兔子们把门关好，谁来了都不要开门。大灰狼来了，它想骗小兔子开门，但是聪明的小兔子没有上当。最后兔妈妈回来了，赶跑了大灰狼。

2. 故事理解与互动。

师：故事里有谁？小兔子们有没有给大灰狼开门？

请幼儿模仿小兔子和大灰狼的对话。

3. 美术创作。

(1) 教师示范用手指点画小兔子，如用红色颜料点出小兔子的眼睛，白色颜料点出身体等。

(2) 幼儿开始创作，教师巡回指导，鼓励幼儿大胆点画。

4. 作品展示与分享。

幼儿展示自己画的小兔子，并讲讲自己画的小兔子在做什么。

活动延伸

1. 在表演区投放小兔子和大灰狼的头饰，幼儿可进行故事表演。
2. 幼儿回家给爸爸妈妈讲述《小兔子乖乖》的故事。

活动评析

活动设计充分考虑到幼儿的年龄特征和认知水平，结合语言和美术两个领域，有效地促进了幼儿的全面发展。设计引导幼儿聆听《小兔子乖乖》的故事并交流、模仿的活动，不仅锻炼了幼儿的语言表达能力，还培养了其倾听、理解能力和记忆能力。故事中蕴含的德育元素，如勇敢、聪明、机智等品质，以及具有自我保护意识等，对幼儿品德的培养也起到了积极作用。

引导幼儿通过用手指点画的形式表现故事中可爱小兔子的设计，不仅激发了幼儿的创造力和想象力，还帮助他们加深了对故事内容的记忆。通过动手操作，幼儿的精细动作能力也得到了锻炼。

美术创作与故事表达深度融合，既符合幼儿的身心发展规律，又富有教育意义。通过这样的综合活动，幼儿能够在愉悦的氛围中学习新知识，发展多方面的能力。

案例二　中班综合活动：小熊的生日派对

美术、语言：★★★
社会：★★

设计意图

4—5 岁的幼儿对生日派对等欢乐场景充满兴趣。用一个简单的生日派对将语言与美术领域相结合,让幼儿在理解故事的同时,用美术创作来表现派对场景,能够提升幼儿的语言理解能力、想象力和美术表现力。

活动目标

1. 能够理解《小熊的生日派对》故事的基本情节。
2. 可以用绘画的方式画出小熊生日派对上的热闹场景。
3. 在创作中感受生日的欢乐氛围,体验与同伴分享的快乐心情。

活动准备

1. 物质准备:《小熊的生日派对》故事图片,画纸、彩色铅笔、水彩笔等绘画工具。
2. 经验准备:幼儿参加过或了解生日派对的基本形式。

活动过程

1. 导入部分。

展示《小熊的生日派对》故事图片,并讲述故事:小熊要过生日啦,它邀请了好多好朋友。朋友们都带着礼物来了,有小兔子送的胡萝卜蛋糕、小猴子送的香蕉,大家一起唱歌、跳舞,玩得特别开心。

2. 故事理解与互动。

提问:小熊的生日派对上都有谁?它们都做了什么?(引导幼儿回忆故事内容。)

请幼儿说说如果自己开生日派对,会邀请谁,会有什么好玩的。

3. 美术创作。

(1) 幼儿在画纸上画出小熊生日派对的场景,可以画小熊、它的朋友们、礼物、蛋糕等。

(2) 教师鼓励幼儿大胆想象,添加不同的装饰,如气球、彩带等。

4. 作品展示与分享。

幼儿展示自己的作品,讲讲画中的故事。

活动延伸

1. 在角色游戏区设置生日派对场景,幼儿可进行角色扮演。
2. 鼓励幼儿把自己的生日派对故事画成一本小书。

活动评析

中班综合活动“小熊的生日派对”,将美术活动与语言表达相结合,不仅能够激发幼儿的创造力和想象力,还能提高他们的语言表达能力和社交技能。

首先,活动的设计充分考虑了幼儿的年龄特征和兴趣点。小熊作为生日派对的主角,很容易引起幼儿的兴趣和共鸣。通过绘画小熊和装饰生日派对的场景,幼儿可以在动手操作的过程中学习色彩搭配、空间布局等美术基础知识。

其次,活动中的语言表达环节设计得巧妙。在幼儿完成美术作品后,可以让他们讲述自己的作品,比如,小熊的生日派对上有哪些朋友、派对上发生了什么有趣的事情等。这样的环节不仅锻炼了幼儿的语言组织能力，还能够鼓励他们大胆表达自己的想法。

整个活动的设计思路清晰，能够有效地促进幼儿在美术和语言两个领域的发展。通过这样的活动，幼儿可以在轻松愉快的氛围中，全面提升自己的综合能力。

案例三 大班综合活动：三只小猪

美术、语言：★★★

社会：★★

设计意图

《三只小猪》是一个经典的童话故事，深受幼儿喜爱。将这个故事与美术领域整合，让幼儿在理解故事内容、复述故事的基础上，用美术创作来展现故事中的角色和场景，能培养幼儿的语言表达能力、想象力和美术技能。

活动目标

1. 能够记住《三只小猪》故事的主要情节和角色特点。
2. 可以用绘画或手工的方式塑造出故事中的三只小猪和大灰狼等角色。
3. 体验到故事与美术创作相结合的乐趣，懂得团结和勤劳的重要性。

活动准备

1. 物质准备：《三只小猪》故事书、彩笔、画纸、彩泥、剪刀、胶水等。
2. 经验准备：幼儿已听过《三只小猪》的故事。

活动过程

1. 导入部分。

教师出示《三只小猪》故事书，声情并茂地讲述故事，让幼儿再次熟悉故事内容。

2. 故事复述与讨论。

请幼儿复述故事，重点讲述三只小猪盖房子的过程及它们如何对付大灰狼。

引导幼儿讨论：三只小猪分别盖了什么样的房子？为什么最后只有砖头房子没有被大灰狼吹倒？小猪们是怎么打败大灰狼的？

3. 美术创作。

分组活动，一组幼儿用彩笔在画纸上画出三只小猪盖房子及与大灰狼斗争的场景；另一组幼儿用彩泥塑造出故事中的角色。

教师巡回指导，鼓励幼儿发挥想象，如给小猪的房子添加装饰等。

4. 作品展示与分享。

请幼儿展示自己的作品，讲述作品中呈现的故事片段。

活动延伸

1. 在表演区投放相关道具,幼儿可进行《三只小猪》的故事表演。
2. 鼓励幼儿改编《三只小猪》的故事,并通过绘画展示新的故事内容。

活动评析

活动设计丰富而富有教育性,可使幼儿在参与过程中获得语言、艺术等多方面的体验和学习。

案例四　大班综合活动:我的奇幻城堡

美术、语言:★★★
社会:★★

设计意图

美术和语言是幼儿表达自我的重要方式。本次活动将两者结合,让幼儿在绘制城堡的过程中激发想象力,再通过语言描述分享创作思路,锻炼语言表达,促进幼儿美术、语言等能力的综合发展。

活动目标

1. 幼儿能用线条、形状和色彩大胆设计并绘制出心中的奇幻城堡,提高手部精细动作能力和色彩搭配能力,发挥想象力与创造力。
2. 能用连贯、清晰的语言描述自己画的城堡,包括城堡的外观、功能及独特之处,发展语言组织和表达能力,增强自信心和表现力。
3. 激发对美术创作和语言表达的兴趣,培养合作意识与分享精神,体验活动带来的成就感和快乐。

活动准备

1. 经验准备:幼儿对城堡的基本外形有一定认知,有简单的绘画和语言表达基础。
2. 物质准备:各种城堡的图片、绘本《城堡镇的蓝猫》、绘画工具(水彩笔、油画棒、绘画纸)、展示架、轻柔的背景音乐。

活动过程

1. 绘本讲述,引发思考(3 分钟)。

播放轻柔的背景音乐,教师讲述绘本《城堡镇的蓝猫》片段,引导幼儿观察绘本中城堡的样子。提问:“小朋友们,你们在绘本里看到的城堡是什么样的? 如果让你们建造一座城堡,你们想让它是什么样的?”鼓励幼儿自由发言,分享自己脑海中的城堡模样,激发幼儿兴趣,导入活动主题。

2. 绘制奇幻城堡(8 分钟)。

(1) 引导创作:展示各种风格独特的城堡图片,有童话风格、现代风格、科幻风格等,拓展幼儿的想象空间。提问:“这些城堡都很特别,你们想设计的城堡有哪些特别的地方呢?”鼓励幼儿大胆想象并表达。

(2) 幼儿创作:幼儿开始绘画,教师巡回指导,提醒幼儿注意画面布局,如城堡画在画面中心,合理安排周边环境。对不知如何下笔的幼儿,给予启发,如“想想城堡的大门是什么形状,上面有没有漂亮的装饰?”鼓励幼儿大胆用色,表达自己的创意。

3. 城堡故事分享(7 分钟)。

绘画完成后,邀请幼儿将自己的作品展示在展示架上。教师示范描述一幅城堡作品,如“我看到这幅城堡画,高高的城墙是彩色的,像一道彩虹围绕着城堡,城堡里还有一个大大的花园,里面种满了会发光的花朵。我猜住在这个城堡里的人一定很幸福,每天都能闻到花香,看到美丽的彩虹城墙。”引导幼儿从城堡的外形、颜色、功能等方面进行描述。

幼儿分组,轮流介绍自己的城堡,分享城堡的故事,如城堡里住着谁,发生过什么有趣的事情。其他幼儿认真倾听,听完后可以提问,如“你的城堡里那个会说话的动物是什么呀?”教师鼓励幼儿积极发言,引导幼儿使用完整、连贯的语句表达,纠正发音和用词不当之处。

4. 总结(2 分钟)。

教师总结本次活动,表扬幼儿丰富的想象力和精彩的表现,鼓励幼儿在日常生活中继续发挥想象,用绘画和语言表达自己的想法。对幼儿在活动中的进步给予肯定,如绘画技巧的提升、语言表达更流畅等,增强幼儿的自信心。

活动延伸

1. 在美工区投放更多材料,鼓励幼儿用彩泥、废旧纸盒等制作立体城堡。

2. 在语言区投放城堡主题的故事书,鼓励幼儿继续创编城堡故事,或者将自己的绘画作品制作成小书,与同伴分享。

活动评析

本次活动将美术与语言教育巧妙融合,形式新颖,符合大班幼儿的兴趣和发展水平。通过绘本导入、图片启发和自由创作,充分激发了幼儿的想象力和创造力。在语言分享环节,为幼儿提供了表达自我的平台,有效锻炼了语言表达能力。美术创作时间有限,部分幼儿未能充分完善作品细节。语言分享时,个别性格内向的幼儿参与度不高。建议合理调整活动时间,适当延长美术创作时间;对内向幼儿,提前给予更多鼓励和引导,如活动前单独沟通,帮助他们准备简单的表达内容,在分享时给予更多关注和肯定。

美术与科学的统整

案例一 中班综合活动:影子造型

美术、科学:★★★

语言、社会:★★

音乐:★

活动目标

1. 通过欣赏和表演影子造型,感知影子造型变化的美与趣。
2. 能大胆使用颜料创造性地表现各种影子的造型。
3. 对探索影子的奥秘产生浓厚的兴趣。

活动准备

1. 布置场景:在活动室里悬挂一块大白布,将液晶投影灯投射到大白布上。
2. 黑色颜料,两张长条绘画纸,排笔若干。
3. 音乐《梁祝》。

活动过程

1. 赏析影子造型舞。

(1) 激趣导人。

师:小朋友们,老师带来了一段非常精彩的表演,你们想看吗?让我们一起来欣赏吧!

(2) 观看影子造型舞。(教师在白布后随音乐翩翩起舞,并展示各种造型,白布上的各种身影不断呈现在幼儿的眼前。)

(3) 组织幼儿交流,此时,白布上的影子造型定格不动。

师:小朋友们刚才看到的表演和平时看到的表演有什么不一样?

幼儿思考后交流。

幼 1:我们看不到表演者的鼻子、眼睛。

幼 2:今天看到的表演是人的影子在跳舞……

师:今天我们欣赏的是影子造型表演。表演者做了不同的动作,就有了不同的影子造型。(教师一边说一边手指白布上的影子,表演者在布后随着教师的讲解摆出几个不同的造型,让幼儿感受影子的变化。)

2. 影子的奥秘知多少。

(1) 影子实验。

师:我们来做一个简单的实验。(在阳光下或在室内,将一个玩具放在地上,让阳光或灯光照在玩具上。)小朋友们发现了什么?(影子。)

师:影子是怎么形成的?当光线照到玩具上时,光线不能穿过玩具到达地面,就在地面上形成了玩具的影子。影子的形状和玩具的形状很像,但是它是平的,没有立体感。

(2) 影子游戏。

师:现在,我们来玩一个游戏。我们可以移动玩具,看看影子会有什么变化。

小结:如果把玩具向电灯靠近,影子会变得更大;如果把玩具远离电灯,影子会变得更小。如果我们转动玩具,影子也会跟着转动。

3. 表演影子造型舞。

(1) 第一排幼儿表演,第二排幼儿观看。(音乐结束,幼儿将自己的造型摆好。)

师:我们分成两组,一组小朋友做小演员,另一组小朋友做小观众。小演员要随着音乐的节奏摆出各种造型,小观众要仔细欣赏,看一看你最喜欢哪个影子造型。第一排的小朋友先上台,好吗？

（2）交流、研讨新发现。

师：你最喜欢哪个造型？为什么？

幼儿思考后交流。

幼1：我喜欢这个造型，因为这个造型很美。

幼2：我喜欢这个像小兔子的造型，因为我喜欢小兔子。

幼3：我喜欢这个像蝴蝶一样的造型，因为我觉得蝴蝶很漂亮，这个造型也很漂亮。

（3）请观看的幼儿模仿自己喜欢的造型。

（4）第二排幼儿表演，第一排幼儿观看。

（5）幼儿交流自己喜欢的造型。

（6）幼儿模仿自己喜欢的造型。

4. 创作影子造型画。

（1）教师示范作画。

师：小朋友们表演得真好！你们都有自己喜欢的影子造型，老师也有自己喜欢的影子造型呢！我现在就把它画下来给你们看。

教师在画纸上快速地画影子的轮廓，一边画一边说：先画出影子的轮廓，然后用颜料刷满轮廓。画的时候，注意不要让颜料流淌下来，要保持画面干净。

（2）幼儿作画。

师：小朋友们，你们想把自己喜欢的影子造型画下来吗？（想。）让我们一起动手吧！（幼儿开始自由作画。）

5. 评价影子造型画。

师：影子造型画画好了，让我们一起来欣赏吧！你最喜欢画中的哪个影子造型？为什么？

师：小朋友们画得真生动！就像小画家一样。让我们把这些画张贴到墙上，让爸爸妈妈来欣赏吧！

活动评析

影子在幼儿的生活中无处不在，活动内容贴近幼儿的现实生活，如何认识影子、探索影子的奥秘、用多种形式把好玩的影子展现出来？教师巧妙地将幼儿的现实生活（发现影子）、自然现象（探索影子的奥秘）与美术造型设计（创造不同形态的影子）有机结合起来，体现了《纲要》中倡导的“审美感受与创造并重”的艺术教育观。

活动开始时，教师用优美、独特的影子造型舞伴随着动听的音乐将幼儿引入了一个美的世界。接着，“影子的奥秘知多少”环节通过探索实验、好玩的影子游戏把抽象的科学原理深入浅出地渗透给幼儿，教师为满足幼儿好表演、想表现的欲望，请幼儿分组表演、欣赏，使幼儿在充分感受的基础上，伴随着优美的音乐进入创作的天地。教师在活动中紧紧地将音乐、舞蹈、美术有机融合在一起，使幼儿感受到了影子造型的美与趣，获得了美的享受，也体验了美术活动、科学探究活动带来的乐趣。

教师运用激趣性语言引出了独特而好玩的影子舞，让幼儿在影子舞的欣赏中，不仅感知到了影子造型的美，还激发了他们参与表演的热情和兴趣。幼儿间的分组表演，满足了幼儿想表演的欲望，幼儿积极观看、模仿同伴的表演，充分感受到影子造型变化的美与趣，为影子造型画创作活动做好铺垫。教师的示范不仅激发了幼儿强烈的作画愿望，还为幼儿示范了作画方法。在评价过程中，教师充分尊重幼儿的个性化想法，让幼儿在自由、轻松的评价中感受到成功的快乐。

案例二　大班综合活动：月亮的畅想

美术、科学：★★★
语言、社会：★★
音乐：★

活动目标

1. 知道关于月相的变化，愿意探索月亮的秘密。
2. 能借助月亮的不同形状进行联想，用绘画和语言大胆地表达自己的联想。
3. 愿意与同伴一起分享创作成果，体验创造的乐趣。

活动准备

课件、《月亮船》音乐、油画棒、画纸等。

活动过程

1. 播放《月亮船》音乐，引出活动。

(1) 说说月亮像什么？

师：（出示图片）晚上，月亮悄悄地出现在天空中，小朋友们，月亮像什么？（幼儿展开想象）一群小动物正在院子里乘凉，看到了月亮，它们也开始议论起来。

(2) 月亮奥秘知多少？

师：小朋友们，老师这里有个谜语，小朋友们猜猜是什么？有时落在山腰，有时挂在树梢，有时像面圆盘，有时像个香蕉。（月亮。）有时候，月亮看起来像一个弯弯的香蕉，那是新月的时候；有时候它又圆又亮，像一个完整的圆盘，那是满月的时候。月亮为什么会变样子呢？这是因为月亮不会发光，是太阳把月亮照亮的。当月亮绕地球公转时，由于太阳、地球和月亮三者相对位置的变化，我们看到被太阳照亮的区域发生变化，从而形成不同的月相。

月亮上还有很多有趣的秘密哦。比如，月亮上没有空气，也没有水，所以如果你站在月亮上，你会觉得非常安静，而且不能呼吸。还有，月亮上有很多坑坑洼洼的地方，那是很久很久以前，小行星撞击月亮时留下的痕迹。

科学家们还发现，月亮对地球很重要。它帮助地球保持稳定，让地球上的海洋有潮起潮落。每当新月和满月的时候，海水就会涨得特别高，即我们说的“大潮”。

(3) 教师有感情地讲述故事《月亮》，拓宽幼儿思路。

小猫希望月亮是玻璃做的。她要照照月亮镜子，看嘴唇涂得红不红。小狗希望月亮是面粉做的。圆圆的月亮烙饼,吃起来一定很香很香。小猪希望月亮是金子做的。这么大一块月亮金币,可以买好多东西!小鸭希望月亮是清水做的。清清的月亮池塘,在里面游泳是多么快乐自由呀!小熊希望月亮是白纸做的。漂亮的月亮风筝,没有谁能比它飞得高。小猴希望月亮是铜片做的。敲响月亮铜锣,伙伴们跳起欢快的舞蹈。小鹿希望月亮是橡皮做的。牵着月亮气球,在月光下的草地上跳来跳去。小羊希望月亮是木头做的。他最心爱的手推车,正好缺了一个轮子。只有小兔希望月亮还是月亮。他要坐飞船到月亮上拜访他的兔子兄弟。(教师讲述小猫、小狗、小猪等动物对月亮的想象,讲述时尽量放慢速度,给予幼儿充分的想象空间。)

2. 启发、鼓励幼儿展开想象。

听到小动物的议论,月亮陶醉了,他戴着蓝色的睡帽,躺在云彩上进入了甜甜的梦乡。月亮梦见自己变成了秋千,一个美丽可爱的小姑娘坐在上面开心地荡秋千。他梦见自己变成了月亮飞船,小朋友坐着飞船遨游太空。他梦见小朋友在自己身上修建房屋,安家落户,快乐地生活着。

3. 画奇特的月亮。

(1) 拓宽幼儿思维,引发奇想。

如果我们坐着飞船到月亮上,一打开舱门,你想看到月亮上有什么?(幼儿大胆想象,教师及时给予肯定。)

提示:五颜六色的星星、各种机器人、美丽的城市、和地球一样有各种生命、可爱的外星动物、儿童乐园、高速公路……

(2) 幼儿画,教师巡视指导。

月亮上会有什么呢?相信小朋友们还能想象出更多奇特的事物。下面请先在白纸上画一个大大的月亮,然后把你的想象大胆地画出来吧(图 3-5)。(提出绘画要求。)及时发现幼儿与众不同的想象,给予鼓励。

图 3-5 月亮屋
[由齐齐哈尔博雅幼儿园李张羽(6 岁)小朋友创作]

4. 作品展览,引导讲评。

(1) 请部分幼儿把自己的奇思妙想讲给大家听。

(2) 请其他幼儿对作品发表意见。(幼儿倾听他人的介绍和向他人介绍自己的作品,发展了口头表达能力,逐步学会欣赏同伴的作品,学习吸收他人的闪光点。)

(3) 教师根据幼儿讲述的情况,进行评价小结。

5. 教师总结,进一步激发幼儿的探索欲望。

师:刚才小朋友们想象出月亮上有好多奇特的事物,给月亮勾画出了一幅美丽的画面。月亮上到底是什么样的?小朋友们想不想知道?科学家们已经发现了月亮的许多秘密,小朋友们可以继续看书或和爸爸妈妈上网查阅资料,但还有更多的奥秘等待人类去探索,你们想长大后像杨利伟叔叔那样到太空探索吗?那么请你们现在努力学习,掌握更多科学知识,老师相信你们长大后一定有人能坐上自己设计的飞船,带着自己的梦想飞向月球、飞到更远的星球上去探索、做客、居住,到整个太空遨游。

活动评析

"月亮的畅想"巧妙地将科学探究与美术创作融合在一起,为幼儿提供了一个全面学习和表达自我的平台。通过这个活动,幼儿不仅能够学习到关于月亮的科学知识,还能够通过艺术创作来表达自己对月亮的理解和想象,这样的跨学科教学方法非常有助于激发幼儿的创造力和想象力。

在科学探究方面,幼儿通过交谈、提问和讨论,了解了月亮的形成、月相变化等自然现象,培养了观察力和科学思维。在美术创作环节,幼儿通过绘画的形式将他们对月亮的畅想具象化,这不仅锻炼了他们的美术技能,也加深了他们对科学知识的理解。

整个活动的设计充分考虑了幼儿的兴趣和认知水平,通过互动和体验的方式,让幼儿在轻松愉快的氛围中学习。活动的评价应该强调其创新性和教育意义,同时也可以提出一些改进建议,比如,增加更多互动环节,或者引入更多科技元素,以进一步提升活动的吸引力和教育效果。

案例三　大班综合活动:动物的秘密

美术、科学:✸✸✸

社会、语言:✸✸

设计意图

动物是孩子们喜爱且充满好奇的对象。中班幼儿对探索世界具有浓厚的兴趣,围绕动物主题将美术与科学相融合,既能满足他们对动物的探索欲望,又能使他们通过艺术创作表达对动物的认知与情感,提升科学探究兴趣与艺术审美。

活动目标

1. 能观察并了解常见动物的外形特征、生活习性,如兔子的三瓣嘴、喜欢吃胡萝卜;知道动物的特殊本领,如变色龙的变色能力;提高观察、分析和归纳能力。

2. 运用绘画、手工等形式,发挥想象力和创造力,大胆表现自己喜欢的动物;掌握简单的动物绘画技巧和手工制作方法,如用彩泥制作动物造型,提高手部精细动作能力和色彩运用能力。

3. 激发对动物的喜爱之情,培养幼儿关爱动物、保护动物的意识,体验科学探索和美术创作的乐趣,增强自信心和成就感。

活动准备

1. 经验准备:幼儿对常见动物有一定了解,具备初步的绘画和手工基础。
2. 物质准备:各种动物的图片及科普视频(如《动物世界》片段)、绘画工具(水彩笔、油画棒、绘画纸)、手工材料(彩色卡纸、剪刀、胶水、彩泥、扭扭棒)、展示架、轻柔背景音乐。

活动过程

1. 交流研讨(3分钟)。

播放轻柔背景音乐,教师提问:"小朋友们,你们都喜欢什么动物呀?有没有想过它们有什么特别的地方?"邀请幼儿分享自己喜欢的动物,激发幼儿兴趣,自然引入活动主题。

2. 探索动物的秘密(7分钟)。

(1) 观察与讨论。展示各种动物的图片,引导幼儿仔细观察动物的外形特征,如大象的长鼻子、长颈鹿的长脖子。提问:"小朋友们,看看这只动物,它的身体有什么特别的地方?"组织幼儿分组讨论,分享自己的发现。

(2) 观看科普视频。播放《动物世界》中关于动物生活习性和特殊本领的视频片段,如蝙蝠利用超声波飞行、北极熊的厚皮毛帮助其适应寒冷环境等,让幼儿更直观地了解动物的秘密。提问:"小朋友们,你们从视频里看到了动物的哪些神奇本领?"引导幼儿回忆并分享。

3. 创作我的动物朋友(8分钟)。

(1) 引导创作:展示一些以动物为主题的绘画和手工作品,如用彩泥制作的小兔子、用绘画表现的森林里的动物,启发幼儿的创作思路。提问:"小朋友们,我们了解了这么多动物的秘密,那你们想不想把自己喜欢的动物用画或者手工表现出来呢?可以想一想,你要表现动物的什么特点。"鼓励幼儿大胆想象,构思自己的作品。

(2) 幼儿创作:幼儿选择自己喜欢的美术形式进行创作。绘画组幼儿用彩笔在画纸上描绘自己喜欢的动物,如在草原上奔跑的小马、在树上玩耍的小猴子;手工组幼儿用彩色卡纸、彩泥等材料制作动物,如用扭扭棒制作小蛇、用彩泥塑造可爱的小熊。教师巡回指导,鼓励幼儿发挥想象,大胆用色,提醒幼儿注意使用工具的安全。

4. 作品展示与分享(2分钟)。

将幼儿的作品展示在展示架上,邀请幼儿向同伴介绍自己的作品,分享自己创作的动物以及从中学到的动物知识,如"我做的是变色龙,它会根据环境变色来保护自己""我画的是小兔子,它最喜欢吃胡萝卜"等。教师对幼儿的作品给予肯定和鼓励,表扬幼儿的创意和对动物知识的了解。

活动延伸

1. 在美工区投放更多材料,鼓励幼儿用废旧物品制作动物造型,如用饮料瓶制作小企鹅。
2. 在科学区投放动物拼图、模型等,让幼儿继续探索动物的秘密,开展动物分类游戏。

活动评析

活动紧密围绕动物主题，将美术与科学有机融合，形式丰富有趣，符合中班幼儿的认知水平和兴趣特点。科学探索环节激发了幼儿的好奇心，美术创作让幼儿将所学知识转化为艺术表达，有效促进了幼儿的全面发展。科学探索环节中，幼儿讨论时间有限，部分幼儿的想法未能充分表达；美术创作时，个别幼儿因材料选择困难而影响创作进度。建议适当延长幼儿讨论时间，鼓励更多幼儿发言；在美术创作前，增加材料介绍环节，让幼儿清楚材料的特性，提前做好创作规划。

案例四　中班综合活动：拥抱太阳

美术、科学：★★★
语言、音乐：★★

设计意图

中班幼儿正处于对世界充满好奇、探索欲望强烈的时期。太阳作为日常生活中常见却又充满奥秘的天体，是激发幼儿科学兴趣的理想主题。科学探索，能让幼儿直观了解太阳的特性与作用，满足他们的求知欲。同时，美术创作是幼儿表达内心想法与情感的重要方式，以太阳为创作对象，能充分发挥幼儿的想象力，锻炼手部精细动作，提升艺术表现力。将科学与美术融合，能让幼儿多领域协同发展，丰富对世界的认知，感受探索与创作的乐趣。

活动目标

1. 简单了解太阳的基本特征，如形状、颜色、温度等；知道太阳对地球的重要作用，包括提供光热、影响动植物生长等；培养对天文科学的探索兴趣。

2. 运用绘画、手工等形式，大胆表现心中的太阳；锻炼手部精细动作，如剪纸、粘贴、绘画线条等；提高色彩运用能力，学会用暖色调表现太阳。

3. 感受太阳的温暖与美好，激发对大自然的热爱之情；在活动中增强自信心，体验创作与分享的快乐。

活动准备

1. 太阳的高清图片，包括太阳表面、日冕等特写；太阳对地球影响的科普动画视频；简单的太阳科普绘本，如《太阳的秘密》；儿歌《种太阳》。

2. 黄色、橙色、红色彩纸若干，水彩笔，油画棒，剪刀，胶水，一次性筷子，棉花，白色画纸。

活动过程

1. 我和太阳来跳舞（3 分钟）。

教师提问：“小朋友们，每天早上是谁把我们叫醒，让世界变得亮堂堂、暖洋洋的呀？”引导幼儿回答“太阳”。接着播放儿歌《种太阳》,带领幼儿一起跟着音乐摇摆,营造欢快氛围,引出活动主题“拥抱太阳”。

2. 我和太阳交朋友(7 分钟)。

展示太阳的高清图片,引导幼儿观察太阳的形状、颜色,提问:“太阳看起来像什么? 它是什么颜色的?”介绍太阳是一个巨大的火球,离我们非常遥远,表面温度极高。播放科普动画,让幼儿了解太阳为地球带来光和热,没有太阳,植物无法生长,动物和人类也难以生存。讲述绘本故事《太阳的秘密》,巩固幼儿对太阳的认知,了解太阳东升西落的规律。

3. 我和太阳做游戏(8 分钟)。

教师示范用黄色彩纸剪出圆形作为太阳,用红色、橙色水彩笔或油画棒在周围画上长短不一的光芒;或者用棉花粘在一次性筷子一端,做成太阳的“光芒”,再用彩纸剪出太阳形状粘贴在筷子上,制作太阳手偶。幼儿开始创作,教师巡回指导,鼓励幼儿大胆用色,发挥想象添加云朵、小鸟、彩虹等元素。

4. 我和太阳说说话(2 分钟)。

幼儿将自己的作品展示在展示区,向小伙伴介绍自己画的或做的太阳,教师给予积极评价,表扬幼儿的创意和努力,引导幼儿互相欣赏作品。

活动延伸

1. 家园共育:幼儿回家后和家长一起观察不同时间的太阳,记录太阳的位置和颜色变化,第二天回园和小伙伴分享。

2. 区角活动:在美工区投放更多材料,如彩色黏土、废旧光盘等,鼓励幼儿继续创作太阳主题的作品;在图书区投放更多天文科普绘本,供幼儿自主阅读探索。

活动评析

1. 科学性与趣味性融合,将抽象的科学知识通过生动的图片、动画和绘本呈现,符合中班幼儿形象思维为主的认知特点。如科普动画中太阳对动植物生长的影响,以有趣的画面展示,让幼儿易于理解,激发探索兴趣。

2. 科学认知与美术创作紧密结合:科学认知为美术创作提供灵感,幼儿基于对太阳的认识进行创作;美术创作又加深对太阳的理解,两者相辅相成,内容设计合理。

美术与社会的统整

案例一 小班综合活动:我的好朋友

美术、社会:★★★

语言、音乐:★★

设计意图

朋友不是书,它比书更绚丽;朋友不是歌,它比歌更动听。朋友应该是诗,有诗的飘逸;朋友应该是梦,有梦的美丽;朋友更应该是那意味深长的散文,写过昨天又期待未来……在幼儿园中,孩子们每天朝夕相处,已经成了很好的朋友,除此之外,每个孩子在自己的生活中也有属于自己的好朋友。孩子们每天都会和自己的朋友热情地打招呼,一起玩,一起解决遇到的问题,但孩子们还不能清楚地描述朋友的外貌。设计本次活动,让孩子们描绘自己的朋友,巩固图形组合的运用,同时感受生活中很多朋友在一起的快乐。

活动目标

1. 尝试用基本图形组合表现好朋友的面部特征。
2. 愿与朋友互相帮助,体会与朋友在一起的快乐。
3. 用绘画创作表达好朋友之间的友爱之情。

活动准备

幼儿作画材料(记号笔、素描纸、水彩笔),儿歌《好朋友》。

活动过程

1. 共享友情之歌。

师:让我们一起聆听儿歌《好朋友》,让那悠扬的旋律带我们回到与朋友们共度的美好时光,感受那份纯真的友情。

师:我们每个人的人生旅途中,都会遇到一些特别的伙伴,他们就是我们的好朋友。最近,你有没有结识到新的好朋友呢?他是谁呢?

师:在幼儿园这个小小的世界里,我们和朋友们互相扶持,共同成长。你还记得有哪些时刻,你帮助了他,或者他给予了你无私的帮助吗?(请小朋友们自由分享自己的经历。)

小结:真正的朋友就是那种在你遇到困难时,会毫不犹豫伸出援手的人。他们的存在,让我们的生活变得更加美好和充实。

2. 描绘朋友的脸庞。

师:让我们一起仔细观察身边的朋友,他们的脸型是否都一样呢?(不一样。)他们都有哪些不同呢?(引导幼儿观察并描述朋友们的脸型、眼睛、鼻子、嘴巴等特征。)

师:每个人的脸庞都是独一无二的,今天就让我们用画笔来描绘出我们的好朋友吧。看,这是一个圆形,加上眼睛、鼻子和嘴巴,就变成了一张圆圆的脸。如果我们把这个圆拉长一些(横向),就变成了椭圆,看起来像是一张胖胖的脸。如果我们把这个圆拉高一些(纵向),也会变成另一种椭圆,看起来就像是一张瘦瘦的脸。

师:你的好朋友的脸可以用什么形状来表现呢?(引导幼儿观察基本脸型特征,如圆形、椭圆形等,并尝试在画纸上画出这些脸型。)

师:除了脸型,我们的朋友们还有哪些独特的地方呢?你能不能尝试在画纸上表现出来呢?(鼓励幼儿自由发挥,画出朋友们的特征。)

小结:原来,我们的朋友们都有着各自独特的脸庞和特征。有的是圆脸,有的是长脸,有的是宽脸,还有的是方脸。我们画出他们的不同,就像是在记录我们的友情,这是一件多么有趣的事情啊!

3. 与朋友共绘欢乐时光。

师:今天天气真好,你是不是也想和好朋友一起出去玩呢?你们会一起玩些什么呢?(滑滑梯、捉迷藏等游戏。）那么，就让我们一起动手，把和好朋友一起游戏的快乐场景画出来吧！记得要把人物画得大一些，特别是要把朋友的脸画得清楚一些。可以用不同的图形来描绘自己和好朋友的脸型，再添加上合适的五官。涂色的时候也要仔细，头发、脸蛋、衣服和鞋子都要涂上漂亮的颜色。想一想，你们会去哪里玩呢？（公园、广场、花园等地方。）在那里，你们会做些什么有趣的事情呢？

师：（画完之后）请你来跟大家分享一下你的作品（图 3-6）吧！告诉我们，你的好朋友长什么样？你和他在做什么快乐的事情？

图 3-6 好朋友
［齐齐哈尔第一幼儿园王芊语（6 岁）小朋友创作的“我的好朋友”］

小结：和朋友们在一起，无论做什么都会感到快乐。我们把这份快乐画出来，让更多的人感受到我们的幸福。让我们一起珍惜这份友情，共同度过更多美好的时光吧！

延伸活动

可将幼儿的作品粘贴在墙上，供大家欣赏、交流、学习，增进同伴间的友谊。

活动评析

评价：

（1）活动主题贴近幼儿生活实际，易于激发幼儿的兴趣和参与热情。

（2）通过绘画让幼儿表达情感，有助于培养其观察力和创造力。

（3）活动鼓励幼儿分享自己的作品，促进了同伴间的交流与理解，有助于建立良好的社交关系。

（4）教师在活动中扮演引导者的角色，适时给予帮助和鼓励，有助于增强幼儿的自信心。

分析：

（1）活动设计应考虑幼儿绘画能力的差异，提供适当的指导和材料。

（2）在活动过程中，教师应观察幼儿的互动情况，适时介入，帮助幼儿化解可能出现的冲突。

（3）活动结束后，教师应组织幼儿进行作品展示和分享，让每个幼儿有机会表达自我并获得同伴认可。

（4）可通过活动后的讨论，引导幼儿思考如何更好地与朋友相处，从而达到教育目的。

总体来说，绘画活动“我的好朋友”富有教育意义，不仅能提升幼儿的艺术素养，还能促进其社交技能和情感发展。

案例二　中班综合活动:我爱妈妈

美术、社会:★★★

语言、音乐:★★

设计意图

母亲节是一个感恩母亲的节日,中班幼儿已经有了一定的情感认知能力。开展母亲节活动,可让幼儿了解妈妈的辛苦付出,激发幼儿对妈妈的爱与感恩之情。同时,通过绘画的方式表达对妈妈的爱,将情感与艺术表达相结合,可促进和提高幼儿的情感发展与艺术表现力。

活动目标

1. 知道母亲节的意义,了解妈妈的辛勤劳动。
2. 能够用绘画的方式表达对妈妈的爱与感激。
3. 在活动中增强对妈妈的爱与感恩之情。

活动准备

1. 经验准备:幼儿在日常生活中已有与妈妈互动的经验。

2. 物质准备:画纸、彩色铅笔、油画棒、关于妈妈的视频(如妈妈做家务、照顾孩子等)、歌曲《我的好妈妈》。

活动过程

1. 开始部分。

播放歌曲《我的好妈妈》,引导幼儿一起唱歌,营造温馨的氛围。

提问:“小朋友们,你们知道这首歌是唱给谁听的吗?”引出母亲节的话题。

2. 情感认知。

播放关于妈妈的视频,视频中展示妈妈在厨房忙碌地做饭,额头布满汗水;妈妈在卫生间弯着腰搓洗着衣服;妈妈在孩子生病的时候,焦急地守在床边,细心地照顾孩子;妈妈在孩子睡觉后,还在做家务等画面。

教师引导幼儿讨论:“小朋友们,你们看妈妈在厨房做饭是不是很辛苦呀?她每天都要为我们精心准备营养美味的饭菜。那妈妈洗衣服的时候,是不是很劳累呢?她要把我们脏脏的衣服洗得干干净净的。还有,当我们生病的时候,妈妈是不是特别担心我们?她会一直陪着我们,帮助我们吃药、量体温。妈妈每天都在为我们做这么多事情,那妈妈辛苦吗?”幼儿纷纷回答妈妈很辛苦。教师接着问:“那我们应该怎样爱妈妈呢?我们可以帮妈妈做些什么呢?”有的幼儿说可以帮妈妈拿东西,有的说可以给妈妈捶捶背,还有的说可以帮妈妈扫地等。

3. 绘画表达。

教师给幼儿发放画纸和绘画工具,引导幼儿:“今天是母亲节,我们一起把对妈妈的爱画出来吧。你可以画妈妈的样子,也可以画你和妈妈一起做的开心的事情,画一画你对妈妈的爱像什么一样，或者画一份礼物送给妈妈。"

幼儿开始绘画，教师巡回指导，鼓励幼儿大胆表达自己的想法。

4. 分享展示。

请幼儿展示自己的绘画作品，讲述自己画的内容及为什么这样画。

教师引导其他幼儿给予积极评价。

活动延伸

1. 请幼儿把自己画的画带回家，送给妈妈，并对妈妈说一句"我爱你"。
2. 在班级的美工区设置"我爱妈妈"的展示区，幼儿可以继续创作与妈妈相关的作品。

活动评析

1. 优点

（1）情感氛围浓厚：通过歌曲和视频的导入，成功营造了温馨的情感氛围，让幼儿迅速进入对妈妈的情感体验状态。从幼儿在讨论环节的积极发言及绘画作品中可以看出，他们对妈妈的辛苦有了更深刻的理解，情感得到了激发。

（2）幼儿参与度高：无论是在讨论、绘画还是分享环节，幼儿都能积极参与。他们不仅能够用语言表达自己对妈妈的爱，而且能充分发挥自己的想象力和创造力，用稚嫩的笔触表达对妈妈深深的爱。

（3）活动环节连贯：从情感认知到绘画表达再到分享展示，各环节过渡自然，层层递进。情感认知为绘画表达奠定了基础，而绘画表达又为幼儿提供了一个情感输出的渠道，最后通过分享展示进一步强化了幼儿的情感体验。

2. 不足与改进措施

（1）绘画指导可更细致：在绘画环节，对一些绘画能力较弱的幼儿，可以给予更具体的指导，比如，如何构图、如何选择颜色等，帮助他们更好地表达自己的想法。

（2）延伸活动可多样化：除了让幼儿把画带回家和在美工区继续创作外，可以增加一些其他的延伸活动，比如，让幼儿回家为妈妈做一件小事，并记录下来与大家分享等活动，可以进一步巩固幼儿对妈妈的爱与感恩之情。

案例三　大班综合活动：好玩的禁止符号

美术、语言：★★★

社会：★★

活动目标

1. 能用简单的线条绘画"被禁止"的事情。
2. 能沿着弧线剪出圆形的图案。
3. 愿意自己动手制作禁止图案并感受自己动手制作的乐趣。

活动准备

幼儿用书——《好玩的禁止符号》;人手一份“禁止符号”图纸、安全剪刀、图画纸、画笔、胶棒。

活动过程

1. 谈话导入:出示生活中常见符号的图片。

师:小朋友们,你们见过这些符号吗?这是什么标记?表示什么意思?禁止是什么意思?

请幼儿仔细观察幼儿用书,认识禁止符号(图 3-7)。

师:这些是什么标记?与前面的符号有什么不同?表示什么意思?禁止是什么意思?

2. 创作禁止图案。

(1) 激发幼儿创作“禁止某事”标记的愿望。

师:小朋友们,你觉得生活中还有哪些情况需要用到“禁止符号”?如果请你设计一个“禁止符号”的标记,你能把自己想象到的画出来吗?

(2) 引导幼儿从自己的需要出发,交流自己设想的“禁止某事”的情节(例如,禁止大声喧哗),为创作做准备。

(3) 出示“禁止符号”图纸和剪刀,示范剪法。

师:先将一张方形的红纸沿虚线对折,沿着轮廓线剪出一个大半圆形;再沿着半圆里的黑色线条剪出两个小扇形,注意两个扇形之间的弧线不要剪断。打开看看,是不是一个红色的禁止符号?

师:画好被禁止的事情后,可以将这个禁止符号粘贴在你的画上,表示“禁止某事”(图 3-8)。

(4) 幼儿自由创作禁止图案,并与同伴分享。

师:你设计的这个禁止图案是什么意思?可以把它用在什么地方呢?

师:小朋友们,你们能看出他设计的禁止图案是什么意思?

教育建议:

让幼儿学会正确地剪出禁止符号是这次活动的重点,也是难点。教师在准备材料的时候可以多准备几份以备不时之需。

如果有的幼儿难以一次剪出禁止符号,可以分两步,先剪出一个环形,再剪一条斜线贴在环形上。

图 3-7 禁止符号

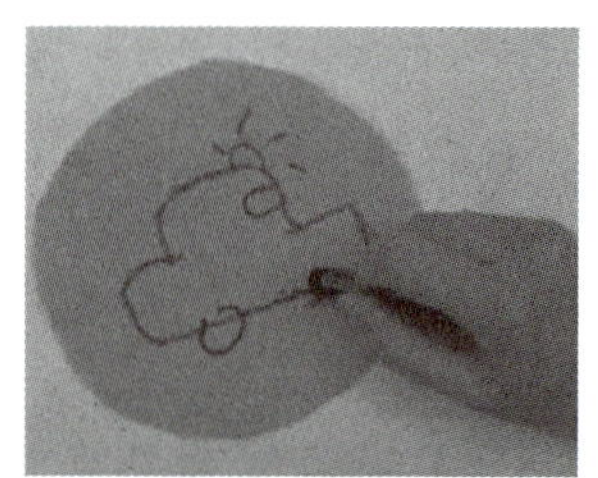

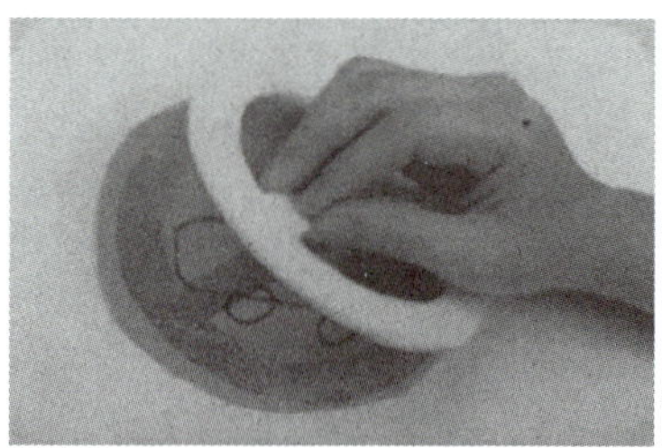

图 3-8 禁止图案

活动延伸

1. 家园共育：创意设计生活中的标志。
2. 区角活动：手工制作“会说话的标志”。

自由创作禁止图案展示（图 3-9）：

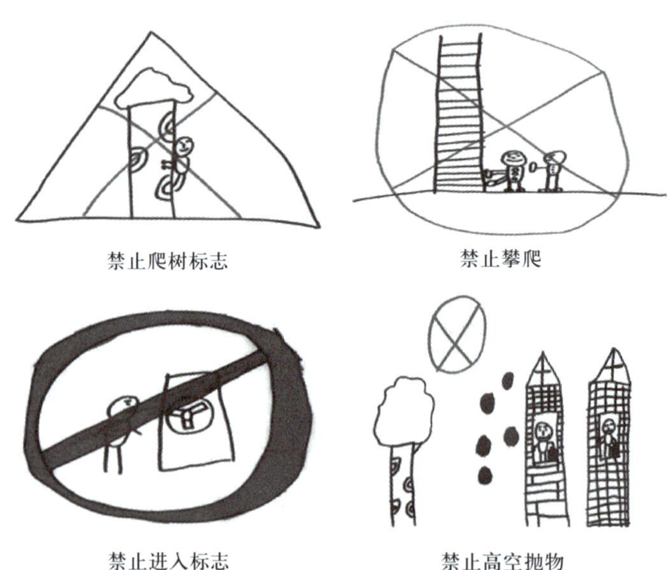

图 3-9 禁止图案

［齐齐哈尔第一幼儿园董译阳（6 岁）作品］

活动评析

学前儿童美术教育是一种综合性的实践活动，对幼儿的社会化发展具有重要的作用，这在幼儿对社会行为规范的掌握方面体现得尤为明显。本次活动将绘画、手工、社会规则意识养成相整合，幼儿在创作禁止图案的过程中体验遵守社会规则的重要性，为其更好地遵守社会规则做好充分准备，逐步培养良好的行为习惯及遵守规则的意识。

案例四　大班综合活动：我爱我的社区

美术、社会：★★★

语言：★★

设计意图

社区是幼儿生活的重要环境，对其社会认知发展意义重大。美术则是幼儿表达认知与情感的有效方式。将二者融合，能让幼儿在了解社区的基础上，用美术创作展现社区印象，促进社会认知与艺术表达能力的协同发展。

活动目标

1. 深入了解社区的构成和功能，如认识社区中的商店、公园、图书馆等设施及其作用；感受社区的人文氛围，增强对社区的归属感和认同感，培养初步的社会交往和合作意识。

2. 运用绘画、手工等形式，大胆创作以社区为主题的美术作品，表现社区的场景和特色；提高手部精细动作、色彩搭配和空间构图能力，发挥想象力和创造力。

3. 激发对社区的热爱之情，培养关心社区、爱护环境的意识，体验美术创作和分享交流的乐趣，增强自信心和表达能力。

活动准备

1. 经验准备：幼儿有一定的社区生活经验，对社区常见设施有初步认识；具备基本的绘画和手工操作能力。

2. 物质准备：社区不同场景的图片、照片和视频，如社区街道、休闲广场、社区服务中心等；绘画工具，包括水彩笔、油画棒、绘画纸；手工材料，如彩色卡纸、剪刀、胶水、轻黏土、废旧纸盒；展示架；轻柔背景音乐。

活动过程

1. 交流研讨（3 分钟）。

播放轻柔背景音乐，教师提问："小朋友们，我们都生活在社区里，那你们知道社区里都有什么吗?”邀请幼儿自由发言,分享自己在社区里看到的事物,激发幼儿兴趣,自然引入活动主题。

2. 社会认知活动:认识我们的社区(7分钟)。

(1)图片展示与讲解:依次展示社区不同设施的图片,如超市、幼儿园、社区医院等,引导幼儿仔细观察,提问:“小朋友们,看看这是哪里?它有什么作用呢?”详细讲解每种设施在社区中的功能,帮助幼儿深入了解社区的构成和运转。

(2)小组讨论:组织幼儿分组讨论,分享自己在社区中的生活经历,如在社区公园玩耍、在社区图书馆看书等,提问:“在这些地方,你们都做过什么有趣的事情?”鼓励幼儿积极发言,互相交流,感受社区生活的丰富多彩。

3. 美术创作活动:画一画我的社区(8分钟)。

(1)引导创作:展示一些以社区为主题的绘画和手工作品,如用绘画表现的社区全景、用手工制作的社区建筑模型,启发幼儿的创作思路,提问:“小朋友们,我们了解了这么多社区的知识,那你们想不想把自己心中的社区用画或者手工做出来呢?可以想一想,社区里你最喜欢的地方是哪里,要怎么表现它。”鼓励幼儿大胆想象,构思自己的作品。

(2)幼儿创作:幼儿选择自己喜欢的美术形式进行创作。绘画组幼儿用彩笔在画纸上描绘社区的场景,如热闹的社区街道、美丽的社区花园;手工组幼儿用彩色卡纸、废旧纸盒等材料制作社区建筑,如用废旧纸盒搭建社区的房子,用轻黏土装饰社区的街道。教师巡回指导,鼓励幼儿发挥想象,大胆用色,提醒幼儿注意使用工具的安全。

4. 作品展示与分享(2分钟)。

将幼儿的作品展示在展示架上,邀请幼儿向同伴介绍自己的作品,分享自己在创作过程中的想法和对社区的感受,如“我画的是我们社区的公园,里面有很多小朋友在玩”“我做的这个社区图书馆,里面有好多好多书”等。教师对幼儿的作品给予肯定和鼓励,表扬幼儿的创意和对社区的热爱。

活动延伸

1. 在美工区投放更多材料,鼓励幼儿用不同材料丰富和完善自己的社区作品,如用树枝制作社区的围栏。

2. 组织幼儿开展“社区小卫士”活动,在社区进行简单的环保行动,如捡垃圾、宣传爱护环境知识,增强幼儿对社区的责任感。

活动评析

活动紧密围绕社区主题,将美术与社会教育有机融合,形式丰富多样,符合中班幼儿的认知水平和兴趣特点。社会认知环节让幼儿深入了解社区,美术创作则为幼儿提供了表达对社区情感的媒介,有效促进了幼儿的全面发展。社会认知环节中,小组讨论时个别幼儿参与度不高;美术创作时间有限,部分幼儿未能充分完成作品。建议在小组讨论时,教师加强引导和给予更多关注,鼓励幼儿参与发言;合理调整活动时间,适当延长美术创作环节,让幼儿有更充裕的时间完成作品。

岗位对接

项目一　教学案例分析

利用网络资源，搜索幼儿园美术活动与其他领域统整的教学案例，分析其设计理念。

项目二　设计一次统整活动

设计一个美术与其他领域统整的活动方案。

赛场直击

大班主题活动：我是中国人①

1. 主题背景介绍

假期过后，孩子们会有各种不同的旅游经历，在家长的引导下，对祖国的地大物博有了初步认识。孩子们意识到自己是中国人，并能感受到身为中国人的骄傲。同时，他们在丰富的传统节日活动中也了解了一些中国传统民俗文化。在区角活动中，孩子们对民族音乐、舞蹈特别感兴趣。对于大班的孩子来说，他们渴望了解更多有关祖国的知识："我们的国家有多大""国旗上为什么有五颗星""长城到底有多长"等。"我是中国人"主题活动，充分利用区域资源、家长资源，在丰富多彩的探索活动中，使幼儿亲身感受作为中国人的骄傲，萌发热爱祖国的情感。

2. 主题素材

小资料：走出地球、迈向深空——中国航天成就

1957 年 10 月 4 日，第一颗人造地球卫星成功发射，人类进入太空时代。1958 年 8 月 17 日，人类第一次尝试发射月球探测器先驱者 0 号，迈出人类深空探测的第一步。20 世纪 90 年代以来，深空探测活动逐渐复苏，各主要航天国家纷纷制定面向未来的深空探测长远规划或任务计划。经过几代人努力，我国航天事业也取得一系列重大成就。我们有能力走出地球，迈向深空！

2021 年 4 月 29 日，中国空间站天和核心舱成功发射升空。随后，它先后与天舟二号和三号

① 2023 年全国职业院校技能大赛（高职组）"幼儿教育技能"赛项赛卷　幼儿园教育活动设计

货运飞船、神舟十二号和十三号载人飞船对接,共计6名航天员先后进驻,标志着中国航天正式进入空间站时代。

2021年5月15日,在经历了296天的太空之旅后,天问一号火星探测器所携带的"祝融号"火星车及其着陆组合体,成功地降落在火星北半球的乌托邦平原南部,取得了中国航天史无前例的重大突破。"祝融号"成为中国首个火星车。祝融,源于中国古老神话中"火神"的名字,成功踏上了火星。

2021年10月14日,我国成功发射首颗太阳探测科学技术试验卫星"羲和号"。它的重要使命是研究人类唯一可以依靠的宝贵恒星——太阳,深入了解它的磁场起源和演化、高能粒子的加速和传播等重要物理过程,让我国正式迈入探日时代。

儿童诗:我们的祖国真大

我们的祖国真大,
北方,有冬爷爷的家,十月就飘雪花。
我们的祖国真大,
南方,有春姑娘的家,一年四季盛开鲜花。
啊!伟大的祖国妈妈!
东西南北中的孩子们,在同一个时候,
有的滑雪,有的游泳,有的围着火炉吃西瓜。

小资料:有趣的京剧脸谱

红色:一般表示热情大方、为人正派,多表示一些英勇、忠诚的人物性格,以正面形象示人,所以生活中遇到争端,正面而友善的一方俗称"唱红脸"。例如,红脸的关公,就是忠勇良将。

黑色:一般表示刚正威武、不媚权贵或铁面无私的形象特征,多为武将。例如,为人直率、勇猛又有些莽撞的武将张飞,就是黑脸;而文人中,铁面无私的包拯,也以黑脸月牙额示人。

白色:一般表现为奸诈、阴险的人物特征,负面凶狠角色称为"唱白脸"。例如,曹操、司马懿是白脸。

小资料:民族服饰特点

中国是一个统一的多民族国家,具有绚丽多彩的民族服饰文化。服饰是人类特有的劳动成果,服饰文化承载着中华民族的生活习俗、审美情趣、艺术追求、礼仪规范等,既是老百姓日常生活的重要组成部分,更是中华文化的重要组成部分。

藏族:藏族人传统穿藏袍,即敞领口、长袖、右大襟、系宽腰带的大袍。女子冬穿长袖长袍,夏着无袖长袍,内穿各种颜色与花纹的衬衣,腰前系一块彩色花纹的围裙。男子穿袍时习惯褪右袖以便活动,配穿靴,戴礼帽或皮帽。藏族同胞特别喜爱"哈达",把它看作最珍贵的礼物。"哈达"是雪白的织品,一般宽二三十厘米,长一至两米,用纱或丝绸织成,每有喜庆之事,或远客来临,或拜会尊长,或远行送别,都要献哈达以示敬意。

维吾尔族:花帽是维吾尔族服饰的组成部分,也是维吾尔族美的标志之一。早在唐代,西域男性多戴卷檐尖顶毡帽,款式像当今的"四片瓦"。花帽冬用皮,夏用绫,前插禽羽。女帽皆用金银线绣花点缀与装饰,喀什库尔干的四楞花帽几乎成了维吾尔族花帽的主流,延续至今。经过各地维吾尔族人民的不断创新,花帽做工愈益精细,品种更为繁多,主要有"奇依曼"和"巴旦姆"两种，统称“尕巴”（四楞小花帽）。

蒙古族：首饰、长袍、腰带和靴子是蒙古族服饰的4个主要部分。女子头上的装饰多由玛瑙、珍珠、金银制成。男子穿长袍和围腰，女子衣袖上绣有花边图案，上衣高领，与汉族服饰相似。女子喜欢穿三件长短不一的衣服，第一件为贴身衣，袖长至腕，第二件为外衣，袖长至肘，第三件为无领对襟坎肩，钉有直排闪光纽扣，格外醒目。

小资料：中国传统美食

粽子：由粽叶包裹糯米蒸制而成，是中国历史文化积淀极为深厚的传统食品之一。端午食粽的风俗千百年来在中国盛行不衰，甚至流传到东亚各国。公元前340年，楚国大夫屈原因亡国之痛于农历五月五日悲愤地怀抱大石投江身亡。为了不使鱼虾损伤他的躯体，人们纷纷用竹筒装米投入江中，引鱼虾来食。以后，每到这一天，人们便用竹筒装米投江，祭奠屈原，这就是我国粽子的由来。

饺子：饺子起源于东汉时期，是由东汉“医圣”张仲景创造出来的。早期的饺子是当作药来使用的，因为张仲景会用面皮包上一些祛寒的药材用来治病，如羊肉、胡椒等，这样能避免病人耳朵上生冻疮。饺子中的“饺”与“交”谐音，这两个字都有着相聚的意思，因此，包饺子有全家团聚合欢的美好寓意。因为饺子的谐音是“交子”，还有更岁交子的寓意，代表着旧的一年过去，新的一年到来。在春节包饺子和吃饺子成为中国人特有的民俗传统。

月饼：又称月团、丰收饼、团圆饼等，是中国传统美食之一。月饼最初是用来拜祭月神的供品。祭月，在中国是一种十分古老的习俗，实际上是古人对“月神”的一种崇拜活动。吃月饼和赏月是中国南北各地过中秋节不可或缺的习俗。月饼象征着大团圆，人们把它当作节日食品，用它祭月、赠送亲友。

儿童歌曲：祖国，祖国我们爱你

祖国，祖国我们爱你

1＝C $\frac{2}{4}$

潘蓉 词
潘振声 曲

3 4 5 6 | 5 (⁷1̇ 0) | 3 4 5 6 | 5 (⁷1̇ 0) | 3 4 5 1̇ | 7 6 |
小小蜡笔 穿花衣， 红黄蓝绿多美

5· (1̇ | 7 6 5 0) | 3 4 5 6 | 5 (⁷1̇ 0) | 3 4 5 6 | 5 (⁷1̇ 0) |
丽。 小朋友们 多么欢喜，

2 3 4 6 | 5 4 3 2 | 1 (2 3 | 4 5 6 7) | 1̇ 7 1̇ | 6 – |
画个图画比一比。 画小鸟，

7 7 6 7 | 5 – | 6 5 6 | 3 – | 4 4 3 5 | 2 – |
飞在蓝天里， 画小草， 长在春天里。

1 3 5 | 1̇ 1̇ | 7 7 6 5 | 6 – | 5 1̇ 0 | 3 6 5 0 |
你画太阳，我画国旗， 祖国，祖国

2 4 3 2 | 1 – | 5 1̇ 0 | 3 6 5 0 | 2 4 3 2 | 1 0 ‖
我们爱你。 祖国，祖国我们爱你。

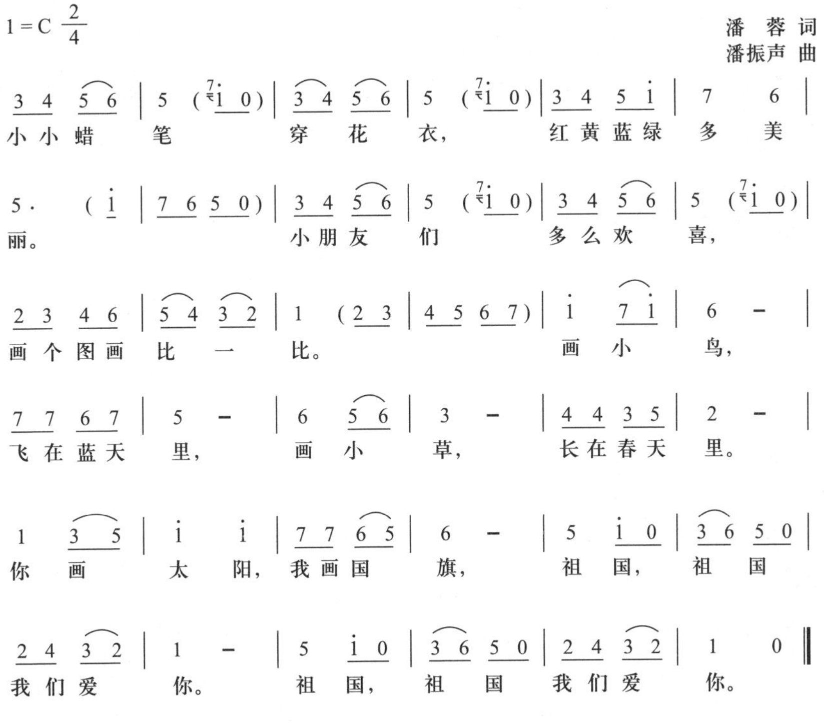

小资料:港珠澳大桥

闻名世界的港珠澳大桥,是中国建设史上里程最长、投资最多、施工难度最大的跨海桥梁,被英国《卫报》评为“现代世界七大奇迹”之一。

港珠澳大桥总长 55 千米,是连接香港、珠海和澳门的超大型跨海通道,包括桥隧主体工程,以及香港、珠海、澳门三地口岸和连接线。海底隧道长约 6.75 千米,是世界上最长的海底沉管隧道和全球唯一的深埋沉管隧道。大桥采用最高建设标准,抗震达 8 度,能抵抗 16 级台风,设计使用寿命为 120 年。

3. 题目内容

(1) 主题网络图设计(书面作答)。

(2) 教学活动设计(1 课时)(书面作答)。

(3) 模拟教学(1 课时)(口头作答)。

(4) 说课(口头作答)。

4. 基本要求

(1) 主题网络图:根据附件提供的素材,综合幼儿发展各领域以及幼儿园活动的类型,围绕主题设计主题网络图。主题网络图绘制要具有科学性、丰富性、操作性等特点,充分考虑到幼儿的主体性、兴趣性、适宜性和家园合作等因素。网络图至少有三个层级(包含主题名称一级),第二、三层级至少有三项活动。

(2) 幼儿园教育活动设计:根据主题素材与年龄段,融入歌曲弹唱技能, 设计 1 课时(30 分钟)集体教学活动的教案。教案格式完整规范,语言清晰、简洁明了,目标设计、内容选择、方法运用等符合幼儿年龄特征和领域特点。

(3) 模拟教学:根据教学设计进行模拟教学,教学活动过程要自然流畅,师幼互动充分,活动效果好,完整展示歌曲弹唱,在 9 分钟内完成。

(4) 说课:根据模拟教学,就目标、内容、方法、过程设计等进行说课,说清楚“学什么、教什么”“怎么学、怎么教”,以及“为什么”等问题,条理清楚,逻辑性强,语言规范,表达流畅,在 7 分钟内完成。

参考教学活动设计

有趣的京剧脸谱活动设计(大班)

【活动目标】

1. 感受京剧脸谱的美,激发对传统艺术的兴趣。

2. 欣赏京剧脸谱鲜艳的色彩和夸张的形象。

3. 尝试设计脸谱,发展创造力。

【活动准备】

白纸若干,彩笔、脸谱若干。

【活动过程】

1. 信息共享,激发兴趣。

请幼儿展示跟爸爸妈妈一起准备的脸谱,并简单介绍自己所戴的脸谱。

2. 探索脸谱,开拓视野。

(1) 观察脸谱的颜色。

小结:京剧脸谱五颜六色,不同颜色的脸谱具有不同的意思:红色的脸谱表示忠义和耿直,黑色的脸谱表示正直和勇敢,紫色的脸谱表示稳重和正义,金色的脸谱表示威武庄严,白色的脸谱表示奸诈狡猾,黄色的脸谱表示勇猛或凶暴,绿色的脸谱表示鲁莽或豪爽。

(2) 观察脸谱的对称特点。教师拿一张纸沿脸谱图案的鼻子中线竖放,请幼儿观察有什么特点。

小结:左边和右边的图案是一样的,它们是对称的。

出示对称图形,请幼儿进一步感受对称概念。

(3) 观察脸谱的夸张性特点。请幼儿观察脸谱的五官跟实际的五官的区别。

小结:脸谱的眉毛、鼻子、眼睛各具特点,是为了让看戏的人一看就知道是谁。

3. 设计脸谱。

(1) 为幼儿发放纸张和彩笔,请幼儿自主设计脸谱。(活动中教师提示:脸谱要左右对称,可以选择一种底色来表现人物性格。)

(2) 请幼儿分享设计好的脸谱,作简单介绍。

活动应变:设计脸谱时,可请幼儿设计两张,一张为初步设计(模仿和感受基本对称),另一张为自主设计脸谱。

【活动延伸】

1. 请幼儿运用对称艺术技巧进行绘画和图案创作。

2. 用设计好的脸谱来装扮教室。

【区角活动】

美工区:提供彩笔和纸张,鼓励幼儿设计脸谱。

益智区:提供不完整的脸谱图案,鼓励幼儿按照对称要求自主拼贴。

环境创设:将幼儿制作好的脸谱摆放在教室作品展示区,举办京剧脸谱展览会,可以邀请别的班级来参观。

【家园同步】

1. 请幼儿为家里每个人设计脸谱。

2. 同幼儿一起收集脸谱并向幼儿介绍特定脸谱所代表的特定人物角色。

随机教育:鼓励幼儿观察生活中的艺术美(如对称美、不规则美)。

相关链接:同幼儿一起欣赏京剧及其他艺术形式,感受各种艺术的独特表现方式,提高幼儿的艺术表现力。

拓展阅读

幼儿园美术教育在社会领域中的拓展之路

（浣纱幼教集团　楼洁）

《纲要》的颁布和试行，打破了以往常规的分科教学模式，使幼儿园的教学模式向着整合课程教学的方向发展。《纲要》中明确指出“各领域的内容相互渗透”，即它们之间要相互交流、融会贯通。

艺术教育作为领域之一有其独特的作用，同时在不同领域的交叉和整合过程中发挥着中介作用。这种中介作用是其他领域不能比拟的。而幼儿园美术教育是幼儿园艺术教育的重要组成部分，在整合课程的改革中具有举足轻重的特殊意义。

一、幼儿园美术教育的社会性功能与目的

幼儿园美术教育除了能激发幼儿的爱国主义精神、培养幼儿的精神文明行为外，还能对整个社会文化环境产生一种间接的、潜移默化的影响，形成良好的社会文化氛围，以影响和改变个体的生存环境。

1. 幼儿园美术教育应使幼儿能从美术的角度，为在情感和思想上介入人类心灵交流的系统提供必要的准备

人的本质并不是单个人所固有的抽象物，在其现实性上，它是一切社会关系的总和。人是作为社会的人而存在于这个世界的。美术是人的情感和思想的载体，它具有体验、交流和共鸣等特征，能使人通过它在情感和思想上形成联系。它能使社会个体以平等的权利、自由的姿态、独特的方式和快乐的心境介入与他人、群体、社会、历史乃至全人类心灵交流的系统中。包括美术教育在内的艺术教育在这方面所表现出来的整体性、超越性、自由性等特征是其他领域的教育所不及的。

2. 形成现代审美文化观念是美术教育的一个重要目的，幼儿园美术教育应为此提供必要的准备

美术是文化的重要组成部分。美术作品不仅是个人的创造物，而且是一定文化制度和文化观念（由信仰、认识论、审美观、伦理观等组成的价值观念体系）影响的产物。对本民族传统文化的传播和发展，对外文化的兼容和吸收，从根本上去优化全社会的文化艺术环境，形成现代审美文化观念，这是美术教育的一个重要目的。

3. 培养幼儿以审美的立场去创设环境，使环境更为艺术化，这也是幼儿园美术教育的一个目的

幼儿园美术教育培养幼儿以审美的态度对待人类赖以生存的物质环境，以审美的立场去创设环境，使环境更为艺术化。

二、幼儿园美术教育在社会领域中的渗透

幼儿园美术教育对幼儿的人格发展、交往能力的提升、幼儿爱家乡与环保意识的萌发等方面都有比较深刻的影响。

（一）幼儿园美术教育促进幼儿的人格发展

罗恩菲尔德指出:“艺术教育对我们的教育系统和社会的主要贡献,在于强调个人和自我创造的潜能,尤其在于艺术能和谐地统整成长过程中的一切,造就出身心健全的人。”

一些研究揭示了幼儿选择和运用的色彩与幼儿情绪情感和人格之间的关系。例如,有人分析了3—4岁幼儿的美术作品,提出色彩与幼儿的性格有如下的关系:红色表示幼儿具有表达爱的能力;绿色表示幼儿具有克制情感的能力;黄色表示幼儿有很强的依赖性;蓝色,尤其是大面积涂抹的蓝色常表示幼儿内心充满不安和恐惧的情绪;褐色表示幼儿的恐惧和忧郁;橙黄色则显示幼儿性格较为活泼,适应能力强,但一个怯懦的幼儿却常以它表现内心的焦虑不安。

我发现在班上有的幼儿的美术作品非常与众不同。例如,在“海底世界”的美术活动中,一个幼儿的作品里有一条小鱼是和别的小鱼用一张网隔开的。我问他,为什么要这样隔开来,他告诉我,因为这条小鱼的头上有一根电线,它是带电的,会把别的小鱼电死,所以要用网隔开来。该幼儿平时作品里天空的颜色都是灰色的。我注意观察了他一段时间,原来这个幼儿在与别的幼儿交往时经常会出现攻击性行为,所以别的幼儿不太喜欢跟他做好朋友,他不开心。

因此,在中班的一次社会活动中,我安排幼儿制作“心情卡片”。先是引导幼儿说说自己印象比较深刻的一件事(这件事情可以是开心的,可以是伤心的,也可以是有趣的,或者很有意义的),然后提供材料让幼儿自己动手制作“心情卡片”,最后把所有幼儿制作的“心情卡片”都贴在一棵“心情树”上。

（二）幼儿园美术教育促进幼儿交往能力的提升

幼儿的交往活动主要有两种:一种是幼儿与成人的交往;另一种是幼儿之间的交往。幼儿园美术教育对幼儿两种交往能力的发展都有促进作用。

1. 幼儿园美术教育促进幼儿与成人的交往

九月九日为传统的重阳节,重阳节又称为“双九节”“老人节”。在民俗观念中,因为“九九”与“久久”同音,包含有生命长久、健康长寿的寓意。1989年,我国把每年的农历九月九日定为“老人节”,倡导全社会树立尊老、敬老、爱老、助老的风气。

在大班社会活动“重阳节”中,我先对幼儿进行了情感的激发。爱深埋于心中,奶奶的轻搂,爷爷的关怀,这些典型的活动将爱激发,然后让幼儿来说说自己的爷爷奶奶。有的说:“爷爷的头发雪白雪白的,像个外国人!”有的说:“奶奶脸上的皱纹我数来数去都数不清。”有的说:“爱笑的爷爷头顶上的头发都笑掉了,哈哈!”然后再让幼儿自己动手制作卡片,回家后送给爷爷奶奶,并让长辈把“送给宝贝的话”写在卡片上。

2. 幼儿园美术教育促进幼儿之间的交往

在大班的语言活动“城里来了大恐龙”里,我先组织幼儿相互谈论“热闹的马路”。幼儿时常走马路,但是每个幼儿对马路的观察、感知的角度不一样,发表的意见各有差异:有的幼儿对马路上来回奔驰的汽车十分感兴趣,他能告诉别人好多种汽车的特点,包括汽车的标志、车灯的位置、形状、车型等;有的幼儿对马路边的商店感兴趣,甚至对商店里的某种商品,如哪种好吃的东西都知道得清清楚楚；还有的幼儿对马路上的各种标志感兴趣，他能给大家讲各种标志的具体意思等。通过这样的谈话，幼儿可以吸收别人的知识，充实自己，积累对活动的感性经验，发展语言能力，还能培养交往能力。然后让幼儿动手画大恐龙在城市里的场景，并且结合之前的社会活动“立交桥·车”，让幼儿分组合作绘画。一开始，几组幼儿都出现了这样的情况：由于一起合作的幼儿之间没有统一意见，没有商量就各自开始作画，所以出现了画面方位错误、事物重复出现的问题。这时我请大家分析原因，幼儿讨论时说：“应该先商量好，再开始。”“对，谁画什么，画在什么位置上都要商量好。”幼儿的协作意识增强了，他们对作品也更满意了。

（三）幼儿园美术教育萌发幼儿环保的意识和热爱家乡的意识

幼儿园美术教育可以运用自然环境资源，以及社会生活中的资源（丰富的人文资源、传统的民间艺术等），这些资源为幼儿提供了取之不尽的美术素材。

有一次，幼儿园布置环境，园领导号召全园幼儿进行了一次废旧材料大收集的活动。考虑到幼儿自身能力有限，寻找材料还有一定的困难，因此需要家长配合，除了帮助幼儿收集以外，还能及时让幼儿获得有关的知识。

我看到收集来的各种玻璃瓶、塑料瓶、鹅卵石、纸巾筒、蚌壳、线筒等，突然灵机一动：何不让幼儿自己动手来画画做做呢？

幼儿通过对废旧材料（如玻璃瓶、纸巾筒等）的收集，能形成初步的环保意识；而通过对特色材料（如蚌壳、线筒等）的收集，能了解珍珠、袜子等是我们当地的特产，从而更深一层地了解地方特色文化的魅力，萌发热爱家乡的意识。

为了能更好地锻炼幼儿的能力，我请幼儿自己来介绍所带来的物品，介绍包括物品的名称、出产地、用途及得来的途径，等等。以下是几个幼儿对物品的描述。

幼1：我带来的是玻璃瓶，以前是装过红酒的，我觉得这个瓶子很漂亮……

幼2：我带来的是珍珠还有蚌壳，是我爸爸买来的，它原来是生活在水里的……

幼3：我带来的是线筒，就是绕线用的，线是用来做袜子的……

有了这些基础，接下来便是将幼儿收集到的材料集合到活动中。小、中、大班幼儿都各显“神通”，用各种作画工具在不同的材料上大显身手。

三、幼儿园美术教育的特殊意义

美术是一种智力，一种思维方式，一种感觉，它能开启一双善于发现的明亮眼睛，培养一颗真善美的心，赋予幼儿个性，给予幼儿无限的创造空间。它以其他学科所不能及的方式给予幼儿滋养，把幼儿引向更完美的状态，让幼儿获得比知识更重要的东西，那就是爱、自信、创造和个性。

幼儿的美术是从童心中流出的一条涓涓小溪，或欣喜、或忧愁、或雀跃、或伤心，它细腻、清澈、神奇、美妙，我们沿着溪流的路径，寻找心路的源头，终于发现来自孩子心灵的歌唱。

总之，社会领域因为有了美术教育的渗透和融合而变得更加生动多彩。

（根据网络资料整理）

单元四

学前儿童美术教育活动的实施

学习目标

知识目标：

1. 了解学前儿童美术教育活动实施的原则。
2. 掌握学前儿童美术教育活动实施的一般方法。
3. 掌握组织和实施学前儿童美术教育活动的基本程序和要点。
4. 熟悉学前特殊儿童美术教育活动的实施要点和方法。

能力目标：

1. 能够熟练设计、组织和实施不同类型的学前儿童美术教育活动。
2. 在实施中能够区分和把握不同类型美术教育活动的方法、原则。
3. 能在实施中关注特殊儿童的需要，关注个体差异。

素质目标：

1. 树立科学的美术教育观，践行“幼儿为本”的理念，激发对学前儿童美术教育事业的热爱之情，切实承担起学前儿童美育的责任和使命。

2. 涵养教育情怀，能够扎根幼儿园美术教育一线，积极主动参与学前儿童美术教育活动的实施，提升教师职业认同感，坚守教育初心。

3. 在实践中培养创新精神和灵活应变的能力。

4. 尊重幼儿的个体差异，平等对待每一名幼儿。

基础理论

一 实施学前儿童美术教育活动的原则

（一）审美性原则

审美性原则是指教师在学前儿童美术教育中，无论是活动目标的制订、活动内容的选择，还是活动的实施都应注意审美性，即活动目标应以幼儿审美心理结构的建构为主，活动的内容应有潜在的审美价值，在活动实施中应注意审美环境的创设，审美特征的感知、理解与创造，以及审美情感的陶冶等。审美性原则是由美术的性质、学前儿童美术教育的性质决定的。

（二）创造性原则

创造性原则是指在学前儿童美术教学中应充分发挥幼儿的创造性，以培养其创造意识、创造力和创造个性为主要目标。每个幼儿都有创造的潜力。幼儿的创造力与成人的创造力不同，成人的创造力是指其为社会、文化等方面带来某种具有质的变革意义的思想或产品的能力，而幼儿的创造力是指创造出对其个人来说是全新的、前所未有的想法或产品的能力。

（三）实践性原则

实践性原则是指在学前儿童美术教育中，教师要引导幼儿积极参与美术实践，在实践中培养和发展他们的兴趣和美术能力。贯彻实践性原则要注意两点：第一，引导幼儿运用多种感官参与美术活动；第二，注意避免单纯的技能技巧训练或单纯的思想内容说教两个极端倾向。

（四）愉悦性原则

愉悦性原则是指美术活动的目标、内容及实施过程都要考虑到幼儿的兴趣，让幼儿体会到活动的快乐。兴趣是一个人活动的动力源泉，对幼儿来说尤其如此。幼儿的美术活动，首先是由他们对美术的学习兴趣所支配的，有了兴趣，幼儿才会有参加美术活动的愿望，在活动中体验快乐，才能够较长时间认真地观察、动脑、绘画和塑造。教师必须运用愉悦性原则，使美术活动的题材内容和教学方法具有趣味性、游戏性，多选择那些幼儿既熟悉又喜爱的、生动有趣的事物，通过举办“小艺术家展”等形式，激发幼儿参与的热情，使美术活动成为一种有吸引力的活动。

（五）个性化原则

个性化原则是指教师在开展美术教育活动时要考虑幼儿的可持续发展，尊重幼儿之间的个体差异，根据幼儿各自的能力水平，确定每个幼儿某一方面的最近发展区，使教学尽量满足每个幼儿的成长需要。教师不能单纯为了追求幼儿美术活动的结果，而忽视幼儿参与活动的过程及其在活动中的体验；不能用单一的要求与评价模式对待所有的幼儿，而应让每个幼儿都在原有的基础上得到新的发展。时刻谨记：对幼儿进行美术教育并不是为了培养艺术家，美术教育的最终目的是提高幼儿的艺术素养，是幼儿人格的完善与和谐发展。个性化原则要求教师必须了解幼儿的发展水平，寻找那些最接近幼儿、最使其感兴趣的事物，由简到繁地向他们提出合适的、具有挑战性的问题，促进幼儿的发展。

二 实施学前儿童美术教育活动的一般方法

实施学前儿童美术欣赏教育活动的一般方法

（一）实施学前儿童美术欣赏活动的一般方法

学前儿童美术欣赏教学并不只是单纯地让幼儿看一看美术作品，而是要运用灵活多样的方法使幼儿获得知识，体验美感，促进其审美能力的发展。一般方法如下。

1. 提问法

提问法是教师根据幼儿已有的知识经验，向幼儿提出问题，引导幼儿思考或讨论，并鼓励幼儿自主表达感受，使幼儿获得新知识。教师根据画面的内容，提出一些开放性问题，引导幼儿观察对象。在运用提问法时，教师不仅要注意提出问题，还必须重视幼儿的回答，鼓励幼儿说出与别人不同的感受。

2. 讲解法

讲解法是指教师用生动而具有启发性的语言讲解欣赏内容。其作用是清楚准确地评价作品，引导幼儿理解作品的形式特点，激发审美体验，对幼儿如何认识美、评价美具有示范性作用。在运用讲解法时，教师应引导幼儿仔细观察画面或景物，体会自然美、艺术美或生活美之所在；教师的讲解应具体形象、抑扬顿挫，激发幼儿欣赏的兴趣，提高幼儿欣赏的积极性，并有助于幼儿结合自己已有的知识经验，对作品展开丰富的联想。

3. 观察比较法

观察比较法是教师引导幼儿观察、评价不同作品的教学方法。在欣赏美术作品时，教师可以就同一主题的不同表现手法、同一画家的不同绘画作品、画家不同时期的作品等让幼儿仔细观察，认真比较，找出差异。例如，同样是画马，徐悲鸿的水墨画《奔马》（图4-1）和马尔克的油画《蓝马》（图4-2），在造型、构图、表现手法等方面存在显著差异，给人以不同的视觉感受，运用观察比较法，引导幼儿在比较中找出差异，并让幼儿自己去理解、去体会，提高其审美能力。

图 4-1 徐悲鸿《奔马》

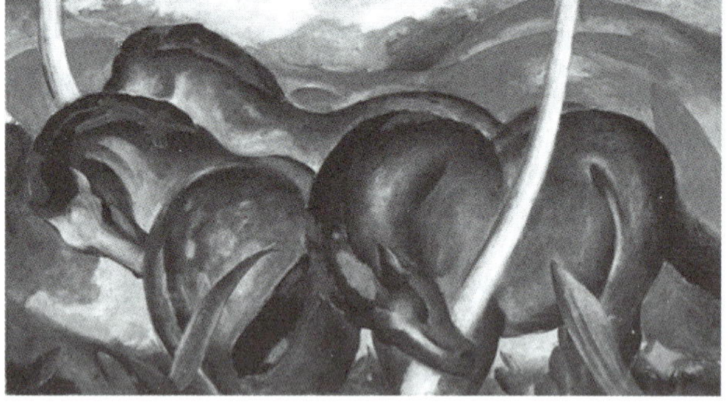

图 4-2 马尔克《蓝马》

彩图 4-1 和
彩图 4-2

（二）学前儿童绘画活动实施的一般方法

学前儿童绘画教学的方法是教师为了达到一定的绘画教育目标，在绘画活动中具体运用的方法。一般来说，教师经常采用的方法有观察法、实际体验法、联想法、范例演示法和练习法。

1. 观察法

启发幼儿通过观察物象的形状、颜色、结构及事物间的空间位置和相互关系等，获得对事物的感性认识，是幼儿园美术教育活动的基本方法。观察法可分为直接观察和间接观察。直接观察指的是教师为了使幼儿获得对周围事物的丰富印象，借助与事物的直接接触来观察事物的方法。间接观察是对于那些因条件限制而无法直接接触的事物所进行的观察，如标本观察、图片观察。

为了培养幼儿的观察兴趣，训练幼儿具有一双敏锐的眼睛，教师要选择适合幼儿年龄特征、思想健康、形象生动、色彩鲜明的观察内容，有系统地组织幼儿观察，并教给他们正确的观察方法，从而使他们更准确地理解和掌握描绘对象的形状、结构和色彩。鼓励幼儿在生活中细心观察，为美术活动积累经验与素材。

2. 实际体验法

实际体验法是让幼儿尽量通过各种感官多通道地去感知各种事物，通过摸、看、闻、尝、听、抓、捏等动作来了解物体的各种特性。如画苹果，可以通过看一看、摸一摸、闻一闻、滚一滚、尝一尝等多种动作来充分认识苹果后再描绘它。

3. 联想法

联想法是指教师用故事、实物或对事物的“联想”，把幼儿引进想象的世界，让他们以实际生活经验为根据，从中记忆、感触、思考和创作。联想法的使用，不但能培养幼儿的想象力、创造力，同时也陶冶了他们的性情。联想法包括续编故事、再定义、合成、听音乐或儿歌进行联想。

教师可以有意识地为幼儿创设一定的情境，提供引起幼儿联想的材料：一首乐曲、一个故事、一首儿歌、一个形状，甚至一个黑点或一条曲线，引起幼儿想象的兴趣和动机。通过联想塑造出各种不同的形象，发展幼儿的创造性思维能力。

4. 范例演示法

范例是美术教育活动中有效的直观教具，是幼儿绘画活动目标的参照物。为幼儿提供丰富的材料，如图书、图片、标本、模型均可作为范例。选择范例的要求是：① 内容符合幼儿的特点，易为幼儿理解和掌握。② 形象鲜明、色彩和谐、大小恰当，反映物象的基本特征。③ 富于美感，具有一定的艺术价值，能激发幼儿的情感和兴趣。④ 形式多样化，能从不同角度反映事物的面貌，开阔幼儿的思路。

范例的运用要恰到好处，要根据活动目的、活动的难易程度来决定。有时还必须与讲解演示有机结合。讲解的语言力求通俗易懂、简洁生动、富有启发性，配合讲解，用范例展示给幼儿观看，以加深印象。观察、讲解、演示和运用范例的有机结合，可以有效地调动幼儿的视知觉，使他们能更好地把握物象的特征、结构、构图等，从而达到预期的活动目标。演示法是为幼儿提供正确的方法，在幼儿绘画时，不应要求幼儿完全模仿，以保护其创造力和个性化表达。

5. 练习法

绘画知识和技能的获得需要通过反复多次练习和操作。幼儿常常对绘画兴趣浓厚，教师要抓住时机，利用轻松自然的绘画活动，让幼儿在看看、想想、画画、做做、玩玩中进行各种练习，以达到熟练掌握知识技能的目的。运用练习法，应注意活动要富有情趣性（图 4-3）。

图 4-3　儿童绘画活动

（三）学前儿童手工活动实施的一般方法

幼儿的手工技能是通过掌握及迁移有关的操作知识和技能而获得的。幼儿掌握技能一般要经历感知、模仿、练习和创造这样几个过程。

1. 感知

让幼儿整体感知教师的操作方式和步骤，特别是操作中的关键动作、难点和重点。为了使幼儿能有效地感知，教师必须正确地示范及讲解。示范时，要注意动作的正确性；对于幼儿初次感知或不熟练的动作，教师示范的速度不宜太快；一般应交替使用整体示范与分解示范。示范与讲解相结合，讲解时注意使用准确恰当的语言来巩固幼儿对相应动作的印象。

2. 模仿

模仿是幼儿掌握操作技能的重要方式。最初模仿时可能速度较慢、动作不正确、动作之间不协调、较易出错。因此,教师应为幼儿指出明确、合理的动作要领。

3. 练习

在手工活动中,教师可采用整体练习与分解练习相结合的方式。整体练习有助于掌握动作之间的联系,促进动作的协调,而分解练习则有助于比较确切地掌握动作要领,两种方法应交替使用。应不断提高练习的目标和要求。多种练习可促进幼儿动作方式的形成和迁移。同时要把握好练习与练习之间间隔时间的安排,一般先密后疏(图 4-4)。

图 4-4 幼儿手工活动

4. 创造

随着操作技能的日趋熟练,幼儿逐渐表现出与众不同的解决问题的能力。这时候,教师可提供多种材料及练习机会,以促进幼儿创造力的发展。应选择幼儿能用感觉来探究的、便于操作的材料。同时,教师还需要为幼儿提供能激发创造的线索,设计一些便于迁移、举一反三的内容。

三 学前特殊儿童美术教育活动的实施

(一)学前融合教育与美术活动

党的二十大强调,要增进民生福祉,提高人民生活品质,促进社会公平正义。学前融合教育致力于为包括特殊儿童在内的所有学前儿童提供公平且适宜的教育环境,让特殊儿童也能在学前阶段得到良好发展,这正是对增进民生福祉的积极践行。学前融合教育体现了教育机会的公平,让特殊儿童与普通儿童共同学习、成长,减少差异和歧视,促进社会公平的实现。

1. 学前融合教育的实施原则

全纳教育原则。接纳所有儿童,不论其是否有特殊需求,创造一个包容和接纳的教育环境。

个别化原则。根据每个特殊儿童的特点和需求,制订个性化的教育计划和支持策略。

平等参与原则。确保特殊儿童能平等地参与各项教育活动和日常生活,享有与普通儿童相同的机会。

协同共育原则。强调教师、家长、专业人员等多方合作,共同为特殊儿童的发展努力。

发展适宜性原则。教育内容和方法要符合儿童的发展阶段和特点,既满足特殊儿童的需求,也适合普通儿童。

2. 美术活动在学前融合教育中的重要性

美术活动在学前融合教育中具有重要的作用:它为特殊儿童提供了一种非语言的表达途径,帮助他们抒发内心的情感和想法,尤其是那些语言表达有困难的孩子;能够激发特殊儿童的创造力和想象力,让他们展现独特的思维和视角;有助于提升特殊儿童的认知能力,通过对色彩、形状等的感知和操作,锻炼他们的观察力、注意力等;可以提高特殊儿童的手眼协调能力和精细动作能力;为特殊儿童和普通儿童提供了共同参与的平台,促进他们之间的交流、合作与融合,减少隔阂;能帮助特殊儿童建立自信心,当他们创作出作品并得到认可时,会获得成就感;可让特殊儿童在创作过程中释放压力和不良情绪;可以培养特殊儿童的审美能力,让他们感受美、欣赏美和创造美;可以使他们更好地适应集体生活,学会与他人互动和相处。

(二)学前融合教育中美术活动的组织与实施

1. 常用的教学方法

(1) 主题式教学。设定一个主题,让普通儿童和特殊儿童围绕主题进行美术创作,在共同探索中激发创造力和表达能力。

(2) 体验式教学。提供丰富的美术材料和场景,让儿童亲身体验美术创作的过程,如玩色彩、触摸不同材质等。利用多感官材料,如不同质地的纸张、颜料的气味等,让特殊儿童通过多感官体验来参与美术活动。

(3) 模仿与创新教学。先展示一些经典美术作品或示例,引导儿童进行模仿,然后鼓励他们在此基础上进行创新和个性化表达。

(4) 合作绘画教学。请儿童合作完成一幅美术作品,促进他们之间的交流、协作与相互学习。鼓励特殊儿童与其他小伙伴一起合作完成美术作品,增强互动和社交能力。

(5) 故事引导教学。通过讲述有趣的故事,引发儿童的兴趣和想象,进而引导他们用美术的形式表现故事内容。将美术内容与故事相结合,吸引特殊儿童的注意力并激发他们的兴趣。

(6) 观察与写生教学。带领儿童观察身边的事物或自然景观,然后进行写生创作,培养观察能力和写实技巧。提供具体的实物让儿童观察,然后进行描绘或创作,帮助他们更好地理解和表现。

（7）游戏化教学。将美术活动设计成有趣的游戏，如色彩配对游戏、拼图绘画等，增加学习的趣味性。

（8）多媒体辅助教学。利用图片、视频等多媒体资源，丰富儿童的视觉感受，启发创作灵感。在美术活动时播放适宜的音乐，营造轻松氛围，激发特殊儿童的情感表达。

（9）个性化指导教学。根据每个儿童的特点和能力，给予针对性的指导和建议，帮助他们在美术方面取得进步。给予特殊儿童一定的自由空间和材料，让他们自主探索和尝试美术创作。

（10）渐进引导法。从简单的步骤开始，逐步引导特殊儿童完成美术创作，适应他们的学习节奏。

（11）模仿创作法。教师进行简单的示范，特殊儿童模仿着进行创作。

（12）重复练习法。对一些关键的美术技巧或方法进行多次重复，帮助特殊儿童巩固和掌握。

2. 培养特殊儿童审美能力的方法

（1）提供丰富多样的艺术作品供欣赏，包括绘画、雕塑、手工艺品等，让他们感受不同艺术形式和风格的美。

（2）创设充满艺术氛围的环境，如布置精美的图画、摆放有趣的艺术品等，使他们在日常中受到美的熏陶。

（3）组织艺术体验活动，如绘画、手工制作、涂鸦等，让特殊儿童亲身参与创作过程，在实践中提升对美的感受能力和表达能力。

（4）引导他们观察周围事物的色彩、形状、纹理等，培养细致的观察力，进而发现美。

（5）鼓励特殊儿童表达对艺术作品和自己创作的想法和感受，尊重他们的独特见解，增强审美自信。

（6）利用音乐、舞蹈等其他艺术形式，拓宽他们对美的认知。

（7）让普通儿童与特殊儿童一起参与审美活动，通过互动交流相互影响和启发。

（8）教师和家长要以积极的态度欣赏和肯定特殊儿童的审美尝试和成果，给予他们持续的鼓励和支持。

3. 学前融合教育中，美术活动的设计策略

（1）考虑不同儿童的能力和需求。例如，对于肢体障碍的儿童，提供容易操作的工具和材料；对于视觉障碍儿童，可使用有明显触觉差异的材料或通过声音引导。

（2）将美术活动进行分层设计，设置不同难度等级的任务，让能力较弱的特殊儿童可以从较为简单的开始，而能力较强的可以挑战更有难度的部分。

（3）主题选择要贴近生活且富有吸引力，如以“我的家庭”“可爱的动物”等为主题，激发孩子们的创作热情。

（4）设计多样化的美术形式，包括绘画、手工制作、雕塑、拼贴等，以满足不同儿童的兴趣和能力。活动过程要注重引导和启发。教师可以通过提问、示范、讲

故事等方式，帮助特殊儿童打开思路，鼓励他们自由表达。

(5) 创造轻松、愉快的氛围。让特殊儿童在没有压力的环境中尽情创作，减少他们的紧张和焦虑。

(6) 适当增加合作环节，鼓励特殊儿童与普通儿童一起完成美术任务，促进他们之间的交流和融合。

(7) 在特殊儿童遇到困难时，及时给予帮助，增强他们的自信心。

(8) 将孩子们的作品展示出来，让他们互相欣赏和交流，提升他们的成就感和归属感。

(9) 根据特殊儿童的进步和反馈不断调整活动内容和难度，确保活动始终具有适宜性和挑战性。

(10) 融入康复训练元素，如通过一些美术活动锻炼特殊儿童的手部精细动作或注意力等。

4. 与特殊儿童的沟通策略

(1) 要有耐心和爱心，使用温和、亲切的语气和表情与他们交流，让他们感受到关爱和安全。

(2) 采用简单易懂的语言，语速适中，清晰地表达活动的要求和步骤。

(3) 借助肢体语言和表情来辅助沟通，如通过手势、动作来解释或引导。

(4) 积极倾听他们的声音和反应，哪怕是一些简单的发声或动作回应，都要给予回应和重视。

(5) 根据他们的特殊情况，采用适合的辅助工具或技术，如对听力障碍儿童使用手语或视觉辅助工具。

(6) 尊重他们的表达和选择，不要强迫他们参与，而是逐步引导和鼓励。

(7) 给予他们充分的肯定和鼓励，及时表扬他们的努力和进步，增强他们的自信心和积极性。

(8) 不断观察他们的活动状态和需求，适时调整沟通方式和活动内容。尝试与他们建立信任关系，让他们愿意与你交流和互动。

(9) 与家长沟通，了解孩子平时的喜好和沟通特点，以便更好地与他们交流并让他们参与美术活动。

【对点案例】

美术活动在学前融合教育中的实践案例分析

案例背景

在一个学前融合教育班级中，有一名自闭症儿童小明和几名其他特殊需要儿童。教师希望通过美术活动来促进他们情感表达能力、创造力和社会交往能力的发展。

活动目标

1. 提供一个安全、包容的环境，让所有儿童都能参与美术活动。
2. 鼓励儿童用美术表达自己的情感和想法。
3. 培养儿童的创造力和想象力。

4. 促进特殊需要儿童与其他儿童的互动和合作。

活动准备

1. 各种绘画工具和材料，如颜料、画笔、画纸、彩色卡纸等。
2. 一些可用于启发创意的图片或实物，如动物、植物、风景等。
3. 准备足够的空间和桌椅，以便儿童能够舒适地进行创作。

活动过程

1. 引导阶段。教师展示一些启发创意的图片或实物，与儿童一起讨论这些主题，鼓励他们分享自己的想法和感受。

2. 创作阶段。儿童自由选择绘画工具和材料，开始创作自己的作品。教师在旁边观察和指导，鼓励他们尝试不同的色彩和技法。对于特殊需要儿童，教师可以提供额外的支持和指导，帮助他们表达自己的想法。

3. 合作阶段。教师鼓励儿童相互合作，共同完成一幅大型作品。这可以促进特殊需要儿童与其他儿童的互动和合作，增强他们的社交技能。

4. 分享阶段。儿童展示自己的作品，并分享他们的创作思路和感受。教师给予积极的评价和鼓励，强调每个人的作品都是独特和有价值的。

活动效果

1. 所有儿童都积极参与了美术活动，包括特殊需要儿童。他们通过绘画表达了自己的情感和想法，展现了独特的创造力和想象力。

2. 特殊需要儿童与其他儿童之间的互动和合作有所增加。

3. 儿童在活动中体验到了成功和乐趣，增强了自信心和自我表达能力。

在活动过程中，教师需要关注每个儿童的需要和进展，及时给予支持和指导；可提供多样化的材料和工具，以满足不同儿童的兴趣和能力；鼓励儿童在日常生活中继续探索和表达自己的艺术创造力。

通过这个案例，我们可以看到美术活动在学前融合教育中具有积极的作用，可以帮助特殊需要儿童发展情感表达能力、创造力和社交技能，同时也促进了全体儿童的共同成长。

四 幼儿园美术教育活动试讲实训指导

试讲是学前教育专业学生实训、幼儿教师入职前培训的重要方式之一。试讲实训可以综合考查学生活动的准备情况及活动设计是否切实可行，使学生掌握组织幼儿园美术教育活动的基本程序，锻炼胆量和勇气，积累教学经验，确保在实习或入职后能顺利开展幼儿园美术教育活动。

（一）实训目标

1. 理解幼儿园艺术教育的目标、要求、指导要点。
2. 掌握幼儿园美术教育活动的种类、方法及活动过程的设计。
3. 能按自己设计的美术教育活动方案进行试讲。

（二）实训重点

在掌握幼儿园艺术教育的目标、要求、指导要点，以及幼儿园美术教育活动的种类、方法及活动过程设计的基础上，能根据自己设计的美术教育活动方案，熟练试讲。

（三）实训内容

1. 幼儿园艺术教育的目标

（1）能初步感受环境、生活和艺术中的美。

（2）喜欢艺术活动，能用自己喜欢的方式大胆地表现。

（3）乐于与同伴一起娱乐、表演、创作。

2. 幼儿园艺术教育的要求

（1）引导幼儿接触生活中美好的事物和感人事件，丰富幼儿的感性经验和情感体验。

（2）引导幼儿欣赏艺术作品，培养幼儿感受美和欣赏美的能力。

（3）为幼儿提供自由表现的机会，鼓励幼儿大胆地想象，运用不同的艺术形式表达自己的感受和体验。

（4）指导幼儿利用身边的物品和废旧材料制作各种玩具、工艺装饰品，体验创造的乐趣。

（5）为幼儿创造展示自己作品的条件，引导幼儿相互交流、相互理解和相互欣赏。

3. 幼儿园艺术教育的指导要点

（1）艺术是幼儿表达认识和情感的独特“语言”。幼儿园艺术教育应引导幼儿接触生活中的各种美好事物与现象，丰富幼儿的感性经验和情感体验。

（2）艺术活动是一种情感和创造性活动。幼儿在艺术活动过程中应有愉悦感和个性化的表现。教师要理解并积极鼓励幼儿与众不同的表现方式，注意不要把艺术教育变成机械的技能训练。

4. 幼儿园美术教育总目标（略）

5. 幼儿园美术教育活动的设计

（1）活动名称。活动名称应体现活动领域、类型、内容及年龄班。

（2）活动目标。在设计活动目标时要综合考虑幼儿现有的发展水平、幼儿的年龄特征及学习特点、教育活动的性质和内容等，做到定位准确、清晰具体、便于操作、表述统一。

（3）幼儿情况分析或设计意图。分析幼儿已经具备哪些与该活动有关的知识、能力，存在哪些问题，或者对本次教育活动有针对性地解决的问题进行意图说明，做到简单明了。

（4）活动重点、难点。活动重点是活动中必须让幼儿掌握的重要知识或技能；活动难点是幼儿现有水平较难掌握的知识或技能。教育活动中教师要突出重点，突破难点。

（5）活动准备。活动准备包括知识经验准备、情感及心理准备、物质材料准备。第一，知识经验准备。教师要具备相关的知识，要了解幼儿具备了哪些与该活动相关的知识、技能，以便有针对性地开展教育活动。第二，情感及心理准备。教师的情感体验、心理感受会直接影响幼儿在活动中的情感体验，并影响活动效果。第三，物质材料准备。可操作的物质材料直接影响幼儿参与活动的兴趣和积极性。

（6）活动形式。集体活动、小组活动、个别活动等活动形式既可以在一个教育活动中综合使用，也可以独立使用。

（7）活动方法与途径。常用的幼儿园教育活动方法有：语言引导法（运用口头语言指导幼儿学习的一种方法，包括讲述法、讲解法、谈话法、讨论法、语言评价法等）、观察实践法（教师借助一定的实物、教具、多媒体课件等直观手段，将教育内容形象地展示给幼儿的一种方法，包括演示法、范例法、观察法、榜样法、游戏法、操作法、探究法、练习法等）、情感体验法（教师为幼儿创设一定的教育情境，让幼儿通过与情境的互动达到情感提升的方法，包括角色扮演法、移情训练法、陶冶法等）。常用的幼儿园教育活动途径有生活活动、游戏活动、教学活动、随机教育、家园共育等。选用教育方法与途径时既要注意综合考虑教育目标、内容与幼儿的年龄特征，又要注意配合使用多种方法与途径。

（8）活动过程。活动过程设计包括：开始部分（导入设计），引起幼儿兴趣，明确学习任务；基本部分（活动安排、提问设计、教具的使用、线索设计等），是活动过程的主要部分，要有层次有步骤地组织；结束部分（小结活动表现、提出新的要求），可以是教师小结也可以是幼儿小结。

在学前儿童美术教育活动过程中，有观察欣赏、讲解（示范）、探索、讨论、操作、展示、评价等环节。在活动过程设计中，教师可以根据活动内容的难易程度和幼儿的年龄特征，将这些活动环节加以调整，使活动过程更加多样化，更能引起幼儿的审美兴趣和审美表现。

- 形式一：观察欣赏—讨论—操作—欣赏—评价。
- 形式二：探索—观察欣赏—讲解（示范）—操作—欣赏—评价。
- 形式三：操作—讲解（示范）—操作—评价—欣赏。
- 形式四：讲解（示范）—操作—评价—欣赏。
- 形式五：操作—展示—欣赏。
- 形式六：讨论—操作—评价—欣赏。
- 形式七：讨论—探索—再讨论—操作—展示—欣赏。
- 形式八：讨论—观察欣赏—操作—评价—欣赏。

（9）活动延伸。要交代清楚具体活动，延伸形式可以是区角活动、户外活动等。

（10）活动评价与反思。根据评价标准对活动情况和幼儿发展情况进行分析，做出及时科学的活动评价与反思，进而不断改进。

6. 注意事项

（1）试讲要紧扣幼儿园艺术（美术）教育活动目标，重视整体思路，综合运用讲解、提问、演示等技能。

(2) 试讲要体现教师的个人教学风格与个性特征。

7. 评价要点(表 4-1、表 4-2)

(1) 活动目标符合《纲要》的要求、教材的特点及幼儿的实际,明确、合理、具体、可操作性强。

(2) 教师面向全体幼儿,知识结构合理,突出重点,突破难点,难易适度。

(3) 教师语言生动、准确,教态亲切、有感染力,组织、应变、调控能力强。

(4) 活动氛围和谐、互动且开放,活动形式多样。

(5) 幼儿思维活跃,积极主动参与学习探究。

(6) 教师因材施教,并能适时、适度地运用现代教育技术。

表 4-1 幼儿园美术教育活动设计与实施技能训练考核指标(自评)

活动名称		领域		年龄班		实施者	
评价时间	评价指标	关注点				分值	实际得分
活动中	教师策略	1. 活动导入简洁、适宜、有效,能有效推动活动开展 2. 提问清晰、明确、有价值,问题具有开放性 3. 运用多种教学策略,引导幼儿积极主动地参与活动 4. 在观察聆听的基础上,为幼儿提供师幼互动、同伴互动的空间 5. 随机筛选与判断幼儿自然生成的各种表现,并作出机智的回应 6. 教师善于兼顾群体需要和个体差异,善于分层指导和因势利导,能根据幼儿的实际情况进行随机教育 7. 活动过程合理,环节层层递进,转换自然,无拖延等情况 8. 根据活动目标、内容及幼儿特点合理选择教学组织形式(集体、小组、个别活动)					
活动后	教学效果	1. 能实现预定的活动目标 2. 能面向全体幼儿,让每个幼儿在原有水平上得到提高 3. 活动的开展能围绕重点、突破难点,优质高效					
实际得分及等级							
自我反思							
教师指导意见							

注:优秀:100~90 分;良好:89~85 分;中等:84~75 分;合格:74~60 分;不合格:60 分以下。

表 4-2 幼儿园美术教育活动设计与实施技能训练考核指标(互评)

<table>
<tr><td>活动名称</td><td colspan="2"></td><td>领域</td><td></td><td>年龄班</td><td></td><td>实施者</td><td></td></tr>
<tr><td>评价对象</td><td>评价指标</td><td colspan="5">关注点</td><td>分值</td><td>实际得分</td></tr>
<tr><td>教师</td><td>活动过程的指引</td><td colspan="5">1. 能以亲和的态度和灵活的活动形式营造安全、平等、温馨、感官体验丰富的学习环境
2. 提供充分的活动时间和适宜的活动空间、设施、材料,有效引发幼儿与环境、材料的积极互动
3. 教学基本功扎实,教学语言生动活泼,简洁流畅,富有启发性和感染力,有利于激发幼儿主动学习的兴趣和热情
4. 教学思路清晰,环节分明,张弛有度,能恰当运用多元化的教学方法和手段,采用适宜的指导策略,形成有效的师幼、同伴互动
5. 关注幼儿在活动中的表现和反应,能灵活调整活动进程与指导策略;尊重幼儿的个体差异,实施因人而异的个别指导</td><td></td><td></td></tr>
<tr><td rowspan="3">幼儿</td><td>活动态度</td><td colspan="5">轻松、愉快、积极、有序,乐于参与活动,情绪稳定,有安全感</td><td></td><td></td></tr>
<tr><td>活动表现</td><td colspan="5">1. 对学习内容、活动环境、活动材料、活动方式有兴趣,会利用环境资源进行学习
2. 能主动、积极、专注而投入地进行探索、操作、讨论、表达等
3. 愿意与同伴分享经验、意见和感受,能主动与同伴合作</td><td></td><td></td></tr>
<tr><td>活动成效</td><td colspan="5">1. 活动中有自信的表现,能获得成就感
2. 获得与活动内容相关的新经验和新体验,在能力等方面有所发展
3. 有个人独特的新收获</td><td></td><td></td></tr>
<tr><td colspan="2">综合</td><td colspan="5">1. 对《纲要》和《指南》的把握
2. 儿童观的体现
3. 创新教学能力</td><td></td><td></td></tr>
<tr><td colspan="2">实际得分及等级</td><td colspan="7"></td></tr>
<tr><td colspan="9">收获与提升</td></tr>
<tr><td colspan="2" rowspan="2">互评意见</td><td>修改建议</td><td colspan="6"></td></tr>
<tr><td>学习借鉴</td><td colspan="6"></td></tr>
<tr><td colspan="2">教师指导意见</td><td colspan="7"></td></tr>
</table>

注:优秀:100~90 分;良好:89~85 分;中等:84~75 分;合格:74~60 分;不合格:60 分以下。

案例一　漂亮的窗帘

活动背景

时间:2010 年 12 月,小一班,美术活动“漂亮的窗帘”。
地点:小一班教室,28 个孩子。

活动描述

早上,孩子们喜欢的美术活动开始了,小存是第三组第一个开始动笔的孩子,她在众多的油画棒中很快拿了粉色,用力地大面积涂起来,不一会儿又选择了黄色直接涂在粉色的上面,而其他孩子则在用彩色的油画棒给窗帘添画五颜六色的线条或者用其他图形装饰。

我来到小存身旁和她说:“小存,你画得很好看,不过,把两个那么漂亮的颜色这样重叠在一起画,会使你的画变得不好看噢!”说完我就去巡视别的小组的孩子了。

当我再次回到小存的身边时,看到她呆呆地看着自己的画,不知所措,手里还是拿着那支黄色的油画棒,并且不由自主地用指甲刮涂好的黄色,我没想到我的言语对她有如此大的影响。

我蹲下来轻声问:“小存,你粉色涂得那么好看了,为什么又拿黄色直接盖在上面呢?这样不是把画面弄脏了吗?”

小存说:“我喜欢粉色的窗帘,黄色是这个窗帘的纱,我看过这样的窗帘,很好看的。”

我恍然大悟,这才明白为什么小存又在粉色上面涂了一层黄色,原来黄色是纱。我意识到自己的教育行为使孩子不敢再表达自己的真实意愿,所以她才发呆,于是我握起小存的手:“来,你用黄色的涂,这样你的窗帘配上纱更漂亮噢!”

小存的脸上露出了灿烂的笑容,又开始画了。

活动结束后,孩子们的作品色彩缤纷,只有小存的窗帘与众不同,两个颜色叠加在一起,孩子们纷纷议论小存的窗帘不好看,颜色都混在一起了,我请小存把自己的作品讲给大家听,听后,孩子们马上就认同了,说窗帘装上纱真漂亮。

活动评析

在教学活动中,教师程式化的教育模式往往限制了幼儿,过多地干预指导,把成人的想法强加于幼儿,强制幼儿写实可能会限制幼儿的想象力,扼杀幼儿的创造性。如果教师都以程式化的教育模式和自己的审美要求作为标准,而不去考虑孩子们的内心感受,就可能出现单一的作品。小存的想象力和观察力符合她画窗帘的意愿,教师调整自己的教育行为后,小存在没有受到限制的情况下,情感得到了满足,她非常愉快地向同伴介绍自己的作品,并从中得到了极大的满足。教师的支持可增强学生的创作积极性。

活动反思

1. 教师要成为幼儿活动的真正支持者

美术活动是一种创造性的表现活动。《纲要》指出,艺术是幼儿表达自己的认识和情感的重要方式,教师应支持幼儿富有个性和创造性的表达。要发挥幼儿的创造潜能,幼儿应该是“主人”,教师则是幼儿活动的“支持者”,并以“支持者”的身份尊重幼儿的不同想象。但是,在教学实施过程中,我们往往把“支持者”放在口头上,会轻易地提出一些限制,干预幼儿的行为。常用“对不对,是不是”等口吻,以及固定的思维模式去限制、束缚他们,扼杀了幼儿的创造力。

在这次美术活动中,当小存用黄色直接覆盖在粉色上时,我不假思索地去干预:“粉色涂得那么好看了,为什么又拿黄色直接盖在上面呢? 这样不是把画面弄脏了吗?”表面上,我在表扬小存画得不错,其实没有真正在行为上给予支持,反而将我的意愿强加于她,造成她不敢直视自己的想法。幼儿借助绘画表达自己对事物的理解和内心感受,在绘画中他们可以自由发挥自己的思想,培养独创性,发展个性,他们的创造行为只有在自由宽松的环境中才能实现。这时教师的支持尤为重要,它是幼儿成功的基础,教师要做到真正意义上的“支持”,就应从幼儿的视角去设法营造一个孩子能充分表达自己的感受、展现丰富的想象力的环境,给幼儿创造尝试的条件,尊重并充分激发幼儿的创造性思维,让幼儿充分享受活动的乐趣,让美术活动给幼儿带来成功的愉悦,而不能用教师既定的目标去暗示结果。

2. 教师要做幼儿活动的引导者

在美术活动中,教师的作用不是机械地教幼儿技能技巧,而要适时有效地予以引导。就拿这次的案例来看,对于幼儿独特的表现力,教师没有及时地从欣赏者的角度去引导,反而将自己的思想强加给幼儿,这就造成幼儿在教师的言语暗示下不知所措,使幼儿自己也认为不应该这么画。幸亏教师及时领悟到自己没考虑到孩子的想法,调整了自己的教育行为。

每个幼儿都是独特的,在美术活动中,我们要接纳每个幼儿的独特表现,并为其提供展示自己的机会,这样,在教师适时有效的引导下,幼儿的想象会更丰富,他们参与活动的积极性、主动性会更强,作品会更有个性。

(根据网络资料整理)

案例二 鸡 与 蛋

活动内容

一、认识鸡的各种活动

1. 铺垫式的准备工作

(1) 在幼儿园饲养小鸡,组织幼儿观察和参与,把他们对动物的兴趣与主题内容结合起来。

(2) 欣赏相关图片,配合生动的故事和诗歌,激发幼儿的求知欲。

(3) 组织幼儿参观养鸡场和菜市场,通过社会性活动激活他们相关的社会经验,把主题内容生活化,强化他们的内在体验。

(4) 创设环境氛围。在教室内布置“鸡的一家”的立体模型。

2. 认识鸡的教学活动

(1) 引导幼儿通过观察,学习辨别事物的共同特征和不同特征。组织幼儿观察图片和鸡,引导幼儿讲述鸡的基本结构和外形特征,分辨公鸡、母鸡、小鸡的区别,了解鸡的生活习性。

(2) 通过生动活泼的艺术活动,向幼儿渗透关于"事物总是在不停地转换和变化"的意识。例如,"母鸡—生蛋—孵化—破壳出小鸡—小鸡变大鸡—母鸡生蛋"等生命周期。采取趣味性的方式,借助头饰、服饰表演公鸡打鸣、母鸡生蛋、小鸡破壳而出的过程。

二、认识蛋的各种活动

(1) 认识蛋的外部特征,包括蛋的大小、颜色。布置一次展览会,让幼儿担任讲解员。

(2) 认识蛋的基本结构和辨别生、熟蛋。为幼儿准备生蛋、熟蛋、小碗、筷子和勺子等材料。教师提出问题,引导幼儿用自己的方式打破鸡蛋,尝试了解蛋的结构和层次,讨论蛋的不同组成部分的作用和营养。

(3) 蛋壳实验中的健康知识。让幼儿亲自把触摸过的硬壳蛋放入醋中浸泡,数天后再亲自捏一捏变形了的蛋壳。在幼儿的震惊中,教师可以轻而易举地融入牙齿保健的相关知识。

(4) 最富情趣的鸡蛋宴。请厨师做一席鸡蛋宴,有蛋糕、蛋卷、蛋饼、水煮蛋、蛋羹、各种蛋炒菜等,教师与幼儿一起围在桌旁,边吃边讨论鸡蛋的用途、营养、味道等。鸡蛋宴把主题活动推向高潮,餐后幼儿以极大的兴趣进行了与众不同的绘画创作(图 4-5)。

图 4-5 《蛋上肖像画》北京博苑幼儿园

彩图 4-5

活动评析

这节活动选材很好,小鸡是幼儿熟知的事物,而"鸡蛋是怎样变成小鸡的?"又令他们感到新奇。

教师的铺垫工作做得很细致。在幼儿园饲养小鸡、欣赏相关图片、组织幼儿参观养鸡场和菜市场,这些都为幼儿提供了直观的感知,为下一步的教育活动奠定了基础。教师通过生动有趣的教育方式让幼儿认识了鸡和鸡蛋,并了解了相关的知识。活动丰富且富有趣味性,不仅增长了幼儿的知识,还激发了幼儿的进餐欲望。

(摘自:李文馥.儿童自主性绘画教育.北京:北京理工大学出版社,2009.)

案例三　丰子恺爷爷的画

活动背景

丰子恺(1898—1975)是我国著名的漫画大师。他热爱儿童,陶醉于儿童的天真,一生画了许多精彩的儿童生活漫画。他曾说:“由儿童变成人,好比由青虫变成蝴蝶,青虫和蝴蝶的生活大不相同……成人是在青虫身上装翅膀而教他同蝴蝶一同飞翔,而我是蝴蝶敛住翅膀而同青虫一同爬行,所以,我能理解儿童的心情和生活而兴奋地、认真地描绘这些画。”他的画里总能表现儿童的真实世界,最能引起儿童的共鸣。向幼儿介绍丰子恺,不仅可使幼儿了解独具特色的中国绘画风格,了解中国的漫画大师,激发幼儿热爱中国优秀艺术的情感,而且会在这些描述童年生活的画面中,让幼儿了解我国民间游戏,引发幼儿学习民间游戏的兴趣。

活动目标

(1) 饶有兴趣地欣赏绘画内容,初步感受艺术大师丰子恺的漫画风格。

(2) 乐于尝试使用中国画的工具材料,体验中国画独特的绘画风格。

活动准备

(1) 丰子恺作品:“童年游戏”六幅、“童年生活”三幅。

(2) 其他中外艺术家的作品六幅。

(3) 毛笔、砚台、墨块、清水、宣纸和红色水笔。

活动过程

1. 观赏模仿、引起兴趣

师:最近我们玩了很多民间游戏,咦?这是什么游戏啊?(出示《“大”字与“中”字》。)两个小朋友分别用身体来表示不同的字,你们认识这两个字吗?(请幼儿来做一做。)

师:原来这个游戏的名字叫“‘大’字和‘中’字”,两人面对面,一人做“大”字,另一人做“中”字,对方必须与该动作相反,做对了即交换,做错仍由另一方继续。

教师为一方,幼儿为另一方,试玩游戏。

2. 欣赏丰子恺爷爷儿童游戏漫画作品,了解绘画内容

师:丰子恺是我国著名的儿童漫画大师,他最喜欢小朋友了,用毛笔画了许多精彩的儿童生活漫画。《“大”字与“中”字》就是他看了小朋友的游戏以后画的。

师:我们一起再来欣赏一下他的其他作品:《抬轿》《自己恐吓》《积木》《眉心》《友情世界》,了解绘画内容。(讨论画面:他们都在玩什么呢?用了哪些工具?怎么玩的?)

对照教师提供的材料,了解丰子恺爷爷所用的绘画工具材料,讨论磨墨、舔笔绘画方法。

3. 尝试体验

我们也来学丰子恺爷爷画画水墨画。水墨画是用毛笔蘸墨汁画成的。

砚台上有一个凹槽,我们加一点水,用墨块蘸水,慢慢地研磨,用毛笔轻轻地“舔”一下墨汁,让它“喝”一大口墨汁。如果太浓了,就加一点水,如果太淡了,就再蘸一些墨汁。

想想今天要画什么?可以画自己画得最好的或是最想画的。

画完了就用红色水笔画个方块，在里面签上自己的名字当印章。

4. 进一步观赏谈论

(1) 从三幅“童年生活”和其他六幅艺术作品中选出丰子恺爷爷的绘画，说出自己的理由，了解中国画的特点。

(2) 将幼儿的作品和丰子恺的作品放在一起展示，谈论哪些更像中国画。

活动延伸

布置丰子恺绘画作品展览，学学丰子恺爷爷用毛笔绘画，欣赏他所画的民间游戏（图4-6、图4-7）。

彩图4-6和彩图4-7

图4-6　丰子恺《儿戏》

图4-7　丰子恺《“爸爸回来了”》

活动评析

本次活动的导入很自然，也很流畅，让幼儿在轻松的游戏情境中走进了丰子恺先生的漫画作品。幼儿的兴趣被激起后，教师又顺势调动幼儿的创作兴趣，可谓一气呵成。

教师在选材上不仅注重内容的生活化，还注重选材本身的艺术性。欣赏大师画作，不仅可以开阔幼儿的创作视野，还能够结合幼儿的日常游戏。因而，这次活动备受幼儿喜爱，教师驾驭起来也轻车熟路。

（摘自：李慰宜，林建华.幼儿园绘画教学手册.上海：华东师范大学出版社，2009.）

案例四 纸 杯 花

活动目标

(1) 尝试通过纸杯变形、涂色，制作出纸杯花。
(2) 探索不同的分割方式，并运用对比色或者渐变色均匀涂色。
(3) 体验变形所带来的快乐，并能耐心地进行涂色活动。

活动准备

(1) 纸杯、颜料、笔。
(2) 纸杯花范例。

活动过程

1. 出示纸杯花范例，引导幼儿欣赏，引起兴趣
引导幼儿观察纸杯花的材料：“看，这是什么？这朵花有什么特别的地方呢？”
2. 鼓励幼儿探索纸杯花的制作方法
师：一次性纸杯怎样才能变成一朵美丽的花呢？
教师示范用剪刀把纸杯剪成花的过程：从杯口沿直线剪到杯底，相隔一段再从杯口沿直线剪到杯底，直到将杯身全部剪开，用手将剪开的长条状花瓣向外打开即变成花。
3. 探索不同的分割方式，并运用对比色或渐变色均匀地涂色
(1) 回忆对比色和渐变色。
(2) 探索不同的分割涂色方式。
师：除了把花心和花瓣分成两半涂色，还可以怎么分才能涂出不一样的效果？
4. 幼儿操作，教师观察，及时反馈幼儿不同的分割涂色方法
(1) 幼儿沿直线剪出花瓣。
(2) 可以选择用对比色或渐变色涂色，涂色时要均匀、细致，要有耐心。
5. 集体展示作品，教师小结
将幼儿制作的纸杯花串起来，变成一个个花串，悬挂起来。

活动评析

幼儿手工技能的获得是通过操作知识和技能的掌握及迁移而形成的。幼儿掌握技能一般要经历感知、模仿、练习、创作几个过程。本次活动教师便遵循了这个规律，首先出示纸杯花范例，引导幼儿欣赏，引起兴趣；然后鼓励幼儿探索纸杯花的制作方法；再引导幼儿探索不同的分割方式，并运用对比色或渐变色均匀地涂色；最后评价作品，给幼儿以欣赏与评价的机会。

本次活动条理清晰、目标明确、设计合理。选用了幼儿生活中所熟知和常用的一次性纸杯作为操作材料，既安全又有很强的可操作性。

（根据网络资料整理）

案例五 凉鞋展览会

活动目标

(1) 通过欣赏、讨论,感受凉鞋简单的结构和丰富的图案,尝试用油泥进行设计和制作。
(2) 结合已有技能经验,探索用油泥制作凉鞋,并对凉鞋进行装饰。
(3) 体验设计与创作的快乐。

活动重点

感受凉鞋图案的丰富性,能借助已有经验积极探索,并用油泥进行设计和制作。

活动准备

(1) 材料准备:实物凉鞋、油泥、泥工板、安全刻刀、彩色亮片、挂图、教师自制作品。
(2) 环境布置:用各种凉鞋将活动室的一角布置成“凉鞋展览会”。

活动过程

1. 参观“凉鞋展览会”,激发幼儿的制作兴趣

师:今天,老师要带小朋友们去参观“凉鞋展览会”,请你仔细看一看,找出你最喜欢的凉鞋。(幼儿自由参观、交流。)

师:你最喜欢哪双凉鞋? 为什么?(引导幼儿从凉鞋的颜色、图案、样式等方面展开交流。)

小结:凉鞋的构造很简单,但是它的颜色、样式、图案却不相同,让我们一看就觉得很特别。

2. 欣赏教师自制作品,讨论凉鞋的制作方法

师:今天我也带来了一双小凉鞋。请你看看我的凉鞋是用什么做的? 它由哪几部分组成? 猜猜我是怎样制作的?(幼儿根据已有的经验,表达自己的想法。)

小结:这双凉鞋是用油泥做成的,它可以分成鞋底和鞋面两个部分。我们可以先用油泥做出鞋底,然后再根据自己的想法做你喜欢的鞋面。

3. 幼儿制作,教师个别指导

(1) 教师介绍操作的步骤和要求:先做鞋底,然后根据自己的想法设计喜欢的鞋面,最后要记得用自己喜欢的材料装饰凉鞋。

(2) 教师指导。(提醒幼儿注意安全。)

① 引导幼儿正确分切油泥,先制作出两个一样大小的鞋底,再制作鞋面。

② 引导幼儿观察挂图中不同式样的凉鞋,大胆想象进行设计。

4. 欣赏与评价

(1) 将幼儿的作品展示在“凉鞋展览会”上,然后再通过投票的方式选出最受欢迎的凉鞋。

师:现在,老师给你们每人一张选票,请将你最喜欢的三个作品编号写在选票上,让我们来比一比,看谁的作品最受欢迎。

(2) 对选出的作品进行欣赏和评价。

师:这三双凉鞋有什么特别的地方?

活动提示

有条件的园所也可以将制作方法用录像或者图片的形式展现出来，让幼儿更加直观地了解制作的方法和过程。

鼓励幼儿为家人制作凉鞋，以增进亲情。

活动评析

凉鞋是夏季孩子们再熟悉不过的物品，教师的选材符合幼儿的认知发展规律。在教育方法上先给幼儿直观的感知——参观“凉鞋展览会”；再出示教师自制的“凉鞋”，激发幼儿的制作兴趣。在活动过程中，教师鼓励幼儿充分想象、设计凉鞋，让幼儿体验到了制作的乐趣。最后教师还设计了为家人制作凉鞋的环节，既巩固了幼儿制作凉鞋的技能，又增进了亲情，可谓一举两得。

案例六 漂亮的太阳帽

活动目标

(1) 欣赏不同样式的太阳帽，并能积极探索，尝试用折、剪、贴等方法设计、制作和装饰帽子。

(2) 体验制作活动的快乐。

活动重点

能发挥想象力和创造力，用剪、贴等方法设计、制作和装饰太阳帽。

活动准备

(1) 材料准备：剪刀、糨糊、抹布、彩色卡纸、皱纹纸、涤纶纸、水彩笔、油画棒、废旧报纸、各种太阳帽的实物和图片。

(2) 环境布置：用各式太阳帽（实物）和图片将活动室的一角布置成“太阳帽商店”。

活动过程

1. 教师带领幼儿参观“太阳帽商店”，引起幼儿制作太阳帽的兴趣。

师：今天我们一起去参观一家“太阳帽商店”，小朋友们最喜欢哪一顶太阳帽？为什么？小朋友们也可以选一顶自己喜欢的帽子戴一戴。

小结：我们通常会在夏天戴太阳帽，以防被太阳晒黑晒伤。有些太阳帽是有顶的，有些是没有顶的；有些太阳帽有一圈宽宽的帽檐儿。太阳帽上还会有很多不同图案的装饰物。

2. 幼儿探索太阳帽的设计和制作方法

师：今天，请小朋友们也来设计一顶漂亮的太阳帽吧。你打算做一顶什么样的太阳帽？怎么做呢？（幼儿讨论自己的设计和制作方法。）

(1) 幼儿用旧报纸等探索太阳帽的设计与制作方法,教师个别指导。

(2) 幼儿相互交流制作经验。

小结:制作太阳帽的方法有很多,可以用一张纸通过剪、折的形式来制作;也可以将纸条围成和自己头一样大小的圈,然后再加上帽檐,每个人的方法可以不同。

3. 教师指导幼儿制作

(1) 鼓励幼儿大胆尝试,用自己的方法制作太阳帽。

(2) 引导幼儿说说自己在创作过程中遇到的困难及解决的方法。

(3) 教师要鼓励幼儿和同伴相互学习、相互帮助,完成制作。

4. 欣赏与评价

(1) 教师选取制作帽顶及在装饰上有特色的太阳帽进行针对性的评价。

师:我这里有几顶比较特别的太阳帽,我们请设计师们来介绍一下他们是怎样制作的。

(2) 幼儿说说自己在创作过程中遇到的困难及解决方法。

师:在创作过程中,你遇到了哪些困难,是怎样解决的?

活动提示

幼儿的作品可用于环境创设或作为表演游戏区的道具,让幼儿进一步体会成功的快乐。

装饰材料可以更加多样,如羽毛、树叶等自然材料都可以用来装饰。

活动评析

太阳帽是幼儿在夏季常用的、熟悉的日常用品。教师能够循序渐进地引导幼儿先欣赏、感知,再尝试创新制作,把握了幼儿的接受特点和美工活动的规律。鼓励、引导幼儿在生活中发现更多的装饰品,又将活动扩展到了生活之中。

本次活动充分体现了学前儿童手工活动的目标:培养幼儿大胆地制作多种平面的和立体的手工作品,用以美化周围环境和进行游戏活动;让幼儿体验手工活动的乐趣,积极投入手工活动中;让幼儿初步尝试不同手工工具和材料的基本使用方法,形成良好的手工活动习惯。

案例七 自 画 像

活动目标

(1) 尝试用水粉画的形式画出自己的样子,表现出自己的主要特征。

(2) 掌握正确的握笔姿势。

活动重点

尝试用水粉画的形式画出自己的样子,表现出自己的主要特征。

活动准备

(1) 经验准备:幼儿观察并了解自己的样子,能说出自己的特点。

(2) 材料准备:水粉颜料、水粉笔、抹布、幼儿全身和半身照片(分别是横向和竖向两种构图)、挂图、幼儿美术画册。

(3) 环境布置:在活动室四周摆放镜子。

活动过程

1. 在游戏中观察并介绍自己

(1) 教师请幼儿仔细观察镜子里的自己,并向大家介绍自己的模样。

师:说一说你的模样,有哪些特征,穿着什么颜色的衣服。

(2) 教师与幼儿共同玩游戏“找一找我的不一样”。

师:让我们来找一找,你和别人有哪些不一样的地方。

师:怎样让别人知道自己的模样呢? 我们可以将自己的模样画出来。

彩图 4-8

2. 欣赏凡·高的《自画像》

(1) 教师出示挂图,引导幼儿欣赏。

师:让我们看看艺术家是怎么画自己的。

(2) 探讨合适的构图方式。

师:我们在画人物时,如果想让别人看得清楚,是横着画好还是竖着画好呢?(出示全身、半身人物照片,请幼儿进行比较。)

3. 幼儿进行写生活动,教师指导

师:你们想把自己的模样画下来吗? 你可以对着镜子,看清楚以后再画。

教师鼓励幼儿大胆表现自己与众不同的地方,示范正确的握笔姿势,提醒幼儿注意用眼卫生。

4. 欣赏与评价

(1) 教师带领幼儿玩“我的朋友在哪里”的游戏。请幼儿根据同伴的作品猜一猜自己的好朋友是哪一个。

师:让我们来找一找自己的朋友在哪里,你能认出你的朋友吗? 是从哪里看出来的?

(2) 教师请幼儿用一句话介绍自己的画像(图 4-8),并引导幼儿用简单的语言描述对他人作品的感受。

图 4-8 陶川宁《自画像》

活动提示

幼儿的写生活动应在认真观察过自己的外形特征后进行。

除了用水粉画的方式表现以外,教师还可根据幼儿的实际能力水平选用勾线笔创作,以降低活动难度。

活动评析

本次活动相对来说有些难度，但教师运用的方法是循序渐进的，旨在帮助幼儿一点点积累创作自画像的经验。

欣赏名家画作让幼儿既有了参考的素材又有了学习的机会。本次活动不仅仅停留在自画像上，而且请幼儿去观察并评价同伴的作品，使幼儿初步掌握了评价的方法。

案例八　我的朋友

活动目标

(1) 能大胆、夸张地在透明胶片上创作有趣的人物肖像。
(2) 愿意尝试在不同质地的材料上进行绘画活动，感受活动的乐趣。

活动重点

在透明胶片上大胆、夸张地绘画自己的朋友。

活动准备

(1) 经验准备：幼儿观察过自己好朋友的脸部特征。
(2) 材料准备：透明胶片、画纸、勾线笔、水彩笔、铅笔、油画棒、写生画板。

活动过程

1. 出示透明胶片，激发幼儿创作兴趣
教师引导幼儿观察透明胶片，帮助幼儿发现它的特别之处。
师：请你摸一摸，试一试，你觉得透明胶片可以用来做什么？
2. 幼儿尝试在透明胶片上描画
(1) 探索材料使用方法及创作方法。
师：我们可以用什么样的笔在上面画画呢？
(2) 幼儿尝试用不同的笔在胶片上绘画，发现水彩笔和勾线笔可以画上去。但在颜料还没有干之前不能用手擦。
(3) 讨论绘画的注意事项。
师：如果我想将自己的朋友画下来，应该怎样做？
小结：绘画时要坐在朋友的对面，仔细观察他的脸，然后再画。在绘画过程中可以在透明胶片与写生画板间放一张白纸，让胶片上的图案更清晰。
3. 幼儿结伴进行绘画活动，教师指导
师：快为我们的好朋友来画张像吧！

教师鼓励幼儿用夸张的线条描画自己的朋友。提醒幼儿在描画过程中按照朋友的基本轮廓进行绘画。

4. 欣赏与评价

(1) 教师将幼儿的作品贴在玻璃上,请幼儿一起找一找,说一说自己的朋友在哪里。

(2) 请幼儿将自己的作品送给朋友,并请朋友说一说哪里画得好。

(3) 教师引导幼儿邀请自己的朋友一起跳邀请舞,感受成功的快乐。

活动提示

使用透明胶片这种特殊材料开展活动,可以增加写生活动对幼儿的吸引力。

幼儿在绘画中需要一直举着手臂,比较辛苦,有条件的园所可以为幼儿准备画架,降低绘画难度。

透明胶片有两面,一面比较容易上色,另一面比较不容易上色,教师可以作标记,帮助幼儿区分。

教师可根据班级幼儿的实际能力,请幼儿两两合作,一个幼儿将透明胶片举放在脸前,另一个幼儿用水粉笔沿同伴的脸部轮廓进行绘画创作。

活动评析

这次活动的创意很大胆,也很有新意,教师要关注幼儿的自主表现与创造性过程,准确评估幼儿的绘画能力,充分激发幼儿的创作兴趣,以顺利达成此次活动的目标。

项目一　美术欣赏活动模拟练习

分组进行,模拟开展一次幼儿园美术欣赏活动(小、中、大班任选其一)。

项目二　绘画活动模拟练习

分组进行,模拟开展一次幼儿园绘画活动(小、中、大班任选其一)。

项目三　手工活动模拟练习

分组进行,模拟开展一次幼儿园手工活动(小、中、大班任选其一)。

大班主题活动:做个守时的孩子①

1. 主题背景介绍

人们在生活中具有时间观念是很重要的,而时间较为抽象,幼儿较难认识时间概念,常常搞不清楚时间的长短,做事拖拉磨蹭,缺乏时间观念。针对这些特点,需要结合日常生活和各种活动,引导大班幼儿直观感知和体会时间长短,认识时间的重要性,做个守时的孩子。

2. 主题素材

谜语:钟表

溜溜圆,光闪闪,两根针,会动弹, 一根长,一根短,嘀嗒嘀嗒转圈圈。

故事:不守时的烦恼

小虎从来没有时间观念。妈妈说吃饭时间到了,小虎不听,还要玩。爸爸说睡觉时间到了,小虎不理睬,继续看电视。老师说上幼儿园不要迟到,小虎经常迟到。小朋友说:“如果大家都像你,这个世界要乱套。”小虎不相信。

小虎早上起床,想吃早点。妈妈说:“早餐时间已过,早点都吃完了。”小虎只好自己去买早点,可是所有的食品店都关门了。小虎问:“上班时间到了,你们怎么不开门?”营业员说:“我们没有时间表,想什么时候营业就什么时候营业。”小虎气坏了。他来到幼儿园,老师说:“厨房阿姨上班迟到了,来不及做早点。”这可好,小虎饿得受不了了。下午放学,别人都回家了,小虎的爸爸还没来接他,急得他打电话问爸爸:“爸爸,您怎么到时间不来接我?”爸爸说:“急什么,我还要同朋友聊天呢。”这天,小虎很晚回到家,他想看的儿童片已经播完了,急得他直叫唤:“今天真是乱成一团。”

游戏:画手表

两人一组,互相在对方的左手腕上画手表。注意手表的表盘结构,12 个数字的顺序排列,分针(长针)、时针(短针)的位置等。幼儿之间可以互相交流各自手上画的表显示的时间是几点钟。

歌曲:小时钟在说话

3. 题目内容

(1) 主题网络图设计(书面作答)。

(2) 教学活动设计(一课时)(书面作答)。

(3) 说课(口头作答)。

4. 基本要求

(1) 根据附件提供的素材,综合幼儿发展各领域以及幼儿园活动的类型,围绕主题设计主题

---

① 2021 年全国职业院校技能大赛(高职组)“学前教育专业教育技能”赛项题库 幼儿园教育活动设计

网络图。主题网络图绘制要具有丰富性、科学性、具体化和操作性强等特点，充分考虑到生活化、兴趣性、适宜性、幼儿的主体性和家园合作等因素。

（2）根据主题素材与年龄段，设计一课时（30分钟左右）集体教学活动的教案。教案格式完整规范，语言清晰、简洁、明了，目标设计、内容选择、方法运用符合幼儿年龄特征和领域特点。

（3）根据已设计的教案，就内容、目标、方法、过程设计等进行说课，说清楚“学什么、教什么”“怎么学、怎么教”以及“为什么”等问题，语言规范，条理清楚，逻辑性强，表达流畅。说课时间在7分钟内完成。

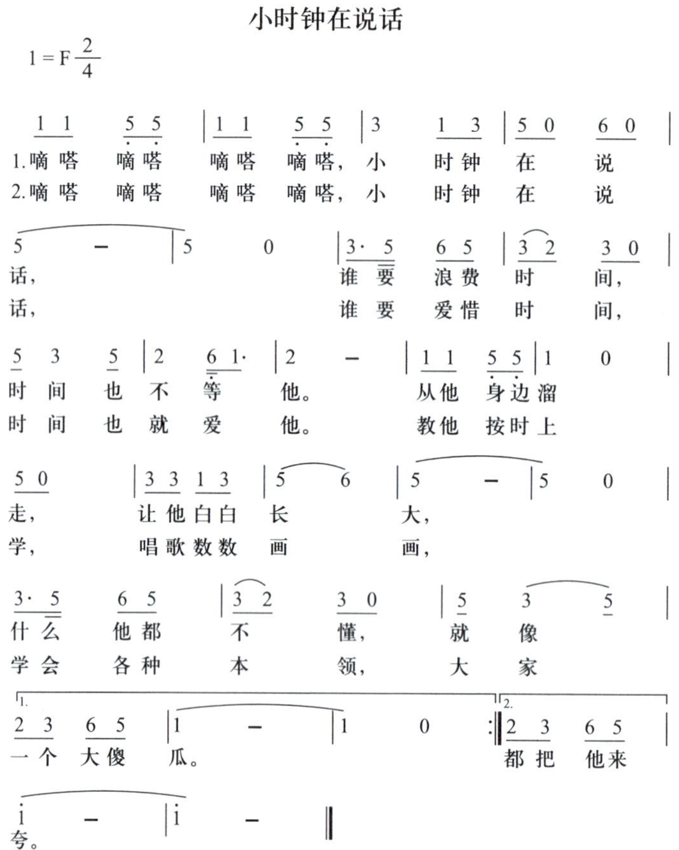

参考教育活动设计

大班美术活动：花样手表

【活动目标】

1. 了解手表的基本构造，知道手表由表盘、表带及时针、分针、数字刻度组成。
2. 尝试在手臂上创作各种手表形象。
3. 感受到手表的重要性，知道要珍惜时间。

【活动准备】

1. 课件“手表”。

2. 水彩笔人手一份,湿毛巾。

【活动过程】

1. 设疑激趣,引发思考

师:有一个叫小艳的小朋友,她可喜欢睡懒觉了,可是今天要开学了,猜猜看,她会不会迟到?

哑剧表演。

师:小艳迟到了吗?你是怎么看出来的?小艳的妈妈怎么知道什么时候叫醒小艳,什么时候送她去上学呢?

幼:妈妈是因为闹钟响,看到闹钟上的时间。

师:除了可以看闹钟知道时间,还有什么也能告诉我们时间呢?

幼:手表。

2. 了解手表的基本构造:表盘、表带、时针、分针、数字刻度。

(1) 提问讨论。

师:是呀,手表可以时时刻刻提醒我们,时间快到了,要抓紧时间。

师:你见过手表吗?你见过的手表是什么样子的?

选1~2个小朋友简单地说一说。教师重点引导幼儿讲讲见过什么形状的手表。

(2) 介绍手表。

师:今天,老师也带来了一块手表(出示实物手表),瞧一瞧,这块手表是什么样子的?

① 介绍手表的表盘及表盘上面有什么。

师:如果我们想知道现在是几点了要看什么?

除了数字刻度,表盘上还有什么?(时针、分针)

师:手表上还有一个指挥部,就是这里——表冠,要是你的手表时间不准,就可以把表冠拉出来,转一转,时针、分针就会听它的指挥转到正确的时间。

② 介绍表带。

师:除了表盘、表冠,手表还由什么组成呢?我的这块手表的表带是什么样的?

3. 欣赏各种艺术装饰手表

师:钟表国的国王呀,最喜欢收藏手表,尤其喜欢收藏名贵的艺术手表,他还办了一个手表展览会,展示他最得意的手表收藏,想不想和我一起去看一看?

师:这些手表美不美?你最喜欢哪块?哎呀,你真有眼光,你看,表带上的花朵多漂亮!

4. 幼儿设计手表

师:国王想邀请你们为他设计手表,而且还要举办一个T台秀,让你们展示呢!老师也要和你们一起去,看,我的手表已经设计好了,它有什么特别的地方?(画在左手手腕上。)是啊,待会儿也要请你们在自己的左手手腕上画手表。

指导:在画之前,小朋友们要先想一想,手表由什么组成?先画什么?表盘要画得大一些,表盘上要画上时针、分针和数字刻度。表带你想设计成什么样的?是链条的、皮质的,还是有装饰的?画的时候要小心,如果画脏了,可以用桌上的湿毛巾擦一擦。

5. 欣赏、交流、评价

师:马上要进行手表发布会了,让我们到T台上来展示设计好的手表吧。

【活动延伸】

在美术区用卡纸或彩泥等材料继续制作手表。

国考聚焦

大班绘画活动:春天来了

试讲

1. 题目:春天来了

2. 基本要求:

(1) 用绘画的方式配合开展“发现春天”的活动。

要求绘画富有童趣,有创意。

(2) 引导幼儿完成绘画作品。

教学基本适合幼儿的特点,绘画内容能激发幼儿的兴趣,适合幼儿的能力水平;教师讲清绘画要求,且能够预设幼儿在绘画中的不同问题,对幼儿进行指导。

(3) 请在 10 min 内,完成以上两项任务。

答辩题目

1. 怎样根据这幅画引导孩子开展关于“春天”主题的活动?

2. 我们组织绘画活动,让小朋友自由发挥,有的自己玩彩泥,有的玩玩具,发表你自己的观点。

【试讲范例】

大班绘画活动:春天来了

开始部分

- 形式一:教师采用故事《快乐的一天》导入,引导幼儿聆听故事,了解故事中的小朋友在春游这一天都干了什么,看到了什么景象,激发幼儿参与活动的兴趣,并培养幼儿认真倾听的好习惯。

师:故事中的小朋友是和谁一起去春游的?春游的过程中发生了什么好玩的事情?你们喜欢春游吗?

教师为幼儿提供了自由表达想法的机会,并充分调动幼儿的积极性。

- 形式二:教师采用音乐律动《春天在哪里》引出主题,引导幼儿通过歌词感受春天的景色和气息,激发幼儿参与活动的兴趣,为幼儿接下来的创作积累经验,体现音乐和美术的融合。

- 形式三:教师采用手指游戏“手指变变”引出主题,幼儿积极参与。在做手指游戏时,幼儿手在动、嘴在动、大脑在思考。童谣的内容和本次春天主题相关,为接下来的活动做好铺垫。

师:小朋友们,手指游戏的时间到了,动动我们的小手和老师一起做:小手拍拍拍,小手变变变,变出青蛙呱呱呱;小手拍拍拍,小手变变变,变出小鸟啾啾啾;小手拍拍拍,小手变变变,变出春雨沙沙沙;小手拍拍拍,小手变变变,变出种子快长大;小手拍拍拍,小手变变变,变出多彩的春天。

基本部分

1. 引导幼儿展开联想,感知春天的景色

- 形式一:教师引导幼儿展开联想。

(1) 讨论自己的春游场景,激活幼儿思维,引导幼儿大胆发言。

师:你在春游的时候看到了什么? 和故事中的小朋友看到的一样吗? 你的心情是怎样的?

引导幼儿回忆春天常见的一些活动场景,如踏春、放风筝、闻花香等;景物的变化,如植物发芽、开花、抽条,小溪潺潺等;动物的活动,如蝴蝶闻花、蜜蜂采蜜、小鸟唱歌、小动物经过冬眠出来寻找食物等。

(2) 教师总结春天的自然景象、人们的心情及其色彩表现。

- 形式二:教师结合多媒体课件展示多彩春天的图片,引导幼儿发现春天景色的变化。

(1) 图片中春天景色都有什么变化? 鼓励幼儿大胆发言。

师:小朋友从图片中看到了什么? 你的心情是怎样的?

引导幼儿发现春天常见的一些活动,如踏春、放风筝、闻花香等;景物的变化,如植物发芽、开花、抽条,小溪潺潺等;动物的活动,如蝴蝶闻花、蜜蜂采蜜、小鸟唱歌、小动物经过冬眠都出来寻找食物等。

(2) 说一说你眼中的春天是什么样子的?

教师总结春天的自然景象、人们的心情及其色彩表现。

- 形式三:教师结合绘本引导幼儿感受春天的气息。

(1) 教师利用绘本《小牛的春天》,声情并茂地讲述绘本,让幼儿感受春天的气息、春天的变化。通过视(看绘本、观察绘本)、听(教师讲、幼儿听)、思(师生互动式提问),为接下来的绘画活动奠定基础。

师:小牛的春天是什么样的? 桃花是什么样的? 谁放风筝了? 小草是什么样的? 河流是什么样的?

(2) 说一说你眼中的春天是什么样的? 为自由创作做充分的准备。

2. 幼儿欣赏绘画作品,学习绘画的技能技巧(构图、涂色、线条等),教师强调绘画注意事项

- 形式一:教师引导幼儿欣赏以春天为主题的绘画作品,为幼儿示范绘画技巧。

(1) 欣赏绘画作品,引导幼儿对春游主题展开联想。

师:从这幅作品中你们都看到了什么? 主要颜色是什么? 春游的图画和秋游的图画有什么不同,人们在服饰上有什么不一样呢?

教师总结春天的天气特征及人们在服饰上与其他季节的区别。丰富幼儿的创作元素,使幼儿掌握一定的构图技巧。

(2) 教师示范绘画技巧。

师:老师给大家画一画春游的美丽图画,小朋友们一定要给老师提供好的绘画创意哦。

教师引导幼儿说出画春游主题的图画时可选择的景物元素、人物表情及主要使用的颜色,并强调绘画注意事项。

- 形式二:教师引导幼儿分析描绘春天不同景色的绘画作品,为幼儿示范绘画技巧。

(1) 教师出示多张描绘春天不同景色的绘画作品,引导幼儿分析作品材料、绘画技巧等。

师:小朋友们,你们都看到了什么? 看一看作品中用了什么材料? 是怎么涂色的?

教师总结春天的天气特征及人们在服饰上与其他季节的区别，丰富幼儿的创作元素，使幼儿掌握一定的构图技巧。

(2) 教师示范绘画技巧。

师：小朋友都喜欢美丽的春天，那现在请小朋友把诗歌里的春天画下来吧！燕子的尾巴像剪刀，捕蝴蝶的网可以先画竹竿再画三角形的网。燕子的翅膀和尾巴上有黑色的羽毛，涂色时小朋友需要注意。

要求幼儿根据春天的特征作画。鼓励幼儿大胆下笔，表现春天的特征。

3. 幼儿创作"春天来了"

(1) 通过以上环节，幼儿积累了绘画"春天来了"的元素和想法，教师鼓励幼儿进行创作。

师：春天这么美丽，我们组织一次绘画比赛，大家画一画自己想象的春天吧！

(2) 幼儿作画，教师给予幼儿个别指导，让每个幼儿都可以在绘画过程中得到锻炼和提高。

① 重点指导幼儿绘画的位置，作画的布局、颜色。提醒幼儿注意画面的整洁。

② 鼓励幼儿将人物画大一点，并丰富画面内容。

结束部分

- 形式一：情景模拟——春游。

教师将幼儿带到户外，在《春天在哪里》的背景音乐下，一起模拟春游场景，有人在跳舞，有人在唱歌，有人在讲故事，有人在做游戏等。

师：听，什么好听的声音？现在我们一起去户外开始我们的"春游"吧。

- 形式二：总结评价幼儿作品，引导幼儿从整体上欣赏，分享共同创作后的喜悦。

请幼儿介绍自己画的"春天来了"，重点引导幼儿学会欣赏同伴的作品。

活动延伸

图书区：和幼儿一起欣赏诗歌《我爱春天》。

亲子春游：周末和爸爸妈妈去春游，看看春天的景色。

【答辩题目解析】

1. 怎样根据这幅画引导幼儿开展关于"春天"主题的活动？

参考答案：

考官您好，根据这幅画，首先，教师可以通过自主探究的活动形式，以开放式提问的方式，询问幼儿你们在画里看到了什么，以此发挥幼儿的主动性，引导幼儿主动探究；接下来，教师可以结合幼儿自身的生活经验，让幼儿说出这是什么季节，他们眼中的春天是什么样子的；最后，教师可以结合幼儿所说的内容，选择适合活动主题的领域，结合春天的特点和图片的内容开展活动。

2. 我们组织绘画活动，让小朋友自由发挥，有的自己玩彩泥，有的玩玩具，发表你自己的观点。

参考答案：

考官您好，我认为在组织绘画活动的时候可以给幼儿一定的自由发挥和操作的空间，但是教师也应该根据实际的活动需要进行必要而适时的指导，让幼儿能够在不偏离活动主线的基础上使绘画技能得到更好的培养和锻炼。比如，玩彩泥能够提高幼儿的动手操作能力和幼儿对色彩的敏感性，可作为绘画延伸活动，教师可以对幼儿予以鼓励；而玩玩具则偏离了绘画活动的主要方向，教师应当适时提醒幼儿，引导并鼓励幼儿作画，可以把玩玩具作为对幼儿的小奖励，这样既能满足幼儿玩玩具的需要，又能使绘画活动正常进行。所以，这就要求教师要在实际教学的过程中注意观察幼儿的活动，根据活动内容、方式等给予幼儿适当而及时的指导。

拓展阅读

提高学前儿童美术教学活动效能的若干尝试

（作者 杨秀玲）

一、灵活运用多种教学方法，激发幼儿创作的欲望

对于喜好新鲜事物的幼儿来说，只有采用灵活多变的教学方法，才能更好地激起他们对美术活动的兴趣和热爱。

（一）示范法

在学前儿童美术教学中，要辩证地处理“教”和“放”的关系。如在幼儿初学折纸、剪纸、版画等时，教师需要逐步示范基本步骤，如果教师不引导示范，幼儿将无从下手。我将传统填鸭模式的“示范讲解”进行了改良，对出示的先后顺序、形式、内容等都做了重新的诠释。

1. 个别示范

所谓个别示范是指在新的教学内容中，对幼儿来说有难度的部分或物体的一个局部由教师示范，以突破难点，实现教学目标，可以使幼儿更集中精力学习和掌握新的技能。

例如，在画“元宵节”时，幼儿在画抬头看灯人物时，容易将五官、头发倒置，我会将此人物的动态进行示范，让他们在短时内把握重点，从而引导他们在此基础上主动地、投入地完成作品。再如，在用水粉描绘京剧脸谱时，先在半张纸上画京剧脸谱一半的局部，让幼儿讨论画对称图案的简单方法，然后再让幼儿选择漂亮的颜色进行快速复制，这样幼儿在较短的时间内就能把握重点。

2. 欣赏示范

欣赏离不开范例的使用，真实的照片、大师的名作等都可提升幼儿的审美情趣，让他们感受艺术的氛围。我提供的范画，数量一般在两张以上，角度多样，旨在给幼儿“还能这样画”的感受。

例如，画向日葵前，我让幼儿欣赏真实的向日葵及照片、凡·高的名画《向日葵》、装饰画《向日葵》等大量与向日葵有关的图片，让他们简单欣赏、分辨向日葵的不同表现手法，从而帮助幼儿在自己的作品中体现出明显的特点和个性。

3. 同伴示范

幼儿的美术创作是个性化的，其中有许多值得幼儿互相学习借鉴的内容。向幼儿展示同伴的作品，让幼儿对话和相互介绍、讨论那些有创意的表现，不但能使他们感受作品中有创意的颜色、构图，在学习借鉴的基础上更大胆地想象和创造，还能发展他们的语言表达能力，使幼儿产生

"你能画、我也行"的心理。

例如，美术活动一开始，幼儿就发现墙面上多了许多色彩鲜艳的纸浆串珠，原来是其他班幼儿制作的一串串颜色鲜艳、款式各异的耳环、手链、项链，引得我们班孩子们好不眼馋，他们边欣赏边七嘴八舌地说起来，央求我让他们也来做纸浆玩具。由于同伴作品的展示，孩子们通过学习借鉴，制作出了更精致更有创意的作品。

4. 互补示范

互补示范一般由师生共同参与，合作完成，使教师示范与幼儿示范互为补充，从而调动幼儿参与的积极性。

例如，在"小鸟乐园"的绘画活动中，鸟的种类繁多，我就引导孩子们仔细观察鸟的主要结构，并根据鸟各部分的特征进行简单的分类，如大嘴的鸟、长脚的鸟、尾羽长的鸟等，帮助孩子们把握不同鸟的显著特征。我先用局部示范法，示范小鸟局部，再请幼儿结合已有的表现经验补充小鸟的其他部分。我要求孩子们大胆地表现各种各样的鸟。互补示范能使孩子们的个性体现在各自的作品画面上。

（二）观察发现法

观察发现法，即不教给现成的艺术技能技巧，只创设环境，鼓励引导幼儿一步步有目的、有步骤地去看、去想、去发现生活中的美，并积累大量的形象表象。它以观察、发现和解决问题为中心，注重幼儿的独立自主活动。观察发现法也让我理解到"看到了什么画什么"的方式是死板的，需强调观察，重视体会。

例如，在教幼儿画蚂蚁时，我会让幼儿先了解有关蚂蚁的知识，然后让他们到室外找蚂蚁。孩子们有的在大树下观察，有的在花草间搜索。在整个观察过程中，幼儿都叽叽喳喳地说个不停，有的用手摸，有的在争论蚂蚁会不会打架。回教室与同伴、教师互相交流后，大多数幼儿知道了蚂蚁的结构，迫不及待地画着，有的画了一群蚂蚁聚在一起，有的画蚂蚁搬家，有的画蚂蚁打架。这一次的作品充满了灵气，想象力丰富。

（三）情境法

可以先给幼儿设定充满情感特色的情境，使他们情绪饱满地感受周围世界，当调动他们作画的愿望后，再为他们提供相关的材料，鼓励他们大胆画出自己对事物的理解。我一般会根据教育目标，让幼儿到大自然、社会中去感受丰富多彩的生活环境，并利用本园场地布置一些特殊的情境。

例如，在画"奥运畅想"时，我班的活动室挂着作品《福娃迎奥运》，造型画《奥运体育标志》及各种奥运宣传画及奥运照片。除此之外，我还带孩子们到户外看宣传奥运和人们锻炼的各种场面，让孩子们带着自己对北京奥运的理解及对体育健儿勇夺冠军的期盼进行绘画，从而提高了感受美、理解美、创造美的能力。

（四）触摸法

在教学中让幼儿见之、触之、嗅之，设法充分调动幼儿的多种感官。在绘画前，幼儿对物体的质感、性质和形态的了解程度直接影响着他们的造型活动，因此，应尽量提供机会，让幼儿感知要表现的物体，从而了解物体的性质。

例如，在大班绘画"各种各样的蔬菜"活动中，我收集了大量的蔬菜实物，让幼儿通过触摸实物，感知不同蔬菜的外形、大小和一些蔬菜叶上细小凹凸的花纹，从而使幼儿在作线条画时，能借助各自的积累，用线条在画面上表现出蔬菜的花纹、外形等，最终效果非常好。

（五）造型法

人物和动物的动态复杂多样，所以在教幼儿画不同动态的人物和动物时的教学难点是如何才能让他们更形象地表现动态。我一般会采用观察活动小人（活动动物）和真人表演等方法。

例如，在画"大家来做操"时，我采用了观察真人做操表演的方法，请几个孩子上来表演各种做操的动作。幼儿直观地观察到同伴做操的动态形象，会留下很深刻的印象。在绘画过程中，我又给幼儿提供了两个白卡纸做的活动小人，一个侧面，另一个正面，四肢都能活动，幼儿可以通过摆弄，使活动小人自由表现各种动态，这一方法使孩子们的画面内容丰富极了。

（六）多媒体教学法

多媒体技术在学前儿童美术活动中产生了十分明显的效果，它使孩子们有更多机会开阔视野，用欣赏的眼光去观察自然、社会，用审美的态度去发现、感受美的信息，使教学更加多姿多彩。

例如，在美术活动"风筝"中，我在前期准备活动中，下载了各种精美、别致的风筝图片。为了帮助幼儿掌握轮廓的画法，我用幻灯片对有特点的风筝的清晰的轮廓线、明朗的色彩作了动画示范，利用多媒体手段直观演示、讲解。如事先将各种风筝的图像隐藏，由幼儿点击，这时屏幕上依次出现不同的风筝，越来越多的风筝或紧挨或重叠，画面不断丰富。我还为风筝上色，并不断变色，搭配不同的色彩，原本黑白的画面一下子变成了五颜六色，孩子们高兴极了。在教学过程中，孩子们不但欣赏到了平时难得一见的各式风筝，在教师的指导启发下，又掌握了风筝的构造、色彩等特征。更可贵的是，孩子们感受到了风筝从平凡到精彩的变化，这为他们表现美提供了值得借鉴的经验。

（七）说画法

用念儿歌、唱童谣、猜谜语、讲故事或听歌曲等幼儿喜闻乐见的形式作为课题导入，不仅能很直观地将绘画技能、要求巧妙而有趣地表现出来，而且符合幼儿喜欢边画边说的作画特点。边画画边念儿歌，多么生动好玩呀！美术活动如果没有技能的支撑就形同无源之水，可是单纯的技能学习又枯燥无味，而将语言融入绘画技能的学习中，不但可以提高趣味性，还能使学习取得明显的成效。

例如，在教幼儿学习画封闭线时说"走走走，走进去，两扇大门关起来，'砰'的一声不留缝"。教幼儿认识毛笔时我会说："这是毛笔娃娃，它可喜欢散步了，让我们牵着它的手去散步吧。"接着，带幼儿边念儿歌"走走走，一走走到公园口，走走走，走成一个大皮球……"边在纸上从左到右或从上到下进行运笔练习。

二、改变传统的教学组织模式，多给幼儿想象的空间

1. 由课堂绘画教学转向开放的绘画教学

我还大胆地进行了教学组织模式的改革，在幼儿绘画教学活动中根据绘画的目标、内容由课堂绘画教学转向开放的绘画教学。

例如，在画"美丽的春天"时，我让孩子们带上作画工具来到室外，使孩子们置身于大自然中，感受春天的美，获取丰富的知识和创作灵感。

2. 个人绘画与小组合作相结合的活动模式

集体合作创作，可为自主创作提供借鉴。在画大画的过程中，共同的内容和目标如一根线串联着每个人的行动。以小组为单位的形式确保了幼儿自始至终都有一种群体感，这有效地促进了幼儿在集体活动过程中的协调性和合作性的发展。

例如，在画“热闹的城市”时，讨论中小明首先提出要以黄色为主，黄色看上去很明亮，很多孩子喜欢。但小虹却提出要以蓝色为底色，建筑物用五颜六色装饰。说着，她还把蓝蜡笔拿出来在白纸上画了一下，其他孩子一看觉得是很漂亮，所以最后大家决定这幅画以线条画为主，并以蓝色为底色。在完成大轮廓后，每个孩子在自己的小画上用粗细不同的线条和各种图形相结合，画出富有艺术韵味的作品。最后把六个孩子的画合起来就是一幅完整的大画了，给人的感觉很气派，很有大师的风范。

3. 采用课前丰富知识的教学策略

为了帮助幼儿提高绘画技能，我尝试运用课前丰富知识的教学策略。也就是在向幼儿传授新绘画技能前，给他们进行一个短暂的、具有概括性和引导性的说明。

例如，在学画小兔动态活动中，可以利用幼儿自由活动时间，让他们先在写字板上学画小兔，这样活动时已基本了解小兔的形象了。这时出示会动的小兔图片，引导幼儿观察，让他们发现：原来，小兔动的时候，头、身体、腿等部位形状不变，而是位置发生了变化，这样一来，幼儿在原有技能和新技能之间找到了不同点和共同点，画出了许多形态各异的小兔形象，不知不觉提高了技能。

三、因人而异的指导方法，让不同水平的幼儿体验创作的欢愉

学前儿童美术创作离不开教师的指导。在美术创作过程中，幼儿的创作是个体化的，教师很难设定统一的指导方案。经过长期教学实践，我认为把握以下一些指导方法会使美术教学取得较为理想的效果。

1. 水平不同，帮助不同

美术是一项个性化的艺术，同一年龄段的幼儿发展水平往往是不同的，在教学中，教师要坚持对不同水平的幼儿给予不同程度的帮助。

例如，在学习“剪窗花”时，幼儿的手工水平有很大的差别，有的能通过目测剪出精致的图形；有的会重叠剪出一串的图形；有的需依靠笔勾画后再剪；有的则只能剪出方的、三角的图形，要剪出精致、美观的图案则很困难。所以，我会为不同程度的幼儿制订不同的目标。手工基础好的幼儿可以进行有创意的制作，手工基础弱的幼儿剪现成的图案造型。在窗花设计的过程中，我自始至终根据幼儿的不同程度，给予不同的指导，保证了幼儿的学习积极性，使每个幼儿均能感到成功的喜悦。

2. 年龄不同，帮助不同

（1）小班：小班幼儿对物体的感知能力和形象思维还处在启蒙阶段，若任凭他们自由发挥，会导致美术教学仅有过程而没有结果。所以小班的美术教学，可适当运用范例进行启发和指导，使其能给幼儿的美术创作以参考，唤起幼儿想要表现物体的清晰意向。

例如，教小班初期幼儿用直线绘画。直线的基本画法是一样的，但直线能表达多种物体。教师出示多幅不同的直线物体范画（雨丝、栏杆、绳子、花茎等），可开阔幼儿的思路，可通过启发性提问“除了老师画的直线物体外，你还想到了哪些直线物体？”给幼儿提供想象和创造的空间。

（2）中班：中班幼儿的生活经验、绘画水平与审美能力均有所提高。对一些幼儿熟悉的物品，教师可以不提供范例，只引导他们通过观察实物、回忆经验进行创作。但对离幼儿生活经验较远的内容，可适当提供范例或重点示范某一部分，来帮助幼儿克服难点。

例如，画“快乐的水果宝宝”时，我先引导幼儿观察不同颜色、大小的实物水果，唤起幼儿已有的经验，并启发幼儿大胆想象：“什么样的水果宝宝是快乐的？”因为幼儿眼中没有教师标准化

的示范，所以他们能自由、大胆、创造性地表达自己的想法和感受。当有的幼儿不敢下笔时，我会引导他们摸一摸水果上的弧线，再重点示范弧线的画法，从而使他们创造性地画出自己观察到的水果。

(3) 大班：大班幼儿生活经验较为丰富，具备一定的绘画技能。在美术活动中尽量避免出示范画，只引导幼儿通过回忆再现表象，创造性地进行绘画。

例如，命题画“斑马的故事”，在绘画前引导幼儿看图书，去公园看斑马，折剪斑马等，再通过看影片进一步了解斑马的外形特征、生活习惯、各种动态，使斑马的形象在幼儿大脑中更加具体生动。然后启发幼儿联想，编斑马的故事，最后以绘画的形式表现在纸上。在这一过程中，幼儿因为大脑中储存了大量有关斑马的信息资料，能大胆、自由、无局限地表现自己想象中的“斑马的故事”。作品风格迥异，出现了“斑马带小朋友旅行”“斑马过生日”等作品。每幅无声的作品都在展现着幼儿的个性，迸发出无限生机。

3. 错误不同，修改不同

当幼儿画“错”的时候，要启发他们结合创意内容，对已有图像进行大胆想象，并用改变图像、添加特征等方法予以弥补。如果不能修改，则用再定义的方法使其变为其他图像，不影响作品的整体效果。

例如，平时我用“打翻墨水”“大爆炸”等内容，引导幼儿对已有图像进行再定义。在画“动物世界”的时候，如果幼儿把猫的耳朵画得过长，我会启发他大胆想象并再定义图像，最终他成功地把它改画成了小兔子。

四、善于评价幼儿的作品，激励幼儿再创作的欲望

在评价幼儿的美术作品时，综合教师、家长、同伴、幼儿自己甚至社区成员等几方面的评价，给予幼儿讲述、解释的机会，不用成人的眼光和技能性标准来衡量，坚持幼儿的作品与表现形式无“好与坏”“对与错”之分的原则。让幼儿在相互比较、讨论、互评中发现优点及需要改进的地方，借鉴他人的绘画方法与创意来完善自己的作品。教师要提供机会让幼儿分享、交流，并耐心倾听、赞赏幼儿的创造性表现。

只要肯探索，总能找到路。随着教育改革的深入，幼儿园美术教育活动的方法也在更新。方法更新的关键在于我们老师要更新观念，不断地探索、尝试、总结，找到更多更好的教学方法。

(根据网络资料整理)

美术治疗在多动症儿童学前融合教育中的应用探索

一、个案基本情况

干预对象为开展学前融合教育的幼儿园中的 3 名多动症儿童，分别为博博(男，小班)，安安(女，中班)，兵兵(男，大班)。他们的共同问题是注意力容易分散，集体活动时不守纪律，随意离座，喜欢跑到一边去玩；不能按照老师的要求完成相关练习，做事比较拖拉；思维较为活跃，记忆力不是很好，不能很快记住或者学会老师教的东西；想象力和创造力较强，语言表达能力正常，但人际交往能力较弱，博博和安安经常与小朋友争抢东西、发生冲突，兵兵还会有攻击性行为。

二、美术治疗课程方案设计与教学实践

美术治疗课程方案设计以幼儿喜爱的美术活动为载体，选取绘画、手工、综合美术创作这 3 类美术活动作为课程的主要内容。教学导入采用游戏方式，普通儿童和多动症儿童共同学习，循

序渐进地改善多动症儿童的注意力问题，减少课堂扰乱行为，教会他们情绪表达和沟通交往的方法。

整个美术治疗课程持续近6个月，共12节课，每两周上一次课，每次约60分钟，由一名主讲教师和一名辅助教师共同实施。美术治疗课程分为三个阶段。

（一）准备阶段

第1—4节课以涂鸦和简单的手工为主，主要目的是与多动症儿童初步建立信任关系，通过鼓励性的语言，帮助幼儿建立自信心。第1节课让幼儿通过涂鸦自由创作，初步建立信任关系，帮助他们打开心扉。第2节课以重要节日为主题，教师引导幼儿通过自由创作去表现作品，使其对课程产生初步的兴趣，并加强师生之间的交流。第3节课选取简单的折纸题材，如爱心、青蛙、小蘑菇等，训练幼儿的注意力和动手能力。第4节课为具象造型，用油画棒或彩色铅笔来完成，普通儿童和多动症儿童在绘画学习过程中互相交流，提高了沟通交往的能力。

（二）正式训练阶段

第5—10节课为正式训练阶段，教师逐渐增加绘画和手工课程的难度，帮助多动症儿童逐步延长注意力集中的时间，减少课堂扰乱行为的次数，使其学会正确的情绪表达方式。

第5节课选取造型简单的窗花对称图案，通过折叠剪裁来完成作品，并将作品贴在窗户上展示。从制作到展示的过程除了训练幼儿的动手能力之外，还有助于其保持注意力的集中。

第6节课的绘画内容为幼儿最熟悉的父母，通过速写线描头像的方式进行，既增进了亲子感情，也让幼儿把注意力集中在情感的表达上。

第7节课为无主题彩泥制作，内容题材选取造型简单的桌椅、水果、小章鱼等，引导幼儿通过小组合作来完成作品，培养幼儿的沟通与协作能力。

第8节课要求幼儿手绘出自己曾经做过的梦或者自己梦想中的世界，表现形式不限。通过梦境描绘的形式，教师可以了解幼儿的内心世界和对现实世界的看法，在深层次上让幼儿敞开心扉。

第9节课要求幼儿利用不同材质的纸或者布进行拼贴画的创作，让幼儿尝试用不同材质模仿具象物体，创作题材不限。拼贴画相对复杂，能提高幼儿的动手能力与创造力。

第10节课由教师带领幼儿进行户外风景写生，让幼儿感受户外的树、花、草等自然景物。大自然会给幼儿带来愉悦的体验，让他们更加大胆地释放天性，加深对美好事物的体验，从而更加积极地表达自己的情感。

（三）综合展示阶段

第11—12节课以综合美术作品的创作为主要内容，观察多动症儿童能否在较长时间内集中注意力完成复杂的美术作品，并在最后一节课邀请家长参与，增进亲子关系。

第11节课为综合美术作品——我们的房子，主材料为纸箱，教师指导幼儿运用剪裁、粘贴、绘画等技巧，两人一组，合作用纸箱制作小房子。这样既能让幼儿自由地发挥自己的创意，又能训练幼儿长时间保持注意力。

第12节课为综合美术作品——染纸拼贴画，幼儿在教师协助下完成从染纸到晾晒、拼贴的整个扎染制作过程后，将作品集中展示，供家长参观。染纸的制作工序较为复杂，能够让幼儿全身心投入，训练其注意力和思维能力；辛苦完成的作品集中展示，能够给予幼儿极大的成就感，让他们感受到更多的重视与尊重。

三、干预效果及思考

经过美术治疗课程的干预，3名幼儿的课堂注意力集中时间显著增加，课堂扰乱行为逐步减少；思维能力、创造力、人际交往能力均有一定程度的提升，从最初的胡乱涂鸦发展到可以合作完成复杂的美术作品。

在美术治疗活动中加入“游戏”元素，增加了课程的趣味性，使多动症儿童更容易对课程产生兴趣。美术作品的展示环节既能增强幼儿的自信，也能培养幼儿的思维能力和语言表达能力。3名幼儿最明显的变化就是他们更加开朗、自信了，家长反映亲子关系也有所改善。美术治疗活动有效促进了多动症儿童的健康成长。

（节选自：王凯旋.美术治疗在多动症儿童学前融合教育中的应用探索.现代特殊教育，2021(9)：69-70，有改动.）

【阅读感悟】

将美术治疗融入学前儿童美术教育活动，在学前融合教育中开展美术作品的创作、赏析和评价等活动，能够有效改善多动症儿童的情绪与行为问题，促进情感表达，提升身心健康水平。

注意缺陷多动障碍(ADHD)又称多动症，其症状主要表现为持续的与年龄不符的注意力不集中及过度活动。美术治疗是精神分析学家玛格丽特·南伯格在20世纪30年代首创的利用绘画等表现性艺术活动来减轻心理问题的一种心理治疗方法。本研究将美术治疗融入学前儿童美术教育活动，旨在改善学前融合教育中多动症儿童的情绪与行为问题。

单元五

学前儿童美术教学评价

学习目标

知识目标：

1. 了解学前儿童美术教学评价的作用。
2. 掌握学前儿童美术教学评价的原则。
3. 熟悉学前儿童美术教学评价的方法。

能力目标：

能对学前儿童美术教育活动进行科学有效的评价。

素质目标：

1. 有意识地反思各类学前儿童美术教育活动，逐渐形成教育活动评价意识、自我评价意识、自我反思意识。
2. 树立科学的教育评价观念。
3. 树立“幼儿为本”的理念，在评价中关注幼儿学习与发展的整体性和个体差异性。

基础理论

学前儿童美术教学活动评价的作用

一 学前儿童美术教学评价的作用

教学评价是指基于所获得的信息对教学过程及其效果的价值作出客观、科学的评判。教学评价是现代教学系统的重要组成部分，没有评价就无法客观、公正地判断教学目标是否完成，就不能有目的地改进教学和提高教学质量。所以，建立并运用科学的、可操作的教学评价机制对美术教学活动进行调控，是提高美术教学质量的必要条件。

学前儿童美术教学评价是一种整体的评价，不仅包括对幼儿美术学习结果和美术发展状况的评价，还包括对美术教育活动中教师的活动设计、活动组织、活动指导和活动效果的评价。《纲要》中指出，通过“了解幼儿的发展需要，以便提供更加适宜的帮助和指导”“全面了解幼儿的发展状况，防止片面性，尤其要避免只重知识技能的掌握，忽略情感、社会性和实际能力的倾向”。根据评价的结果，教师可以总结出幼儿美术发展的规律和一般特征，为今后设计学前儿童美术教育活动提供依据。对学前儿童美术教学的评价具有以下作用。

（一）学前儿童美术教学评价对教师教学的作用

（1）让教师更加清楚地了解教学方案与幼儿的美术发展水平。

（2）展示教学的进展情况，为教师提供反馈信息。

（3）对教学是否达到了教育方案的目标进行检验。

（4）改善教学，让教师更多地进行自我反思。

（5）为幼儿园的教学管理提供依据。

（6）为课程、教材、教具、教学方法和教学技术的研究、开发提供依据。

（二）学前儿童美术教学评价对幼儿学习的作用

（1）让幼儿对自己的美术作品及创作过程进行检验。

（2）激发幼儿参与美术活动的积极性。

（3）帮助幼儿更好地理解美术活动的内容。

（4）增强幼儿的自信心与自尊心。

（5）增进幼儿对评价结果的理解。

学前儿童教学评价的原则

二 学前儿童美术教学评价的原则

（一）客观性原则

学前儿童美术教学评价的客观性原则，是指必须把握美术教学和美术教学评价的客观规律,实事求是,以客观事实为依据,从客观实际出发获取真实信息,依据科学的标准,对美术教学活动的过程和结果进行分析判断。贯彻美术教学评价的客观性原则,要求评价者确定的评价指标必须符合评价的目的和要求,反映评价对象的本质特征;评价标准要合理,评价者要正确理解和把握评价标准,克服主观随意性和感情因素的影响;评价方法的选择要与评价内容的性质相适应,多种方法相结合。这样,才能使评价信息的收集更为全面准确,评价结论更加可靠。

(二)激励性原则

学前儿童美术教学评价的激励性原则,是指评价应促使评价对象继续努力或在进一步的活动中克服不足之处,增强提高活动效果的动机或期望。这是由美术教学评价要激励评价对象前进、促进其发展的目的所决定的。贯彻学前儿童美术教学评价的激励性原则,首先要使美术教学评价过程及其结果客观、公正、准确;其次,制订学前儿童美术教学评价目标和具体标准时要从评价对象的实际出发,充分考虑评价对象的客观环境和条件,不要评价过高或过低;最后,要求评价的实施者注意评价对象个体的心理状态,了解并尊重评价对象的意见,及时反馈评价结果,以激发评价对象在进一步的活动和教育过程中保持优势、克服不足的动机和行为。

(三)实效性原则

学前儿童美术教学评价的实效性原则,是指评价要有实际作用,如能通过反馈评价结果,为改进教学提供方向。学前儿童美术教学评价活动,如果不能帮助评价对象找出工作或学习中的问题,并对其改进提供有价值的帮助,那么这种评价就不具有现实意义。

三 学前儿童美术教学评价的方法

(一)教师教学效果的评价方法

学前儿童美术教学评价的方法

1. 自我评价法

教师在授课之后进行自我评价是提高教学质量的行之有效的方法,教师可以使用反思法与教师自评量表法(表 5-1),对教学目标、教学过程、教学方法、教学素养与教学特色等多方面内容进行评价。

表 5-1 教师自评量表

序号	评价内容		评价分数					得分
	一级指标	二级指标						
1	教学目标	教学目标正确、条理清楚	5	4	3	2	1	
		符合《纲要》的要求	5	4	3	2	1	
		教学目标符合幼儿的特点,具体可行	5	4	3	2	1	

续表

序号	评价内容		评价分数					得分
	一级指标	二级指标						
2	教学过程	突出幼儿的主体地位	5	4	3	2	1	
		时间分配合理,教学富有节奏	5	4	3	2	1	
		衔接自然,内容能吸引幼儿	5	4	3	2	1	
		幼儿参与度高,参与面广	5	4	3	2	1	
3	教学方法	符合幼儿的接受特点	5	4	3	2	1	
		教学方法灵活、实用	5	4	3	2	1	
4	教学素养	教学态度亲切,符合幼儿特点	5	4	3	2	1	
		普通话教学,语言清晰、流畅、声音洪亮	5	4	3	2	1	
		板书设计合理,范画制作精美	5	4	3	2	1	
		教师示范能力强	5	4	3	2	1	
5	教学特色	具有创新性	5	4	3	2	1	
		有效地开发了可用美术资源与教材	5	4	3	2	1	

2. 观察法

幼儿年龄较小,表达能力尚不完善,因此,教师可以通过观察幼儿的美术活动过程来了解评价对象的情况,获取评价的资料。主要观察的内容可以包括以下方面。

(1) 幼儿是否愿意听教师的讲解?

(2) 幼儿是否愿意讨论、交流与回答教师的问题?

(3) 教学活动是否按照预期的目标进行?

(4) 当教师展示范画或示范时,幼儿是否表现出极大的热情?

(5) 课堂气氛如何?

(6) 幼儿是否将美术活动与生活相结合?

(7) 活动开展是否顺利?

(8) 幼儿是否大胆地表达了自己的看法与想法?

(9) 幼儿的情感是否通过美术活动得到了抒发?

3. 访谈法

访谈法是指教师与幼儿面对面地针对美术活动展开的问答或谈话。教师在访谈前应对提问的内容进行精心的设计,设计的内容如下。

(1) 幼儿是否对美术活动感兴趣?

(2) 幼儿的创作意图是什么?

(3) 是否发现了自己或者别人在美术活动中的闪光点?

(4) 在美术活动中遇到了哪些困难?

(5) 希望老师做些什么?

4. 作品分析法

对幼儿的美术作品进行分析是学前儿童美术教学评价的重要方法,教师可以从以下几个方面进行分析。

(1) 幼儿美术作品的造型如何?

(2) 幼儿美术作品的色彩如何?

(3) 幼儿美术作品的构图如何?

(4) 是否具有创造性?

(5) 是否有丰富的想象?

(6) 是否与日常生活相联系?

(7) 是否充分地表达了情感?

(二) 幼儿学习效果的评价方法

学前儿童学习效果的评价方法

1. 档案袋记录法

教师对幼儿美术作品的发展、演变过程做记录。通过对记录的比较,了解幼儿美术能力的发展。这种记录可以采用档案袋记录法。档案袋记录法包括纸质档案袋记录法与电子档案袋记录法。纸质档案袋记录法是指将收集的幼儿绘画资料、草图、美术作业与一些对作品的简单评论收集在档案袋中的方法。电子档案袋记录法是指在美术活动的过程中,教师可以用数码相机拍摄活动的情况、绘画的步骤与绘画作品等。相比纸质档案袋记录法,电子档案袋记录法具有方便、快捷的特点,而且,教师可以将这些资料上传至网络,方便与幼儿和家长交流。一般来说,档案袋内容的选择是由幼儿和教师共同决定的。档案袋记录法为评价提供了真实的信息与依据。在记录的过程中,幼儿也扮演了决策者的角色,拥有了判断自己学习质量的机会(图 5-1)。

图 5-1　美术作品档案袋记录　沂源县实验幼儿园

2. 作业评价法

作业评价法是教师常用的评价方法。值得注意的是,教师应改变过去单纯地用等级、分数评价幼儿美术作品的方式,而注重采用多元化的评价方法。作业评价法可以采用美术作品展、美术作品集等方式,由幼儿自主参与,通过评价来肯定幼儿的进步。另外,教师应该尊重幼儿的个体差异,不要简单地采用横向比较,而应该让幼儿与自己进行纵向比较,肯定其闪光点,用激励、鼓励的话语帮助幼儿建立信心,使其对美术活动产生持久的、浓厚的兴趣。

3. 非正式评价法

在幼儿园进行的美术活动中,大多数的评价是以非正式的形式进行的,例如,教师通过观察来发现幼儿在绘画活动中是否专心,是否喜欢绘画活动等,并根据观察结果调整教学方法和策略。另外,教师一句鼓励的话、一个肯定的眼神都是非正式的评价,这种评价能增强幼儿参与美术活动的积极性和主动性。

四 学前儿童美术能力发展评价

对学前儿童美术能力发展状况的评价大致包括两个方面:一是评价学前儿童美术活动的过程;二是评价学前儿童的美术作品。

(一) 对学前儿童美术活动过程的评价

美术活动过程是指某一美术活动从构思到完成作品的过程,其中既有内部的心理活动,又有外部的行为表现,这两方面在实际活动中是融为一体的。评价学前儿童美术活动的过程,要观察和记录幼儿在美术教育活动中的行为表现,然后整理、分析材料,对记录作出解释。对学前儿童美术活动过程的评价具体可分为九个方面,每方面又分四种水平的行为表现。

1. 构思

构思是观察和评价幼儿是否能在创作前预先确定主题和内容的标准。幼儿在这方面的行为表现可以分为以下四种水平。

(1) 事先构思出主题和主要内容,动手后围绕构思进行创造。

(2) 预想出局部内容,完成一项后再做新计划。

(3) 动手后构思,从动作痕迹出发,想到什么做什么。

(4) 只有动作活动,没有形象创造,美术活动中表现为在纸上随意涂抹或反复掰泥、撕纸。

2. 主动性

主动性是观察和评价幼儿在发起和投入美术活动时的情况的标准,具体可分为以下四种水平。

(1) 由自身兴趣、愿望支配,自主进行美术活动。

(2) 由特定材料引发,开始美术活动。

(3) 看到别人从事美术活动,自己跟着做。

(4) 在他人的要求下开始美术活动。

3. 兴趣

兴趣是判断幼儿是否情愿投入美术活动,在活动中是否有热情,是否感到愉快和满足的标准,具体分为以下四种水平。

(1) 主动从事美术活动,对美术活动倾注极大热情,完全沉浸在活动之中,默默无语。

（2）欣然从命，愉快地从事活动，在做的过程中会自言自语地流露出愉快之情。

（3）对美术活动迟疑不前，在活动中企图离开或张望别人做什么。

（4）拒绝参加美术活动。

4. 专注性

专注性是观察和评价幼儿对美术活动的注意力集中与持久的程度的标准，具体分为以下四种水平。

（1）能较长时间持续从事已选定的活动，不受外界的影响，有时甚至第二天接着做。

（2）能在同年龄幼儿一般可维持的时间内持续从事活动，中途偶有离开的现象发生，但还会主动回来，直到活动完成。

（3）需要鼓励，才能把活动完成。

（4）不能把活动进行完，中途改变活动内容。

5. 独立性

独立性是判断幼儿能否自己决定活动任务及完成任务的标准，具体分为以下四种水平。

（1）自己决定活动任务，解决问题，拒绝别人干涉，独立完成任务。

（2）主动请教他人，考虑他人的建议，然后自己完成任务。

（3）模仿他人完成自己的作品。

（4）接受并在他人的帮助下完成作品。

6. 创造性

创造性是判断幼儿在美术活动中是否具有独创性、表现意识与能力的标准，具体分为以下四种水平。

（1）别出心裁地构思、利用材料进行造型。

（2）重新组织以前学过的造型式样、方法和技能进行造型。

（3）重复以前学过的造型式样、方法与技能进行造型。

（4）只按教师当时传授的造型式样、方法与技能进行造型。

7. 操作的熟练性

操作的熟练性是判断幼儿从事美术活动时动作是否灵活、准确的标准，具体分为以下四种水平。

（1）工具操作姿势正确、轻松，操作动作连贯、迅速、准确，一次完成动作，作品质量好。

（2）工具操作姿势正确，操作动作平稳，但欠准确，中途修改，作品质量较好。

（3）工具操作姿势正确但笨拙，操作动作迟缓、准确性差，有失误不知修改，作品显得粗糙。

（4）工具操作姿势笨拙有误，只有重复性动作，不能完成作品。

8. 自我感觉

自我感觉是判断幼儿如何看待自己美术成果的标准，具体分为以下四种水平。

（1）自己认为很成功，主动请别人欣赏自己的作品，并讲解作品的内容和含义，能慷慨地将作品赠人。

（2）对自己的作品感觉满意，但不主动展示，听到别人的称赞感到愉快，希望保留作品。

（3）认为不太成功，能接受别人的看法，希望将作品交给老师。

（4）感到沮丧，对别人的反应无动于衷或抵触，对作品去向不关心或毁掉作品。

9. 习惯

美术活动中的习惯是多方面的，习惯可以指个人的习惯做法、美术风格等，也可指大家都要自觉遵守的惯例和规则。这里讲的是后者，主要目的在于判断美术活动能否有步骤、有秩序地开展。

其一是工作的顺序性方面，分为以下四种水平。

（1）有顺序、有步骤地完成作品。

（2）弄错步骤，发现后主动纠正，完成作品。

（3）想到什么就做什么，混乱中完成作品，作品有缺陷。

（4）只完成局部，作品半途而废。

其二是维护工具材料的有序性方面，分为以下四种水平。

（1）保持工具材料的固定位置，用时取出，用后放回。

（2）大致保持原位置，错放后能找到。

（3）一片混乱，用后乱放，取时找不到。

（4）不会取放，拿到什么用什么。

（二）对学前儿童美术作品的评价

对学前儿童美术作品的评价

美术作品是学前儿童美术活动的结果，它清晰地反映出幼儿的美术的能力水平和特点。作品是静态的，可以长时间反复地分析一幅作品或将不同作品放在一起对照比较，因此，作品分析是一种简便易行的评价方法。

在对学前儿童美术作品的评价上，罗恩菲尔德以儿童在美术作品中所反映的感情、智慧、生理、知觉、社会性、美感、创造性七个层面的发展情况作为评价的标准，设计了评价量表，并结合不同美术发展阶段中儿童美术发展的特点，把七个层面的成长情况具体化。罗恩菲尔德在分析和解释儿童美术发展的各个阶段的个人成长特征时，从智慧成长、感情成长、社会成长、知觉成长、生理成长、美感成长和创造性成长七个层面来评价儿童的美术作品，其出发点是儿童的发展，这种发展既有儿童在身心方面的发展，又有儿童在美术方面的发展。

我国台湾地区美术教育工作者潘元石在其著作《幼儿画教学艺术》一书中从以下五个方面来评价幼儿的美术作品。

（1）美术作品的表现要符合幼儿的身心发展。学前儿童的绘画能力要与其身心发展相适应，只有这样，两者才得以平衡发展。

（2）美术作品要能表达出内心形象，并能宣泄个人情感。美术作品的生命在于表达内心形象的感受，以及宣泄情感，也就是强烈地表现出自己的内心形象。

例如,将自己内心的恐惧、害怕的感受通过绘画明确而强烈地表现出来。

(3) 美术作品要能展现幼儿的个性,要有自我的表现。美术作品对幼儿而言,是一种按照自己的个性表现自我、主张自我的手段。因此,只要是属于幼儿自己的感受,对幼儿来说,都是有意义的,而且值得重视。

(4) 美术作品要能表现出对美术材料特性的活用。各种美术材料都有其不同的用法和不同的风格、特性,要能够把握其特性,充分地活用它,创作出生动的美术作品。

(5) 幼儿的美术作品要与画面空间相称。若幼儿在大画纸的角落描画出小的形象,或把整个形象描绘得连上下左右都没有空白的话,会令人感觉不适。

五 学前特殊儿童美术教育活动评价

1. 美术活动在学前融合教育评价中的价值

(1) 美术作品可以直观反映特殊儿童的心理状态和情感表达。通过他们的绘画、手工等作品,教师可以洞察到孩子内心的想法、情绪以及对周围世界的认知和感受,这对于了解他们的发展状况和需求非常有帮助。

(2) 通过观察特殊儿童在美术活动中的表现,可以评估其精细动作技能和手眼协调能力。例如,观察他们握笔的方式、线条的控制、色彩的运用等方面,能判断其在这些运动技能上的发展水平。

(3) 在合作美术活动中,可以观察特殊儿童的社交互动能力。观察他们是否能与普通儿童合作完成作品,如何与他人交流想法和分享材料等,以此评估其社交融合的程度。美术活动还能展现特殊儿童的创造力和想象力。他们在创作过程中展现出的独特构思和创新思维,是评价其认知发展和个性特点的重要方面。

(4) 通过持续观察特殊儿童在一系列美术活动中的进步和变化,可以动态地评估融合教育的效果,了解他们在该环境中是否取得了积极的发展和成长,以便及时调整教育策略和方法。

2. 对特殊儿童美术活动进行科学评价的要点

(1) 参与度。观察特殊儿童参与美术活动的积极程度、专注时间等。

(2) 兴趣表现。看他们对美术活动是否表现出浓厚的兴趣和热情。

(3) 技能运用。评估他们对绘画、手工等技能的掌握和运用情况,如线条的运用、色彩的搭配等。

(4) 创造力。考量他们在创作过程中展现出的独特想法和创新能力。

(5) 情感表达。观察作品中是否体现了他们的情感和内心世界。

(6) 进步情况。对比前后不同阶段,看在美术活动方面是否有明显的进步和提升。

(7) 合作能力。如果是集体活动,观察特殊儿童与他人合作的表现。

(8) 问题解决能力。在遇到困难时,观察他们解决问题的方法和策略。

(9) 坚持性。是否能够坚持完成整个美术活动。

(10) 作品完成度。作品的完整程度和质量。

(11) 审美感知。从他们对美的理解和感受方面进行评价。

(12) 适应能力。对美术活动环境、材料等的适应情况。

3. 在对特殊儿童美术活动进行评价时，教师应该注意的问题

（1）个体差异。充分考虑每个儿童的独特情况和能力水平，避免用统一的标准去衡量。

（2）发展眼光。以发展的视角看待孩子的表现，关注其进步和成长，而不是只看当下的成果。

（3）积极鼓励。多给予肯定和鼓励，增强特殊儿童的自信心和参与积极性。

（4）避免比较。不要将孩子相互比较，以免伤害他们的自尊心。

（5）关注过程。不仅关注作品的最终结果，也要重视创作过程中孩子的努力、专注、探索等方面。

（6）全面视角。结合孩子的情绪、态度、合作能力等多方面进行综合评价。

（7）语言恰当。应使用温和、易懂的语言进行评价，避免过于专业或复杂的表述。

（8）尊重意愿。尊重特殊儿童在美术活动中的想法和意愿，不强行干涉。

（9）了解背景。需了解孩子的特殊状况和相关背景，以便更准确地理解他们的表现。

（10）引导启发。通过评价给予适当的引导和启发，帮助他们进一步提升能力。

（11）持续观察。评价不是一次性的，要持续观察孩子在不同阶段的表现。

（12）与家长沟通。及时与家长分享评价结果和孩子的表现，共同促进孩子的成长。

4. 适用于特殊儿童美术活动的评价工具或方法

（1）工具（表 5-2）。

表 5-2　融合教育中特殊儿童美术活动的评价表

评价项目	评价标准	得分
参与积极度（10 分）	主动参与活动，持续投入（8～10 分）；较积极参与（5～7 分）；偶尔参与（1～4 分）	
情感表达（10 分）	作品能清晰表达丰富情感（8～10 分）；有一定情感体现（5～7 分）；较难看出情感（1～4 分）	
创造力（10 分）	创意独特新颖，令人眼前一亮（8～10 分）；有一定创意（5～7 分）；创意较少（1～4 分）	
技能进步（10 分）	技能有明显提升（8～10 分）；有一定进步（5～7 分）；进步不明显（1～4 分）	
合作交流（10 分）	积极与同伴合作，交流顺畅（8～10 分）；有合作与交流（5～7 分）；合作交流较少（1～4 分）	
自我认知体现（10 分）	能较好地体现对自我的认识（8～10 分）；有一定体现（5～7 分）；体现不明显（1～4 分）	
作品完整度（10 分）	作品完整，质量较高（8～10 分）；基本完整（5～7 分）；完整性欠佳（1～4 分）	

续表

评价项目	评价标准	得分
兴趣提升(10分)	对美术活动的兴趣明显增强(8~10分);有一定提升(5~7分);提升不明显(1~4分)	
自信心增强(10分)	自信心有显著提高(8~10分);有一定提高(5~7分);不明显(1~4分)	
进步幅度(10分)	相比之前有很大进步(8~10分);有进步(5~7分);进步较小(1~4分)	
适应能力(10分)	能很好适应各种美术形式和要求(8~10分);基本适应(5~7分);适应较困难(1~4分)	

(2) 方法。

作品分析法。仔细分析特殊儿童的美术作品,从色彩、构图、造型等方面进行评估。

观察记录法。在美术活动过程中详细记录特殊儿童的行为表现、情绪状态、与他人互动情况等。

教师评价与家长评价结合。综合教师在活动中的观察和家长对孩子日常美术表现的了解进行全面评价。

档案袋记录法。建立特殊儿童的美术活动成长档案,跟踪记录他们在一段时间内的发展变化。

案例评析

案例一　春天的花圃

在一节美术课上,老师请小朋友画“春天的花圃”,在小朋友们都聚精会神画画的时候,我发现张超小朋友在画纸上画了很多短竖线,却一朵小花也没有画。于是,我轻轻地走到他的身边,可是他却连忙用胳膊把画纸捂住,并且迅速把头低下去。就在这时,坐在他旁边的小女孩抢着告诉我:“老师,老师,他什么也不会画,他画得乱七八糟。”张超小朋友听后,红着脸,羞愧地看着我。我看着他的表情,心里像打翻了五味瓶一样。是呀,孩子的心是多么脆弱,当众出丑让他觉得很难堪。而我既不能虚假地表扬“你画得不错!”也不能完全否定,继续伤害他,我只是很随意地说了一句:“还可以画一些其他的东西,就像小草……”张超听我这么一说,捂着的手慢慢地放开了,他看着自己的画,若有所思地说:“老师,老师,我画的是冬天的花! 你看,这就是小雪花。”你瞧,他想得多好! 我趁机表扬了他,并告诉他:“春天来了,冬天已经过去了,你也画一些春天的花,好吗?”张超想了想,微笑着点了点头,又继续画了起来。待活动结束时,我发现张超的画纸上果然多出了许多小花。

活动评析

因为教师积极鼓励的评价,幼儿会逐步克服困难,战胜自卑,拥有了自信。

幼儿园的美术活动,既然要发挥教育功效,就不能缺少了评价这个环节。而评价的目的在于激发幼儿绘画的兴趣和积极性,使幼儿感受到自己的进步,发现自己的能力和才干,让幼儿体验到成功的快乐,从而促进幼儿的发展。因而教师要用肯定的方式评价幼儿的美术活动,多鼓励、多表扬,而不是否定和批评。教师要发现幼儿的不同特点,给幼儿以激励性的评价,充分挖掘美术作品中成功的东西,给予肯定,让幼儿有继续参与美术活动的愿望,使每个幼儿有成功的体验。针对幼儿的不足,教师可在保护幼儿积极性的前提下,采用引导式语言间接指出。因此,对幼儿美术活动的评价要有针对性,力求在保护幼儿积极情感体验的前提下促进美术技能的提高(图 5-2)。

图 5-2 教师在幼儿美术活动过程中给予评价与指导

(根据网络资料整理)

案例二 中、大班幼儿美术评语范例

(执教教师 余新蓉)

一、4—5 岁幼儿评语

(1) 你是个活泼的男孩,很认真,若能尝试使用更多形状/颜色来表达想法,作品就更棒了。

(2) 作画能力强,能不受约束,充分发挥想象,画面妙趣横生,富有绘画激情,若再细心些会更棒。

(3) 你每次都能积极参加,画画有想法,就是缺少点胆量,希望你大胆地去尝试。

(4) 能认真、细心作画,若能更大胆些,效果更佳。相信你会继续努力,让老师欣赏到更精彩的作品。

(5) 有一定的绘画能力,每次都画得很不错。构思新颖,想象丰富,大胆流畅的运笔,体现出你的自信心。

(6) 细腻、小巧的你在作画中体现出你的灵气,在细心的绘画涂色中展现了你求知的渴望,真棒!

(7) 线条大胆流畅,想象奇特,你是一个“小机灵”,大胆的线条显露出你与众不同的思维,只是涂色还需再细心点。

(8) 很有主动性,接受能力强,能畅谈自己的想法,画面丰富,色彩鲜艳,充满着你智慧的光芒。

(9) 你画画认真,有耐心,如果绘画时能再放开一点,更自信地表现,你一定会画得更好。

(10) 作画认真,色彩鲜艳,画面整洁且富有表现力,非常出色。

(11) 你是一个文静的女孩,作画认真细心,构图完整,如果绘画时再多一点信心,大胆地绘画,那一定更棒了。

(12) 聪明活泼的你很有想法,画画大胆,画面大气,希望以后多观察多思考,把所学的东西静心画下来,一定更棒。

(13) 你很聪明,想法也别具一格,就是画画有点随意,不够细心,如果能静下心慢慢画就更好了。

(14) 你是一个聪明文静的女孩,画画认真,有一定的基础,画面效果不错,老师期待你更多有趣的作品。

(15) 你是可爱的男孩,慢慢能独立地作画了,进步不小,希望以后要自己大胆地尝试,相信自己会很棒。

二、5—6 岁幼儿评语

(1) 你是一个懂事的女孩,画画细心,有一定基础,希望你继续努力,让老师看到你更精彩的作品。

(2) 你画画很认真,接受能力强,一点就通,并有自己的想法,希望今后画画再放开些,大胆地展现自己的才华。

(3) 线条大胆流畅,色彩鲜艳,构图完整,画面丰富,有一定的绘画能力,继续努力。

(4) 你是一个可爱的女孩,认真时能画出一幅幅漂亮的作品,一旦想玩就有点随意了哦。加油啊!

(5) 对绘画有兴趣,每次绘画都很认真,画面清爽,色彩鲜艳,有一定的绘画能力。

(6) 你是个很清秀的女孩,每次作画都很细心,画面内容丰富,构思独特,想象丰富。

(7) 你很懂事,能认真倾听、细心作画,相信你会继续努力,让老师欣赏到你更精彩的作品。

(8) 作画认真、细心,想象丰富,若在涂色时再迅速些,会更能展现出你的优势。

(9) 作画专心,画面清爽,色彩鲜艳,画面富有表现力,好棒哦!

(10) 你是一个细心、爱干净的小女孩,看到你认真、仔细地画画涂颜色,老师好喜欢!

(11) 你是一个聪明可爱的女孩,画画也不错,如果活动中能管住自己,认真地画,相信你一定会很棒。

(12) 你是个懂事而有个性的女孩,画画认真、细心,动作很快,希望今后能更大胆地表现作品。

(13) 你是个听话懂事的孩子,有丰富的想象力,每次作画都很细心,画面内容丰富,构思独特,想象能力强。

(14) 你的作品真不错,有绘画能力,每次都让老师眼前一亮。希望你继续努力,老师期待着你更精彩的作品。

(15) 你是个文静的女孩，画画认真，就是胆子小了点，希望你大胆地画出更优秀的作品。

(16) 活泼的你，能积极回答老师的问题，画画大气，进步很大，只是有时太兴奋而影响绘画，相信你会努力的。

(17) 你是个聪明的男孩，专心时能充分展示自己的才华，希望今后多画出《火娃》那样优秀的作品，相信你会很棒的。

(18) 你是个文静的女孩，想法也很不错，不要有太多的顾虑，大胆去画吧，画出你心中最美的图画。

(19) 你是个认真的男孩，画画细心，若再大胆尝试，相信一定会画得更好。

(20) 你画画认真，也很有想法，就是有时速度慢了点，多练习，相信你一定进步很快的。

(21) 你是个活泼的男孩，画画积极、认真，只要大胆地描绘，努力加坚持，相信你一定会很不错的。

(22) 你对绘画有兴趣，每次画画都很认真，画面清爽，色彩鲜艳，有一定的绘画能力。

岗位对接

项目一 校内模拟教学

校内模拟教学

校内模拟教学，以小组为单位相互听课，评价教师教学过程和效果，写出评价报告。

项目二 教育实习

利用教育实习机会，分组进行幼儿园（小、中、大班）实习教学，对班级幼儿学习过程和作品进行评价，对自己的教学进行反思性评价。

赛场直击

中班主题活动：多彩的服装①

1. 主题背景介绍

服装是人们生活的必需品，中班幼儿对服装已有一定的认识，他们对服装与人们生活的密切关系，对四季服装的特点等有了较多的认识和感知，同时，他们开始探究服装的多样性，对不同行

① 2021年全国职业院校技能大赛（高职组）"学前教育专业教育技能"赛项题库 幼儿园教育活动设计

业的制服和少数民族的服装产生了认知兴趣，也喜爱制作和表演时装。

2. 主题素材

小知识：少数民族服饰

维吾尔族男子常常穿着斜襟、没有扣子、长到膝盖的外衣，一般系腰带；女子喜欢穿颜色鲜艳的连衣裙，外面套背心，习惯把头发梳成许多条细小辫子。男女都喜欢戴绣花小帽，穿长筒皮靴。

蒙古族人民身穿长袍，头上扎着头巾，腰间束着腰带，脚穿皮靴；喜欢赛马、射箭、弹马头琴、唱歌、跳舞。

藏族男子戴着有舌的毡帽，身穿长袍，斜开衣襟，腰间系一长带，一只衣袖挂在身边，脚穿长筒皮靴，靴尖上翘；藏族女子身穿长袍，外套长背心，腰间系一条五彩横条的围裙。

傣族服饰淡雅美观。各地傣族男子的服饰差别不大，一般常穿无领对襟或大襟小袖短衫，下着长裤，以白布、水红布或蓝布包头。女子服饰因地区而异。德宏一带傣族女子婚前多穿浅色大襟短衫，下穿长裤，束一小围腰；婚后穿对襟短衫，下身为花色或黑色筒裙。西双版纳的傣族女子上身着浅色紧身内衣、大襟或对襟圆领窄袖衫，下身多为花色长筒裙。

绕口令：兔子做裤子

小兔子，做裤子，
量了裤子量肚子，
做好了裤子提不上肚子。
小兔子，看裤子，
不知是没量准裤子，
还是没量好肚子。

律动：做衣裳

做衣裳

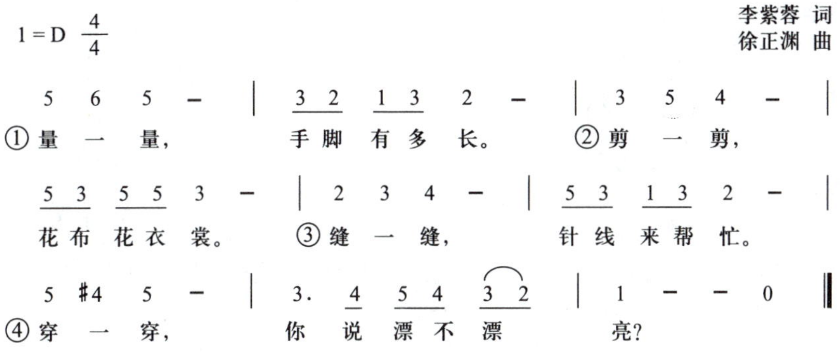

李紫蓉 词
徐正渊 曲

1 = D $\frac{4}{4}$

5 6 5 – | 3 2 1 3 2 – | 3 5 4 – |
①量 一 量， 手 脚 有 多 长。 ②剪 一 剪，

5 3 5 5 3 – | 2 3 4 – | 5 3 1 3 2 – |
花 布 花 衣 裳。 ③缝 一 缝， 针 线 来 帮 忙。

5 #4 5 – | 3. 4 5 4 3 2 | 1 – – 0 ‖
④穿 一 穿， 你 说 漂 不 漂 亮？

律动动作：

①双手似拿软尺做测量状，向左上方伸直，左脚脚跟着地做“打勾勾”状，再向右方做同一动作。最后，双手双脚打开成大字状。

②右手做剪刀状，向左边剪去，双手再由上而下转动拳头。

③手叉腰，交叉走路。

④双手的拇指及食指相连，似拿着衣服在胸前比画状，左右脚各蹲点一下。

折纸:折衣服

折衣服

衣服的基本折法(一)

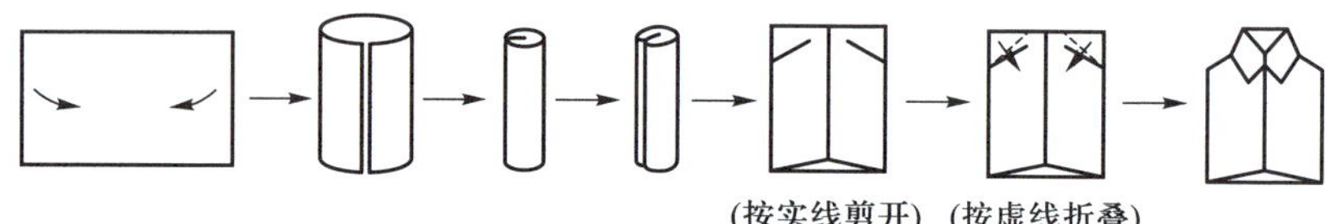

衣服的基本折法(二)

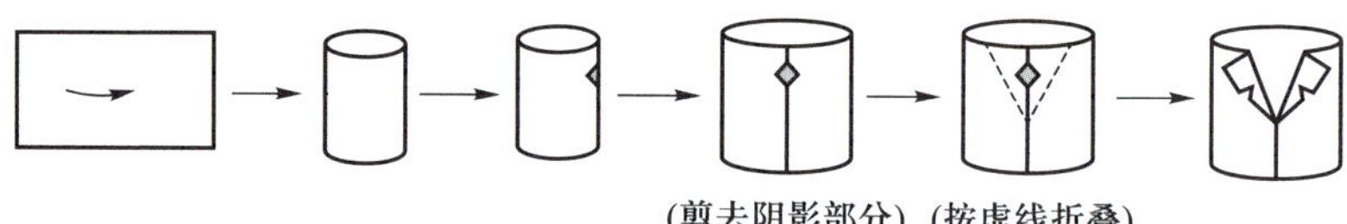

小实验:宝宝的棉衣

准备:旧棉袄一件、茶杯两个、小铝盒两个。

方法:

在两个茶杯内倒入相同温度的热水,将其中一个杯子用旧棉袄包起来,10 分钟后,包裹着棉袄的杯子里的水还挺热,另一杯水凉了。

天热时,将两块冰分别放在两个小铝盒里,其中一个盒子用旧棉袄包起来,10 分钟后,没包棉袄的盒子里的冰开始融化了。

说明:从实验中让幼儿懂得,棉花不会发热,只能起到保温作用。因为棉花中有数不清的空隙,能储藏很多很多空气,空气能减缓散失身体中(热水中)散发的热;同时,棉花又能将外面的冷空气(热空气)隔开。

3. 题目内容

(1) 主题网络图设计(书面作答)。

(2) 教学活动设计(一课时)(书面作答)。

(3) 说课(口头作答)。

4. 基本要求

(1) 根据附件提供的素材,综合幼儿发展各领域以及幼儿园活动的类型,围绕主题设计主题网络图。主题网络图绘制要具有丰富性、科学性、具体化和操作性强等特点,充分考虑到生活化、兴趣性、适宜性、幼儿的主体性和家园合作等因素。

(2) 根据主题素材与年龄段,设计一课时(30 分钟左右)集体教学活动的教案。教案格式完整规范,语言清晰、简洁、明了,目标设计、内容选择、方法运用符合幼儿年龄特征和领域特点。

(3) 根据已设计的教案,就内容、目标、方法、过程设计等进行说课,说清楚“学什么、教什么”“怎么学、怎么教”以及“为什么”等问题,语言规范,条理清楚,逻辑性强,表达流畅。说课时间在 7 分钟内完成。

参考教育活动设计

中班折纸活动:折衣服

【活动目标】
1. 学习对边折、对角折及按实线剪开的技能。
2. 学习按图示折纸的方法。
3. 培养认真仔细的态度和耐心的习惯。
【活动准备】
正方形彩纸、图示、安全剪刀、画笔。
【活动过程】
1. 提问导入,引起兴趣
师:小朋友在服装店里能看到哪些东西呢?今天我们就来折许多新衣服,折好后摆一个衣服摊好吗?
2. 引导幼儿学习按图示折纸
师:今天我们要来学习一种新的折纸本领,就是四角向心折,请小朋友看图示。
3. 幼儿操作,教师巡回指导,提醒幼儿注意运用对边折、对角折及按实线剪开的技能。
4. 展评幼儿的作品。
【活动延伸】
把做好的衣服放在区角,如娃娃家,供幼儿玩角色游戏。

大班绘画活动:机器人本领大

试讲
1. 题目:机器人本领大
2. 基本要求:
(1) 发挥幼儿想象,绘画各种机器人。
(2) 组织5—6岁幼儿开展绘画活动,10 min内完成。
答辩题目
1. 对于这次试讲,自己觉得有哪些优点和不足?
2. 在日常生活中怎么培养幼儿的观察力?
【试讲范例】

大班绘画活动:机器人本领大

活动目标

认知目标:了解实际生活中广泛应用的机器人,知道机器人的基本特征。

技能目标:学会运用各种图形进行组合变化,设计各种各样的机器人。
情感目标:体验参加绘画活动的乐趣,萌发初步的创新意识。

活动重难点

重点:学习运用各种图形进行组合变化,设计各种各样的机器人。
难点:大胆想象,设计和创作机器人。

活动准备

(1) 物质准备:玩具机器人若干,机器人图片若干。
(2) 经验准备:认识各类常见的机器人,会唱歌曲《小机器人》。

活动过程

1. 导入部分——歌曲导入,吸引兴趣
(1) 教师播放歌曲《小机器人》,调动幼儿关于机器人的经验。
(2) 让幼儿认识图形,感受不同图形会带给人不同的感觉。
2. 基本部分
(1) 初步感知机器人的外形特征。
教师展示机器人图片,引导幼儿仔细观察并讨论自己看到的机器人的外形特征。
师:机器人是什么样的? 它是由哪些图形宝宝组成的?
(2) 幼儿深入思考和演示自己知道的机器人的本领。
教师鼓励幼儿做小小讲解员讲述自己知道的机器人的本领。
其他幼儿对该幼儿讲解的机器人进行大胆猜测,并做出相应的动作。
(3) 幼儿运用不同形状的图形创作机器人,教师巡回指导。
教师给幼儿展示绘画材料,交代注意事项。
材料:各种图形,正方形、长方形、圆形、梯形、菱形等。
注意事项:材料分享使用,材料使用完要归位。
幼儿创作,教师指导。
教师鼓励幼儿大胆向同伴展示、分享自己的绘画作品,并引导幼儿互评作品。
3. 结束部分

教师创设游戏情境,带领幼儿一起进行情境表演“机器人游戏操”,并交代游戏的注意事项,使活动在快乐的游戏氛围中结束。

注意事项:幼儿自由选择自己喜欢的机器人进行角色扮演。游戏过程中相互协作、注意安全。

活动延伸

请幼儿和爸爸妈妈分享自己创作机器人的过程,探索机器人在日常生活中的应用。
【答辩题目解析】
1. 对于这次试讲,自己觉得有哪些优点和不足?
参考答案:
本次试讲的优点有:① 主题新颖,这个主题符合大班幼儿的年龄特征和兴趣,幼儿很喜欢;

② 运用多感官参与的教学方法，通过听觉和视觉让幼儿感受机器人的本领，丰富了幼儿的想象力，提高了幼儿的创造力；③ 活动各个环节设置紧凑，环环相扣，层层递进。

本次试讲的不足有：活动导入部分中让幼儿认识图形，感受不同图形会带给人不同的感觉，此环节设置耗时太长，对幼儿绘画技能要求过高，对引出主题作用不明显。谢谢考官！

2. 在日常生活中怎么培养幼儿的观察力？

参考答案：

考官您好！首先，要帮助幼儿明确观察的目的和任务，激发幼儿的观察兴趣。观察的目的和任务明确，对某一事物的感知就比较完整、清晰；相反，观察的目的和任务不明确，幼儿就会东看看，西望望，抓不住要领，得不到收获。

其次，要教给幼儿观察的方法，引导幼儿在观察时开动脑筋。通过对比，幼儿对事物的认识就会更全面更深刻，更能透过事物的表面现象达到对事物本质的认识。

最后，要有目的、有计划地对幼儿进行观察训练。幼儿的观察能力是在实践活动中发展起来的。教师应根据幼儿的年龄特征和认知水平，提出不同的观察要求，对幼儿进行观察训练。对于每次的观察训练，教师都应组织幼儿进行评价，使他们不断总结经验，不断提高。谢谢考官！

拓展阅读

儿童视角下的幼儿美术作品评价

我们之所以对幼儿美术作品进行评价，是为了更好地了解幼儿的内心世界，了解他们在绘画过程中呈现出的成长点、兴趣点以及经验和情感。通过这样的了解，教师一方面可以优化自身对绘画活动的指导，另一方面能在实践活动中更好地支持幼儿的发展。

幼儿的美术作品除了能够反映幼儿在艺术领域的发展情况，还能够反映幼儿其他方面的发展。通过评价幼儿的美术作品，理解其作品表达的思想与意义，教师不仅能够看到幼儿的成长，了解幼儿的发展状况及内心需要，而且能够为幼儿的进一步发展提供更加适宜的帮助和指导，从而促进幼儿发展。

一、多些欣赏的态度，少些功利的思想

幼儿艺术教育的目的不是为了培养艺术大家，而是进行美育，是启蒙、引导、培养幼儿感受美、发现美和创造美的能力。也许幼儿将来的最终成就在其他领域而非艺术领域，但他们早年在艺术方面所受到的教育和培养会使他们的思维能力和想象力得到更好的发展，同时也为他们提供了一种能够表达内心感受的途径和方式，就如同看到美景时，孩子们不仅可以吟诗，还可以用作画来表达情绪。

二、立足儿童视角来解读幼儿作品

（一）关注幼儿真实情感的表达

对幼儿美术作品进行评价时，教师应尽可能理解幼儿、倾听幼儿，关注幼儿的真实感受。比如，在对幼儿的绘画、手工等作品进行评价时，教师可以把发言权交给幼儿，让幼儿说一说他的作品表达了什么。教师和家长在倾听幼儿表达时，不能主观预设，而要尽可能发现幼儿的特点，关注幼儿的真实感受，思考幼儿想表达什么、为什么会这样表达、幼儿的发展处于什么样的水平、还需要给予怎样的支持和引导。也就是说，教师和家长在倾听幼儿表达的过程中，可以对幼儿所表达的情绪情感内容进行一定的延伸和引导，但这种扩展和引导并不等同于用统一的标准去衡量。

（二）欣赏幼儿的童真童趣

幼儿有其看待世界、认识世界、表征世界的独特方式，他们的独特视角为我们提供了许多令人惊叹的作品。因此，在对幼儿的美术作品进行评价时，教师要懂得欣赏幼儿美术作品的童真童趣，对于其独特的表达方式要有一定的敏锐性。

当看到幼儿以“秋天的水果”为题在一棵果树上画满了硕大的西瓜、苹果、香蕉、葡萄、梨、桃子、山楂时，教师不要指责造型不像、颜色不对、这些水果不可能长在一棵树上，而是要关注幼儿丰富独特的想象力；当看到有幼儿将月亮画成了冰淇淋时，也不要指责他画得不对，而要先听听他内心的真实想法，也许他会告诉你“因为我想尝一尝月亮的味道，是不是和冰淇淋一样好吃”。幼儿的一些作品有时候虽然与逻辑相悖，甚至荒唐离谱，但却充满了想象力和稚拙的魅力。

三、幼儿美术作品评价策略

（一）结合幼儿绘画发展阶段了解幼儿的能力水平

在对幼儿的美术作品进行评价时，教师需要了解幼儿的绘画发展阶段和心理发展水平。幼儿在进行创作时，是基于自己对生活的认识和感受，而不同阶段的幼儿对事物的认识和表达方式是不同的。

（二）让幼儿参与评价，注重评价主体多元化

幼儿作为美术作品的主要创作者，有对自己作品进行评价的权利，所以教师要让幼儿参与到评价中来拥有评价的发言权，使其大胆地表达创作的意图和过程。

“儿童学到了我要他学的东西了吗”与“儿童表达了什么”是不一样的。传统的教学评价多以教师为主，甚至教师成了唯一的评价者，导致评价具有很强的主观性。幼儿、教师、家长等都应该参与到评价中，从不同的角度解读幼儿的作品，促使我们更加全面地了解幼儿的发展水平。

（三）关注幼儿的纵向发展而非横向比较

艺术本身就是一种多样性的表达过程，不同的人面对同一事物会有不同的审美体验。因此，在对幼儿美术作品进行评价时，教师应关注作品反映出的儿童特质，如创造力、观察力、想象力，每一幅幼儿美术作品都反映了儿童独特的视角。在对幼儿的美术作品进行评价时，教师需要关注的是每个幼儿的纵向发展，了解每个幼儿的发展水平，并为其提供适合其发展需要的支架，而不是用统一的标准进行横向比较。我们需要的是千千万万个“儿童视角”，而不是唯一的、固定的“教师视角”。

（节选自：刘茗.儿童视角下的幼儿美术作品评价.儿童与健康（幼儿教师参考）论坛，2022（8）：48-49.）

【阅读感悟】

幼儿美术作品评价是学前儿童美术教育活动中的重要环节，对于幼儿发展及美术教育均具有重要意义。在幼儿美术作品评价的教育实践中，每个人都会有不同的理解和看法，但任何一种理解、任何一种观点都需要围绕幼儿而展开，要从幼儿的视角出发，让幼儿美术作品的评价回归幼儿本身。

如何合理把握评价对象和评价时间

在美术教育活动中，评价是必要的环节，一次完整的美术教育活动，一定要包含评价的环节。

在班级幼儿人数较多的情况下，每次活动不可能对每个幼儿的作品都作出评价，但也不能每次活动都不评价一些幼儿的作品，因为评价不能流于形式，而是要促进幼儿的发展。教师在评价幼儿的美术作品时既要根据美术教育活动中的具体教育目标，又要考虑到每个幼儿在本次美术教育活动中的具体情况；既要选取一些有代表性的作品予以评价，又要选取一些有个性的作品予以评价；既要促进全班大多数幼儿的发展，又要兼顾到个别幼儿的发展。这就要求教师要作出更多正面的、积极的评价，避免反面的、消极的评价，即使是向幼儿提出修改建议，也要注意自己的语气和使用的语言。

如果一次美术教育活动按30 min计算，评价环节最多5 min，以占整个活动时间的1/6为宜，但这只是一种理想的状态。一般美术教育活动的时间都会比较长，往往超出30 min，导致教师来不及评价。但要注意的是，即使时间来不及也不能省略评价这一环节，可以不在当时、当天评价，但是必须评价。有效的美术教育活动最好控制在40~45 min，这不仅与幼儿学习的生理和心理特点有关，还与幼儿园正常安排的一日活动程序有关。过长时间的美术创作活动，不仅会影响活动质量、幼儿作品质量和一日活动的成效，还会对幼儿的学习心理产生不良的影响。不可否认班级内有少数幼儿会较长时间沉浸在美术创作的过程中，但教师不能以少数幼儿的需要代替全班大多数幼儿的需要。如果一次美术教育活动不能完成相应的作品，也没有关系，剩下的创作活动可以放在区角活动甚至下次美术教育活动时再进行，不必担心幼儿的创作灵感会因此被打断。这样合理、机动地调整，反而能让幼儿在适当的休息后更加投入地进行自己的创作活动。当幼儿完成了美术创作后再给予集体评价也可以。评价过程中的问题和教学的关键点应点到为止，教师不要对某个问题过度反复评价，评价的目的是让幼儿体验到自己在美术教育活动中的成功和进步，从而激发幼儿下次创作的愿望和信心；也是为了让教师更加了解幼儿的发展现状，从而反思、完善自己的教育行为。

（摘自：孔起英.给幼儿园教师的101条建议·美术教育.南京：南京师范大学出版社，2008.）

参考文献

[1] 林琳,朱家雄. 学前儿童美术教育与活动指导[M]. 4版. 上海:华东师范大学出版社,2022.

[2] 许卓娅. 学前儿童艺术教育[M]. 3版. 上海:华东师范大学出版社,2020.

[3] 吴丽芳. 幼儿美术教育活动设计与指导[M]. 北京:高等教育出版社,2024.

[4] 彭吉象. 艺术学概论[M]. 5版. 北京:北京大学出版社,2019.

[5] 王麒,李飞飞. 学前儿童艺术教育活动指导[M]. 4版. 上海:复旦大学出版社,2021.

[6] 孔起英. 学前儿童美术教育[M]. 南京:南京师范大学出版社,1998.

[7] 楼必生,屠美如. 学前儿童艺术综合教育研究[M]. 北京:北京师范大学出版社,1997.

[8] 张念芸. 学前儿童美术教育[M]. 4版. 北京:北京师范大学出版社,2020.

[9] 毕中情,李春芳. 基于儿童发展心理学的学前儿童教育活动设计探究[M]. 北京:中国书籍出版社,2022.

[10] 任明,韩燕. 学前教育技能实训与考核指导[M]. 北京:教育科学出版社,2018.

[11] 王任梅. 学前儿童美术教育[M]. 2版. 北京:北京师范大学出版社,2020.

[12] PELO A. 小小艺术家:学前儿童美术探索活动[M]. 北京:中国轻工业出版社,2022.

[13] 房璐,赵楠. 融合教育模式下孤独症儿童的美术教育探索[J]. 东方娃娃·保育与教育,2024(02):22-24.

[14] 朱敬,黄丽静. 学前融合教育多重制度逻辑的表征、冲突与重塑[J]. 现代教育管理,2024(08):56-66.

[15] 赵楠. 学前融合教育质量提升的困境与出路[J]. 科教文汇,2024(11):25-28.

读者意见反馈

为收集对教材的意见建议，进一步完善教材编写并做好服务工作，读者可将对本教材的意见建议通过如下渠道反馈至我社。

咨询电话　400-810-0598

反馈邮箱　gjdzfwb@pub.hep.cn

通信地址　北京市朝阳区惠新东街4号富盛大厦1座

　　　　　高等教育出版社总编辑办公室

邮政编码　100029

防伪查询说明

用户购书后刮开封底防伪涂层，使用手机微信等软件扫描二维码，会跳转至防伪查询网页，获得所购图书详细信息。

防伪客服电话　(010)58582300

资源服务提示

授课教师如需获得本书配套教辅资源，请登录“高等教育出版社产品信息检索系统”(http://xuanshu.hep.com.cn/)搜索下载，首次使用本系统的用户，请先进行注册并完成教师资格认证。

学前教师课程交流 QQ 群号：69466119